本书受教育部人文社会科学研究青年基金项目"基于双视角雇佣关系模式的新创企业知识员工管理研究"(项目编号:18YJC630067)、吉林财经大学资助出版。

战略人力资源管理与员工绩效

STRATEGIC HUMAN RESOURCE MANAGEMENT
AND EMPLOYEE PERFORMANCE

李洪英　著

社会科学文献出版社
SOCIAL SCIENCES ACADEMIC PRESS (CHINA)

摘　要

　　20世纪80年代以来，战略人力资源管理研究呈现了蓬勃发展态势。大量研究表明，战略人力资源管理有助于提升组织绩效，但二者间的作用"黑箱"仍待进一步探索。有学者提出，战略人力资源管理对员工绩效的影响是"黑箱"中的关键链条，由此引发了大量以员工为中心的战略人力资源管理研究。由于组织与员工处于典型的相互依赖的互惠交换关系中，社会交换理论被较多地用于解释战略人力资源管理对员工绩效的影响，且多以组织支持感为中介变量。然而，组织支持感是员工对组织付出的单方面感知，缺少源自互动的责任认知，并不能完整描述员工与组织交换关系。同样以社会交换理论为核心的心理契约履行则能弥补这一缺憾，心理契约是员工对自身和组织在雇佣关系中相互责任的知觉与信念系统，描述了经过互动形成的员工与组织互惠交换关系。心理契约履行关注的是员工与组织交换关系的实际履行情况，通常划分为三种类型：关系型心理契约履行、平衡型心理契约履行与交易型心理契约履行。另外，战略人力资源管理、心理契约履行、员工绩效这一社会交换过程还会受到情境因素的影响，其中基于"权威服从"价值观的上下级关系与传统性的作用较为突出。遗憾的是，相关研究仍存在一定局限：部分研究关注的是零散的人力资源实践项目，不能有效表征战略人力资源管理的作用；部分研究不区分员工绩效维度，忽略了角色内绩效与组织公民行为的形成差异；部分研究使用单一层次的数据分析方法，多层次研究有待加强；部分研究不考虑心理契约履行的类型特征；大部分研究将传统性作为个体层次变量，缺少对组织层次传统性作用的实证考察。

鉴于此，本研究基于社会交换理论搭建研究框架，提出组织层次战略人力资源管理、心理契约履行与员工绩效之间的跨层次传导机制，并引入上下级关系和传统性两个情境因素。其中，员工绩效包括角色内绩效和组织公民行为两个维度；心理契约履行分为关系型心理契约履行、平衡型心理契约履行与交易型心理契约履行三种形式；战略人力资源管理和传统性是组织层次构念。本研究旨在探明企业战略人力资源管理对员工绩效的影响及作用机制，并识别情境因素对二者关系的权变影响。研究成果不仅有助于完善战略人力资源管理与心理契约领域的相关研究、拓展研究思路、丰富研究成果，还有助于为企业人力资源管理实践、雇佣关系管理及企业文化管理提供一定启示。

本研究综合采用理论分析与实证分析的研究方法，研究过程如下：首先，围绕本研究核心构念及构念间关系梳理现有文献，找出以往研究存在的局限；其次，基于文献回顾与现有研究局限，确定初期研究框架，通过对14位员工的深度访谈检验初期框架的合理性并进一步修正模型；再次，阐述社会交换理论的主要内容及其对本研究的解释逻辑，以此为基础提出研究模型与研究假设，具体包括战略人力资源管理对员工绩效的主效应、三种形式心理契约履行的中介效应、上下级关系与战略人力资源管理的交互效应、传统性的调节效应；最后，展开了实证研究，具体包括实证研究设计、数据调查与分析、结果分析讨论。

通过来自51家企业的51份人力资源经理问卷与1015份员工问卷的配对数据，建立多层次数据模型，运用SPSS、AMOS、HLM分析软件，得出了如下研究结论。①战略人力资源管理对员工角色内绩效、组织公民行为具有显著跨层次正向影响。②战略人力资源管理跨层次正向影响员工关系型心理契约履行和平衡型心理契约履行，同时战略人力资源管理跨层次负向影响员工交易型心理契约履行；三种形式心理契约履行在战略人力资源管理与员工角色内绩效和组织公民行为之间发挥部分中介作用。③上下级关系质量越好，关系型心理契约履行与平衡型心理契约履行越高，而交易型心理契约履行越低；上下级关系与战略人力资源管理对三种形式心理契约履行均具有显著跨层次交互作用。④关系型心理契约履行、平衡型心理契约履行对员工绩效的不同维度均具有显著正向影响；与关系型心理契约履行相比，平衡型心理契约履行对组织公民行为的影响较大；交易型心理契约履行负向影响角色内绩效和组织公民行为。⑤传统性对员工角色内绩效和组织公民行为的直接影响不显著；传统性对心理契约履行与员工绩效关系的跨层次调节作用部分成立。

本研究的理论贡献主要体现为：证实了战略人力资源管理对员工绩效的跨层次影响，拓展了社会交换理论对战略人力资源管理与员工绩效关系的解释机理，揭示了战略人力资源管理与上下级关系的交互作用，探究了传统性对心理契约履行与员工绩效关系的跨层次权变影响；同时，在企业人力资源管理、心理契约管理、上下级关系管理与企业文化管理四个方面提出管理建议。但本研究在研究设计、样本选择和问卷发放、理论构建方面仍表现出一定局限，需在后续研究中予以改善。最后，本研究提出，战略人力资源管理的构型研究、战略人力资源管理对员工的负面影响研究、多视角的心理契约内涵拓展及契约内部结构联系、上下级关系的个体间差异化问题研究都是未来值得进一步深入探讨的议题。

关键词

战略人力资源管理　角色内绩效　组织公民行为　心理契约履行

Abstract

Since the 1980s, strategic human resource management (SHRM) research has shown a vigorous development. A large number of studies have shown that SHRM can help improve organizational performance, but the role of "black box" remains to be explored. The impact of SHRM on employee performance is a key chain in the black box, which leads to a large number of employee-centered strategic human resource management research. Because the organization and the employee are in the typical interdependent reciprocal exchange relation, the social exchange theory is used to explain the relationship between SHRM and employee performance, and most studies used perceived organizational support as a mediator variable. Perceived organizational support, however, is the unilateral employee perception of organization, and can not fully describe the interaction between employees and organizations. Based on social exchange theory, psychological contract can make up for this shortcoming. As an important conception of exchange relationship between employees and organizations, psychological contracts are employees' beliefs regarding the terms and conditions of a reciprocal exchange agreement between them and their employers. Psychological contract fulfillment is the actual implementation of the exchange relationship between employee and organization, and is usually divided into three types: Relational psychological contract fulfillment, transactional psychological contract fulfillment, balanced psychological contract fulfillment. In addition, the social exchange process of SHRM, psychological contract fulfillment and employee performance will be affected by situational factors. Among these situational factors, the role of supervisor-subordinate Guanxi (SSG) and traditionality are more prominent. Unfortunately, there are still some limitations in previous studies. Some studies were concerned about the fragmented human resources practice, which could not effectively represent the role of SHRM; some studies did not distinguish employee performance dimensions, ignoring the differences of in-role performance and organizational citizenship behavior; some studies used a single level of data analysis methods, multi-level research to be strengthened; part of the studies did not distinguish the types of psychological contract fulfillment; most of the studies took the traditionality as an individual level variables, the study of traditionality role as the organizational level is insufficient.

In view of these, this study built a research framework based on social exchange theory. This study proposed a cross-level transfer mechanism between organizational level SHRM, psychological contract fulfillment and employee performance, and examined two context factors: SSG and traditionality. SHRM & traditionality are the organizational level variables. Employee performance includes two dimensions: In-role performance and organizational citizenship behavior. Psychological contract fulfillment is divided into three forms: Relational psychological contract fulfillment, balanced psychological contract fulfillment and transactional psychological contract fulfillment. The purposes of the study are to find out the influence mechanism of SHRM on employee performance, and to identify the influence of situational factors. The research results will not only help to improve the relevant research in the field of SHRM and psychological contract, expand the research ideas, enrich the research results, but also help to provide some inspiration for human resource management, the employment relationship management and the corporate culture management.

This study adopts the research method of theoretical analysis and empirical analysis, and the research process are as follows. First of all, this study examined the limitations of previous studies by reviewing the existing literatures. Secondly, the initial research framework was proposed, and the model was further revised by deep interviews with 14 employees. Then, the study expounded the main contents of social exchange theory and its explanatory logic to the study, and put forward the research model and hypothesis. Finally, empirical research was carried out, including empirical research design, data investigation, data analysis, and results discussion.

With a sample of 51 enterprises and 1015 employees, results from cross-level analyses indicated that: (1) SHRM had a significant positive impact on employees' in-role performance and organizational citizenship behavior. (2) SHRM enhanced employees performance through the improvement of relational psychological contract fulfillment and balanced psychological contract fulfillment, at the same time, SHRM could improve the employees performance by reducing transactional psychological contract fulfillment. (3) The higher the quality of SSG, the better the fulfillment of balanced psychological contract and relational psychological contract, and the lower the transactional psychological contract fulfillment. SSG and SHRM had the interaction effect on psychological contract fulfillment. (4) Balanced psychological contract fulfillment and relational psychological contract fulfillment had a significant positive impact on employees performance, and the relationship with employee's organizational citizenship behavior was stronger for the balanced psychological contract fulfillment, while transactional psychological contract fulfillment had a significant negative impact on employees performance. (5) The impact of traditionality on in-role performance and organizational citizenship behavior was not significant, but the moderated effect of traditionality between psychological contracts fulfillment and employees performance were partially supported.

The theoretical contributions of this study are as follows: It confirms the cross-level impact of SHRM on employee performance, expands the mechanism of social exchange theory on the relationship between SHRM and employee performance, reveals the interaction of SHRM and SSG, explores cross-level moderated effect of traditionality on the relationship between psychological contract fulfillment and employee performance. At the same time, this study puts forward management suggestions in four aspects: Human resource management, psychological contract management, SSG management and enterprise culture management. However, this study still shows some limitations in the study design, sample selection, questionnaire release and theoretical construction. Finally, this study raises the subject that needs to be further explored in the future, for example, the configurational study of SHRM, the negative impact of SHRM on employee, the relative SSG, the internal structure of psychological contract.

Key words

strategic human resource management; in-role performance; organizational citizenship behavior; psychological contract fulfillment

目　录

第1章　绪论 …………………………………………………………… 1
　1.1　研究背景 ……………………………………………………… 1
　1.2　研究目的 ……………………………………………………… 6
　1.3　研究意义 ……………………………………………………… 8
　1.4　研究思路 ……………………………………………………… 11
　1.5　章节安排 ……………………………………………………… 11

第2章　相关理论与文献述评 ………………………………………… 14
　2.1　战略人力资源管理的研究述评 ……………………………… 14
　2.2　员工绩效的研究述评 ………………………………………… 28
　2.3　心理契约履行的研究述评 …………………………………… 39
　2.4　上下级关系的研究述评 ……………………………………… 59
　2.5　传统性的研究述评 …………………………………………… 65
　2.6　研究构念间关系述评 ………………………………………… 69

第3章　战略人力资源管理对员工绩效影响的理论模型与假设 …… 83
　3.1　现有研究的不足 ……………………………………………… 83
　3.2　初期框架的探索性研究 ……………………………………… 87
　3.3　研究模型修正 ………………………………………………… 93
　3.4　本研究理论基础
　　　　——社会交换理论 …………………………………………… 94
　3.5　研究假设的提出 ……………………………………………… 99

第 4 章 实证研究设计与小样本预测 ………………………… 115
4.1 研究构念的操作化定义与测量工具 …………………… 115
4.2 问卷设计 ………………………………………………… 125
4.3 小样本预测与数据分析 ………………………………… 129

第 5 章 大样本调查、数据分析与讨论 …………………… 141
5.1 正式调研过程与样本描述 ……………………………… 141
5.2 信度与效度分析 ………………………………………… 146
5.3 样本的偏差检验 ………………………………………… 155
5.4 数据的聚合度检验 ……………………………………… 158
5.5 战略人力资源管理对员工绩效作用机制的假设检验 … 158
5.6 假设检验结果的分析与讨论 …………………………… 204

第 6 章 研究结论与展望 …………………………………… 215
6.1 研究结论 ………………………………………………… 215
6.2 理论贡献 ………………………………………………… 218
6.3 管理启示 ………………………………………………… 221
6.4 研究创新、研究局限及研究展望 ……………………… 225

参考文献 ……………………………………………………… 231

附　录 ………………………………………………………… 271
附录 1 探索性研究的访谈提纲 …………………………… 271
附录 2 预调研问卷 ………………………………………… 273
附录 3 正式调研问卷（人力资源经理问卷） …………… 278
附录 4 正式调研问卷（员工问卷） ……………………… 280

第1章 绪论

本章是序章，主要目的是完成对本研究的总体介绍。具体包括：阐述研究背景、提出研究目的、归纳研究的理论意义和实践意义、明确研究思路与技术路线、介绍全书结构与主要内容。

1.1 研究背景

尽管战略人力资源管理研究发展迅猛，战略人力资源管理对组织绩效的作用"黑箱"仍待深入探索，其中战略人力资源管理对员工绩效的影响是这个"黑箱"中的关键链条。战略人力资源管理研究领域诞生于20世纪80年代初（Devanna et al.，1981），先后经历了起始阶段、实证主义阶段、间接反思阶段、概念凝练阶段、员工中心阶段和复杂性阶段（Guest，2011），理论研究呈现了蓬勃发展态势，人力资源成为组织的战略贡献者。无论战略人力资源管理的理论发展程度如何，学术界关注的核心问题始终是一致的，即战略人力资源管理对组织绩效产生何种影响。学者们不断尝试去回答这一问题，利用不同理论去解释二者的关系（Schuler & Jackson，1987；Wright & Mc Mahan，1992；Ferris et al.，1998；Delery & Roumpi，2017），并通过实证研究去检验战略人力资源管理对组织绩效的正向影响（Subramony，2009；Chowhan，2016；张徽燕等，2012；张军伟、龙立荣，2016；王朝晖，2016）。虽然战略人力资源管理与组织绩效的关系得到了多次验证，但是二者之间的作用"黑箱"仍待进一步探索（Becker & Huselid，2006；Wright & Mc Mahan，2011；寇跃、贾志永，2013）。Purcell 和 Hutchinson（2007）指出,"黑箱"中的关键链条是人力资源管理实践如何影响员工态度与行为,以及改善员工绩效,从而最终有益于组织。厘清员工对战略人力资源管理的反应具有十分重要的理论意义,这有助于深入理解战略人力资源管理与组织绩效的转换机制。由此,一些研究者提倡应该更多探讨战略人力资源管理对员工绩效的影响(Wright & Boswell, 2002; Purcell & Hutchinson, 2007)。

围绕战略人力资源管理与员工绩效的关系,学者们开展了大量研究,同时亦不免留有遗憾。学者们借助 AMO 模型、社会交换理论、行为主义理论、社会情境理论等讨论战略人力资源管理对员工绩效的影响,相关实证研究基本保持了一致观点:战略人力资源管理能够促进员工态度、行为表现与组织期望目标保持一致性(Huselid, 1995; Takeuchi et al., 2009; Bal et al., 2013; Heffernan & Dundon, 2016; Newman et al., 2016; 苗仁涛等, 2013; 张军伟、龙立荣, 2016; 颜爱民、陈丽, 2016)。这些研究有助于深入理解战略人力资源管理对组织绩效的作用途径,为探索战略人力资源管理在员工微观层面的作用效果提供了有力支撑。美中不足的是,这些研究仍不免存在一定局限。第一,部分研究关注的是单一或零散的人力资源实践项目(Scheel et al., 2013)。战略人力资源管理实践项目并非独立存在,而是具有内部一致性的系统组合(Delery & Doty, 1996),单独考察一个或几个实践项目不能准确描述战略人力资源管理对员工绩效的作用。第二,以往研究在分析层次上仍然存有一定局限(Hom et al., 2009)。或仅在个体层次上检验员工感知战略人力资源管理与员工绩效的关系,例如陈志霞与陈传红(2010)、Boon 等(2011);或者将战略人力资源管理作为组织层次变量,但是在统计方法上未实现跨层次分析,例如苗仁涛等(2013)。这种单一层次的研究难以准确考察组织变量对员工绩效的影响(Hom et al., 2009)。相对而言,整合组织变量与个体变量的多层次研究则可以有效减小系统误差,有助于更全面地剖析战略人力资源管理与员工绩效的关系(Huselid & Becker, 2000; Wright & Boswell, 2002)。然而,对企业层次变量战略人力资源管理与个体层次变量员工绩效的跨层次研究仍占少数。第三，部分研究仅考察战略人力资源管理对组织公民行为的影响，例如 Sun 等（2007）、Zhang 等（2014）；或将角色内绩效与组织公民行为合为一个因子，并不区分二者的作用差异，例如 Tabiu 和 Nura（2013）、张军伟与龙立荣（2016）。第四，以往研究证实战略人力资源管理对员工绩效有显著影响（苗仁涛等，2013；张军伟、龙立荣，2016），那么二者之间的转化机制是什么？战略人力资源管理对员工绩效的作用机制值得深入探讨。

社会交换理论能有效解释战略人力资源管理对员工绩效的作用机制。近年来，借助社会交换理论解释战略人力资源管理与员工绩效转化机制的研究呈增多趋势（苗仁涛等，2013）。社会交换理论认为，当组织关心员工并做出行动时，社会交换关系便由此形成，并进一步产生有益的员工回报行动。社会交换关系发挥了中介桥梁作用，组织的交易行动会产生交换关系，同时交换关系进一步影响员工的工作态度与行为（Cropanzano & Mitchell，2005）。战略人力资源管理能够提升员工绩效的原因在于促进员工与组织进行了有益的社会交换，双方形成了社会交换关系。以往研究大多以组织支持感反映组织与员工交换关系（Liao et al.，2009；苗仁涛等，2013）。然而，组织支持感是员工对组织付出的单方面感知，缺少源自互动的责任认知，并不能完整描述员工与组织的交换关系。同样以社会交换理论为核心的心理契约履行则能弥补这一缺憾。心理契约是指员工对自身和组织在雇佣关系中相互责任的知觉与信念系统（Rousseau，1995），通常可以划分为三种类型：关系型心理契约履行、交易型心理契约履行和平衡型心理契约履行（Rousseau，2000）。心理契约描述了经过互动形成的员工与组织间互惠交换关系（Robinson，1996）。心理契约履行关注的就是员工与组织交换关系的实际履行情况。

心理契约履行的以往研究呈现一定不足。一方面，对心理契约履行的关注远远低于心理契约违背（Grimmer & Oddy，2007；Nelson & Tonks，2007）。由于心理契约违背现象普遍存在（Robinson et al.，1994），1998年之后心理契约违背成为该领域研究焦点，心理契约违背对员工绩效的消极影响得到多次实证检验（Hui et al., 2004a; Zhao et al., 2007; Gupta et al., 2016; Arshad, 2016; 魏峰等, 2015; 黄蝶君等, 2017; 张璇等, 2017）。基于这些研究，心理契约一度被视为雇佣关系中的保健因素，事实果真如此吗？一些学者尝试探讨心理契约的积极作用，心理契约履行由此进入学者视线。心理契约履行是指心理契约内容中责任与承诺的履行情况，对感知责任与实际诱因的匹配情况的感知（Coyle-Shapiro & Conway, 2005）。虽然有研究显示心理契约履行与心理契约违背消极相关，但二者并非对立关系（Rousseau, 1995; Lambert et al., 2003），心理契约履行不能完全被心理契约违背所取代，因此厘清心理契约履行内涵并开展独立研究是十分必要的。另一方面，对心理契约履行类型的区辨分析仍显不足。心理契约履行并非总是产生积极结果效应（龙立荣等, 2015），不同类型心理契约履行对员工绩效的影响存在差异（Chien & Lin, 2013）。然而，以往研究大多从交换关系是否发生的视角考察心理契约的作用，最近的研究开始从交换类型的视角分析心理契约的影响（龙立荣等, 2015）。

心理契约履行在战略人力资源管理与员工绩效间的中介作用有待深入研究。根据社会交换理论，社会交换关系在交换过程中承担中介桥梁作用（Cropanzano & Mitchell, 2005）。战略人力资源管理代表组织的交换行动，员工绩效代表员工的交换行动，心理契约履行则是对员工与组织交换关系的描述，因此，三者之间的作用机制正刻画了组织交换行动—员工与组织交换关系—员工交换行动的社会交换过程。战略人力资源管理不仅影响心理契约履行，更通过心理契约履行影响员工绩效。但是，在战略人力资源管理作用机理的研究中，不同类型心理契约履行的中介作用检验仍很少见（Bal et al., 2013），并且在仅有的几个研究中，或者战略人力资源管理的内涵不相同，或者未区分心理契约履行的不同形式（如Katou & Budhwar, 2012），因此有必要针对心理契约履行的中介作用开展更深入的研究。

最后，源自中国文化背景的情境因素对社会交换过程的影响无处不在，其中基于"权威服从"价值观的上下级关系与传统性发挥着较为突出的作用。其中，上下级关系是指在某一时刻存在于上下级之间的基于利益、情感和身份义务的联结，构成了上下级交往时的行为预期和心理动因（郭晓薇、李成彦，2015）。管理者通常被下属员工视为关键的组织代理人，对下属心理契约履行的感知至关重要（Shore & Tetrick，1994；Rousseau，1995）。现有研究基本表明上下级关系对心理契约履行有显著影响，但是大部分文献（如张楚筠，2012；Li et al.，2014）选择使用领导-成员交换这一变量反映上级与下级的关系质量，这不能准确表达中国情境中的上下级互动关系（Law et al.，2000；郭晓薇，2011；Shih & Lin，2014）。同时基本没有研究将代表员工-主管互动的上下级关系与代表员工-组织互动的战略人力资源管理同时纳入研究框架，考察其对心理契约履行的共同影响。

传统性是指人们对儒家社会伦理中传统等级角色关系的认同程度，传统性影响人们对互惠原则的理解与接受程度（Farh et al.，2007）。研究发现，传统性对心理契约履行与员工绩效的关系发挥调节作用（Chen et al.，2008；汪林、储小平，2008；Liu et al.，2012）。根据吸引-选择-损耗理论（Schneider，1987）和组织社会化理论，那些与组织价值观相匹配的员工更容易被吸引、选择并留在企业，而与组织价值观相差较大的员工可能不会进入企业或退出企业；通过组织社会化过程员工会将组织规范与组织文化内化为个人属性，因此同一企业的员工会在价值观方面呈现趋同现象。Farh等（2007）也指出传统性既可以作为个体层次的微观变量，也可以作为组织与文化层次的宏观变量。但现有研究大多将传统性作为个体层次的文化情境变量。传统性作为组织层次变量的调节作用尚缺少充足的实证证据。

基于以上研究背景，本研究欲在现有研究基础之上，借助社会交换理论搭建本书研究框架，系统考察组织层次战略人力资源管理对个体层次员工绩效不同维度（角色内绩效和组织公民行为）的跨层次影响，检验不同类型心理契约履行的中介作用，探讨上下级关系与战略人力资源管理对心理契约履行的交互效应，并剖析组织层次传统性对心理契约履行与员工绩效不同维度间关系的跨层次调节作用。

1.2 研究目的

在现有文献与前人研究的基础上，本研究结合社会交换理论构建研究框架，旨在明确战略人力资源管理对员工绩效的跨层次影响，检验不同类型心理契约履行的中介作用，并分析情境因素对二者关系的影响。

(1) 探究战略人力资源管理对员工绩效的跨层次影响

随着战略人力资源管理研究迈入员工中心阶段（Guest，2011），战略人力资源管理对员工绩效的显著影响在理论与实证上都得到了较多验证。大量研究表明，战略人力资源管理能提升员工绩效水平（刘善仕等，2012；Tabiu & Nura，2013；苗仁涛等，2013；颜爱民、陈丽，2016；Li & Yu，2017）。但这些研究仍然存在一定的局限：部分研究关注的是单一或零散的人力资源实践项目（如 Scheel et al.，2013），这与战略人力资源管理的系统思想相违背；部分研究将员工感知的战略人力资源管理作为研究变量，考察其与员工绩效的关系，如陈志霞与陈传红（2010）、Boon 等（2011）；还有研究将战略人力资源管理作为组织层次变量，但是在统计方法上未实现跨层次分析，例如苗仁涛等（2013）；部分研究将角色内绩效与组织公民行为合为一个因子，并不区分员工绩效的构成差异，例如 Tabiu 和 Nura（2013）、张军伟与龙立荣（2016）。这些做法使得相应研究难以准确考察组织变量战略人力资源管理对员工绩效的影响（Hom et al.，2009）。因而，在前人研究的基础之上，本研究测量组织层次实施的系统的战略人力资源管理，并将通过多层次数据模型对战略人力资源管理与员工绩效的直接效应进行实证分析。

(2) 揭示心理契约履行在战略人力资源管理与员工绩效间的中介作用

社会交换理论认为，双方通过有价值资源的交换行动能够建立良好的交换关系，交换关系在组织与员工的社会交换过程中发挥桥梁作用（Cropanzano & Mitchell，2005），这正是企业战略人力资源管理对员工绩效产生影响的原因所在。心理契约描述了经过互动形成的员工与组织的互惠交换关系（Robinson，1996），心理契约履行关注的是员工与组织交换关系的实际履行情况。由此可以推测，心理契约履行可能在战略人力资源管理与员工绩效关系中扮演中介变量角色。因此，本研究将心理契约履行纳入研究框架，并将其划分为三种类型：关系型心理契约履行、交易型心理契约履行和平衡型心理契约履行（Rousseau，2000）。根据社会交换理论的观点，构建战略人力资源管理、心理契约履行、员工绩效的关系架构，并使用多层次数据模型检验不同形式心理契约履行的中介效应，从而揭示战略人力资源管理对员工绩效影响的内在机制。

（3）剖析战略人力资源管理、心理契约履行与员工绩效关系的权变因素

在统一的组织层次战略人力资源管理之下，不同员工感知的心理契约履行可能存在较大差异，原因何在？研究发现，员工与主管互动关系对资源分配及员工-组织交换关系存在一定影响，塑造了员工感知心理契约履行（Shore & Tetrick，1994；Rousseau，1995）。中国情境中，上下级关系比领导-成员交换更为贴切地描述员工与主管的互动关系（Law et al.，2000；郭晓薇，2011；Shih & Lin，2014）。因此，本研究选择上下级关系作为研究构念，验证上下级关系与战略人力资源管理对心理契约履行的交互作用。

心理契约履行与员工绩效的关系受到文化等情境因素的影响。心理契约履行与员工绩效的关系建立在互惠原则基础上。个体特征和文化特征导致人们对互惠原则的理解与接受状态存在一定差异（Cropanzano & Mitchell，2005），其中一个典型的文化特征就是传统性。传统性强调人们对社会角色期待的遵守，而不十分重视诱因与贡献的平衡（Farh et al.，2007）。然而以往研究多将传统性作为个体层次的情境变量，对组织层次传统性文化的调节作用考察不足。因此，本研究关注企业层次传统性文化特征，将传统性作为组织层次变量，并将借助多层次数据

模型检验传统性对心理契约履行与员工绩效关系的权变影响。

1.3 研究意义

本研究以社会交换理论为基础，借助理论分析与实证检验深入探讨战略人力资源管理对员工绩效的跨层次影响机制及权变因素作用。这能为战略人力资源管理、心理契约领域的理论研究提供有益的补充与完善，也有助于为企业管理实践提供建设性意见与启示。

1.3.1 理论意义

（1）完善战略人力资源管理对员工绩效的跨层次影响研究

以往研究围绕战略人力资源管理与员工绩效的关系进行了较多探讨，但在具体实践项目及研究层次上仍存在一定局限：部分研究关注的是零散的人力资源实践活动（Scheel et al.，2013），部分研究进行单一层次分析（Boon et al.，2011；苗仁涛等，2013）。这致使无法准确衡量组织层次战略人力资源管理对员工绩效的预测作用。本研究将战略人力资源管理作为组织层次变量，由深度培训、人员甄选等 8 个互补协同的人力资源实践构成；将员工绩效作为个体层次变量，并划分为角色内绩效和组织公民行为两个维度；具体研究中使用多层次模型分析战略人力资源管理与角色内绩效、组织公民行为之间的关系。这保证了战略人力资源管理的系统性，同时跨层次分析将宏观战略人力资源管理与微观员工绩效相整合，可以有效避免单层次研究产生的系统误差（Huselid & Becker，2000），有助于突破以往研究层次与方法单一、人力资源实践项目零散、员工绩效内涵不统一等方面的理论局限，从而更加准确而完整地揭示战略人力资源管理对员工绩效的影响。

（2）丰富交换关系类型视角下的心理契约研究

心理契约领域的研究不仅对心理契约履行关注不够（Grimmer & Oddy，2007；Nelson & Tonks，2007），而且较少区别心理契约类型，最近的研究才开始从交换类型的视角分析心理契约的影响（龙立荣等，2015）。本研究依据Rousseau（2000）将心理契约履行划分为三种类型——关系型心理契约履行、平衡型心理契约履行和交易型心理契约履行，进而探讨战略人力资源管理对不同类型心理契约履行的影响，以及不同类型心理契约履行对员工绩效的差异化影响。通过对心理契约履行类型的区辨性分析，有助于更准确地掌握心理契约的影响因素与作用结果，这可以验证心理契约交换关系类型视角的合理性，能够丰富心理契约的研究视角与研究成果。

（3）拓展社会交换理论视角下战略人力资源管理对员工绩效的作用路径

近年来，借助社会交换理论解释战略人力资源管理与员工绩效转化机制的研究呈增多趋势（苗仁涛等，2013），但以往研究大多以组织支持感反映组织与员工的交换关系（Liao et al.，2009；苗仁涛等，2013）。然而，组织支持感是员工对组织付出的单方面感知，缺少源自互动的责任认知，并不能完整描述员工与组织的交换关系。本研究选择以社会交换理论为基础的心理契约履行为研究构念，心理契约形成于员工与企业的互动过程中，其内涵包含了员工自身与企业双方应承担的交换责任，心理契约履行反映的是实际层面（而非感知层面）的员工与企业交换关系。本研究将检验三种类型心理契约履行在战略人力资源管理与员工绩效之间的中介作用。因此，本研究能够拓展社会交换理论下战略人力资源管理对员工绩效的影响路径，提高社会交换理论对二者关系的解释能力，也有助于更完整地揭示战略人力资源管理对员工绩效的作用机理。

（4）识别情境因素对战略人力资源管理与员工绩效关系的影响

源自中国文化背景的情境因素对员工与组织社会交换的影响无处不在，其中基于"权威服从"价值观的上下级关系与传统性发挥了较为突出的作用，但以往研究在构念选择、变量关系设定、研究层次上存在一定局限。

首先，本研究将分析上下级关系与战略人力资源管理对心理契约履行的交互效应。本研究选择本土化的上下级关系构念反映主管与员工的互动交换关系，不但考察上下级关系对心理契约履行的直接影响，更强调它与战略人力资源管理对心理契约履行的交互作用。构念选择更贴近中国情境特点，并且丰富了上下级关系与心理契约履行之间关系的研究思路，也有助于更完整地解释心理契约履行的形成过程。

其次，本研究将传统性作为组织层次变量，使用跨层次数据模型分析组织层次传统性对心理契约履行与员工绩效关系的调节作用。现有研究大多将传统性作为员工层次变量，本研究扩展了传统性的研究视角，也有助于更准确地分析心理契约履行对员工绩效不同维度的影响。

1.3.2 实践意义

本研究的实践意义主要表现在以下三个方面。

（1）为企业人力资源管理提供一定启示

一方面，本研究借助理论分析与统计分析探讨战略人力资源管理与员工角色内绩效、组织公民行为的关系，以此佐证人力资源管理在员工层次的价值与意义，为人力资源管理的实施提供必要性支持。另一方面，在本研究的理论框架中，战略人力资源管理包含内部流动、职业安全、深度培训、人员甄选等8个实践项目，这为企业人力资源管理具体工作模块的设置提供参考，有助于企业有针对性地选择并整合人力资源实践项目。

（2）为心理契约角度的雇佣关系管理提供一定启示

心理契约在雇佣关系中扮演着非常重要的角色，逐步成为有效的分析雇佣关系的框架（Ho & Levesque, 2005）。随着心理契约履行的重要性日益得到广大学者的认可，如何提高积极的心理契约履行成为关键的、有现实意义的问题。本研究提出战略人力资源管理、上下级关系共同塑造了员工心理契约履行，这为企业开展有效的雇佣关系管理提供了指导与建议。

（3）为企业文化建设提供一定启示

中国的传统性文化价值观到底对员工绩效有什么影响？企业应该对这些文化及价值观采取何种态度与立场？本研究通过对上下级关系

和组织层次传统性调节效应的探讨,将为以上两个问题的回答提供依据,从而为企业文化建设提供一定参考意见。

1.4 研究思路

为了实现研究目标,本研究按照如下思路开展具体研究:第一,结合研究背景提出研究的核心问题;第二,对现有相关文献进行阅读与梳理,找出以往研究存在的不足,进一步明晰研究问题,从而确定初期的研究框架;第三,借助社会交换理论分析研究构念之间的关系,提出研究假设,并确定各个构念的操作化定义和测量工具;第四,借助深度访谈开展探索性研究,进一步完善研究构念的内涵、明晰研究构念关系、修订研究框架;第五,进行小样本预测,通过信度分析完成题项净化,进一步提高构念测量质量;第六,利用问卷调查展开大样本的正式调研,回收数据并开展数据分析与假设检验,确定实证研究结果;第七,归纳最终研究结论,说明研究贡献,并提出未来研究方向。具体研究路线见图 1-1。

1.5 章节安排

本研究主要探讨的是战略人力资源管理对员工角色内绩效与组织公民行为的跨层次影响、不同形式心理契约履行的中介作用,以及上下级关系与传统性的调节效应。综合考虑研究问题与研究思路,本研究共设六章,内容安排如下。

第 1 章:绪论。本章首先阐述研究背景,明确研究目的,归纳研究意义,最后介绍研究思路和本书结构。

第 2 章:相关理论与文献述评。本章的内容包括两大部分:变量回顾与变量关系回顾。本章首先对书中涉及的战略人力资源管理、员工绩效、心理契约履行、上下级关系和传统性五个核心概念进行文献回顾与总结,具体包括概念界定、变量测量与实证研究等方面内容。

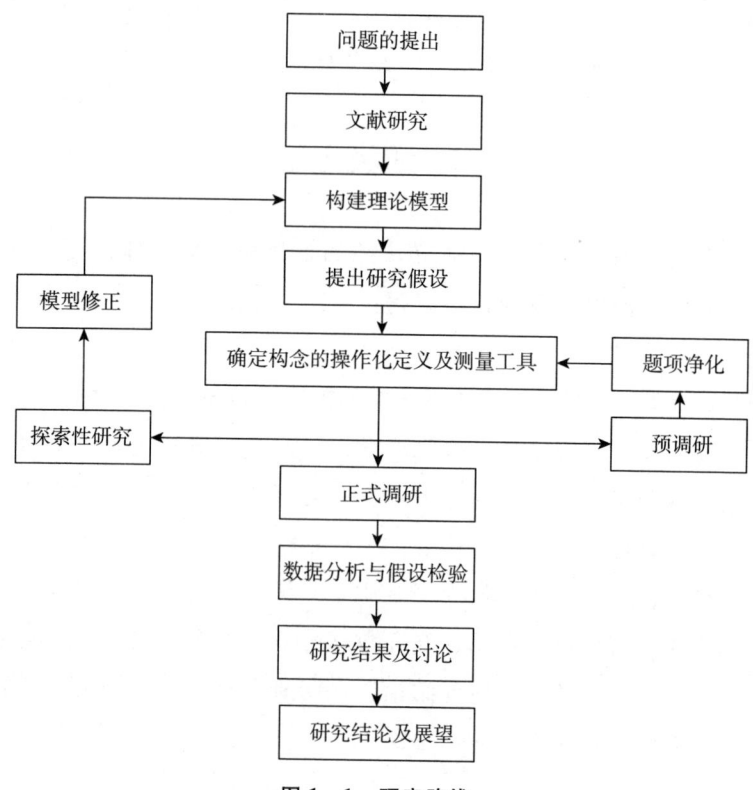

```
          ┌─────────────┐
          │  问题的提出  │
          └──────┬──────┘
                 ↓
          ┌─────────────┐
          │   文献研究   │
          └──────┬──────┘
                 ↓
          ┌─────────────┐
   ┌─────→│  构建理论模型 │
   │      └──────┬──────┘
   │             ↓
   │      ┌─────────────┐
   │      │  提出研究假设 │
   │      └──────┬──────┘
   │             ↓
┌──┴───┐  ┌──────────────────────┐  ┌────────┐
│模型修正│  │确定构念的操作化定义及测量工具│←─│题项净化│
└──┬───┘  └──────────┬───────────┘  └────┬───┘
   │                 │                    │
┌──┴───┐             │             ┌──────┴──┐
│探索性研究│──────────┤─────────────│  预调研  │
└──────┘             ↓             └─────────┘
              ┌─────────────┐
              │   正式调研   │
              └──────┬──────┘
                     ↓
              ┌───────────────┐
              │数据分析与假设检验│
              └──────┬────────┘
                     ↓
              ┌─────────────┐
              │ 研究结果及讨论│
              └──────┬──────┘
                     ↓
              ┌─────────────┐
              │ 研究结论及展望│
              └─────────────┘
```

图 1-1　研究路线

然后，本研究对五个变量之间的关系进行文献回顾，具体包括：战略人力资源管理与员工绩效关系、战略人力资源管理与心理契约履行关系、心理契约履行与员工绩效关系、心理契约履行在战略人力资源管理与员工绩效间的中介作用、上下级关系与战略人力资源管理的交互作用以及传统性的调节作用。

第3章：战略人力资源管理对员工绩效影响的理论模型与假设。首先，本章根据文献综述提出现有研究的不足，并根据文献回顾和理论推演，初步建立本研究理论框架；其次，通过深度访谈及探索性研究对模型进行检验和修正；再次，介绍社会交换理论的主要内容，阐述该理论对本研究的解释逻辑；最后，利用社会交换理论的观点提出研究假设。

第4章：实证研究设计与小样本预测。本章属于实证研究的设计阶段，主要包括确定构念操作化定义及测量工具、编制调查问卷、小样本预测与数据分析三项内容。

第5章：大样本调查、数据分析与讨论。首先，描述大样本调查的过程，分析大样本的分布特征；其次，检验样本数据的信效度、统计检验同源偏差和社会赞许偏差程度、检查数据聚合度；再次，对主效应、中介效应、交互效应以及调节效应等假设进行检验；最后，对数据分析结果进行解释和讨论。

第6章：研究结论与展望。本章主要对研究结论进行归纳总结，阐述理论贡献和实践启示，最后说明本研究的创新、局限性和未来研究方向。

总体而言，本章完成了对本研究的概括性介绍。首先，从战略人力资源管理与员工绩效关系、心理契约履行的中介角色、上下级关系与传统性的权变影响等方面的研究现状出发阐述本书的研究背景，进而提出研究问题。其次，明确了本研究的三大研究目的，即探究战略人力资源管理对员工绩效的跨层次影响，揭示心理契约履行在战略人力资源管理与员工绩效关系间的中介作用，剖析战略人力资源管理、心理契约履行与员工绩效关系的权变因素。再次，提出了本研究在理论层面与实践层面的研究意义。复次，说明了研究思路与研究路线，以此指导接下来的研究工作。最后，将本研究内容划分为6章，并分别介绍了每章的主要内容与目标。

第 2 章 相关理论与文献述评

本章围绕核心构念及构念之间关系对以往研究进行梳理和评述。本研究的核心构念有五个，分别是战略人力资源管理、员工绩效、心理契约履行、上下级关系和传统性。首先，对这五个构念的概念界定、构念测量、前因与结果变量的实证研究等内容进行回顾和梳理。其次，对这五个构念之间的关系研究进行综述。这有助于全面掌握研究现状，从而为接下来的理论框架与假设提出奠定基础。

2.1 战略人力资源管理的研究述评

人力资源管理的实践发展与理论研究，大致经过了人事管理、人力资源管理和战略人力资源管理三个阶段。自 20 世纪 80 年代开始，战略人力资源管理研究呈现蓬勃发展态势，人力资源成为重要的组织战略贡献者。以下从概念界定、理论基础、构念测量及实证研究四个方面介绍战略人力资源管理的研究现状。

2.1.1 战略人力资源管理的概念界定

战略人力资源管理（Strategic Human Resource Management，以下简称 SHRM）的概念在 1981 年被首次提出（Devanna et al.，1981）。此后，战略人力资源管理研究经历了起始阶段、实证主义阶段、间接反思阶段、概念凝练阶段、员工中心阶段和复杂性阶段（Guest，2011），研究成果不断涌现。但是学术界关于 SHRM 的概念仍没有达成一致意见。根据所关注内容的不同，大致可以将战略人力资源管理的概念划分为特征导向、结果导向和综合导向三种类型。

特征导向的战略人力资源管理概念强调 SHRM 与组织战略的匹配性与一致性，代表性定义如 Miles 和 Snow（1984）、Guest（1989）、Ulrich 和 Lake（1991）、Compton（2009）等，他们普遍认为战略人力资源管理是依据组织战略匹配需要而采取的一系列实践活动所组成的系统、过程或措施。

结果导向的战略人力资源管理概念强调 SHRM 对组织效能的战略性意义，认为战略人力资源管理有助于组织产生和维持竞争优势（Youndt et al., 1996），有助于企业绩效的提高（Pfeffer, 1994），有助于组织目标的实现和使命的完成（Ayanda & Abdulkadir, 2011）。

综合导向的概念认为，战略人力资源管理应该同时包含特征导向与结果导向的内容，所以将二者观点予以融合，认为 SHRM 有助于组织获得竞争优势，而实现这一战略作用的途径正是确保 SHRM 与经营战略的匹配以及 SHRM 内部匹配（Wright & Mc Mahan, 1992；Truss & Gratton, 1994）。

总体而言，由于兼顾了战略匹配的特征属性与战略促进的结果属性，综合导向的 SHRM 概念近年来得到更多的认可，尤其是 Wright 和 Mc Mahan（1992）的概念被学者们广泛使用，本研究中战略人力资源管理也采用这一定义：战略人力资源管理是为了实现组织目标而进行的一系列有计划的人力资源配置和管理活动。战略人力资源管理同时强调两个方面：一是人力资源管理实践与组织战略管理流程的联结；二是各种人力资源管理实践的协调一致（Wright & Mc Mahan, 1992）。

2.1.2 战略人力资源管理的理论基础

战略人力资源管理与组织绩效的关系以及二者之间的作用机制自始至终都是战略人力资源管理研究领域的核心问题。资源基础理论、行为主义理论、控制论、委托代理/交易成本理论、社会情境理论、人力资源价值链模型、组织双元理论等能够在一定程度上解释战略人力资源管理与组织绩效的作用机制。

(1) 资源基础理论

资源基础理论认为，企业是资源的集合体，企业持续竞争优势主要来源于企业资源的异质性和不完全流动性，这两个特征能够确保资源是有价值的、稀缺的、不可模仿和不可替代的（Barney，1986）。根据资源基础理论，企业竞争优势源自企业内部的战略性资源，这为SHRM研究提供了一个有益视角。

Wright 等（1994）、Colbert（2004）、Delery 和 Roumpi（2017）等学者尝试借助资源基础理论解释人力资源管理的战略性意义。Wright 等（1994）最早借助资源基础理论讨论了战略人力资源管理对组织绩效的影响机理，他们提出，要想成为企业战略性资源，人力资源应满足四个条件：人力资源能为企业创造价值、人力资源必须是稀缺的、人力资源是不可模仿的、人力资源难以被替代。同时他们也提出企业竞争优势来自人力资源本身，而非来自人力资源管理实践活动。Colbert（2004）提出复杂资源基础观，以此为基础建立了一个战略人力资源管理研究框架：在特定组织情境下，人力资源准则首先确立，其后人力资源政策、人力资源活动、人力资源结果会进行自我组织。Delery 和 Roumpi（2017）认为在以往的战略人力资源管理研究中资源基础理论的解释并不理想，并进一步提出，SHRM 不仅通过确保员工能力、动机与机会而促进组织绩效，另一个重要的途径是 SHRM 能够塑造供给侧和需求侧的流动约束（mobility constraints）。

(2) 行为主义理论

Miles 和 Snow（1984）、Schuler 和 Jackson（1987）将行为主义理论运用于战略人力资源管理领域，认为不同企业战略通过塑造对应的员工行为而达成企业绩效，代表性模型如图 2-1。该模型认为，人力资源管理系统能够引导员工的态度与行为。在组织差异化特征和战略下，员工的特定态度与行为对企业是至关重要的，这需要企业通过实施差异化的 SHRM 实践去引导与强化。在 Schuler 和 Jackson（1987）的论文中，详细分析了组织战略（创新战略、质量提升战略和低成本策略）与 SHRM 实践的匹配关系。

```
商业特征 → 期待角色行为 → 人力资源管理实践 → 实际角色行为
         ↑                              ↑
       角色信息                        角色信息
```

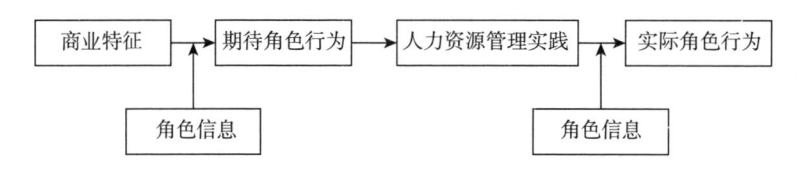

图 2-1　行为主义视角的 SHRM 模型

资料来源：Schuler & Jackson, 1987。

行为主义视角的 SHRM 理论贡献主要体现在以下三个方面：首先，该理论强调不同的战略需要相应的差异化行为，指向性明确，为后续研究提供新角度；其次，该理论强调不同的人力资源管理实践会引致不同的员工行为，为战略人力资源管理的构型研究提供一定依据；最后，该理论确立了组织战略—SHRM—员工行为—企业绩效的作用链条，这为 SHRM 作用"黑箱"的探索开拓了新的思路。

（3）控制论

根据控制论系统模型（Cybernetic Systems Models）的观点，组织包含投入、转换、产出等多个环节，卷入了与周边环境的置换与交流，是一个开放式系统。Wright 和 Snell（1991）将这个观点应用到 SHRM 领域，并提出如图 2-2 的模型。该模型认为，SHRM 系统的投入是组织从外部环境中获取的员工资质（competencies，包含员工知识、技术和能力）；组织内部员工行为构成 SHRM 系统转换过程；SHRM 系统产出则通过生产率、满意度和流动率等指标进行衡量。同时，该模型指出 SHRM 主要包括能力管理（能力获得、能力利用、能力保留和能力更新）和行为管理（行为控制与行为协调）两个通用子系统。

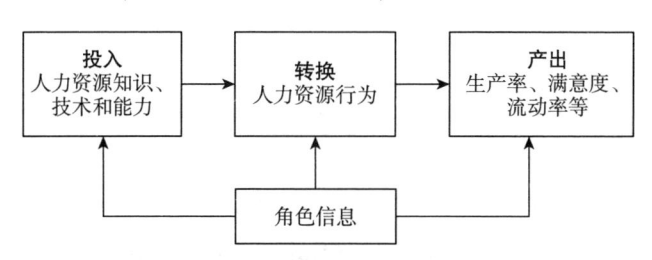

```
投入                转换              产出
人力资源知识、   →  人力资源行为  →  生产率、满意度、
技术和能力                          流动率等
    ↑              ↑
    └──── 角色信息 ────┘
```

图 2-2　控制论视角的 SHRM 模型

资料来源：Wright & Snell, 1991。

(4) 委托代理/交易成本理论

委托代理/交易成本理论（Agency/Transaction Cost Theory）认为影响交换活动的两个最重要的人性因素是有限理性（bounded rationality）和机会主义（opportunism）。有限理性是指人们出于不完全信息或不对称信息，决策者追求满意标准而非最优标准，理性是有意识的，但也是有限的。机会主义是指人们可能会不择手段以满足自我利益。当环境不确定性伴随有限理性、机会主义共同出现时，便会促生交易成本和代理成本。

学者们将委托代理/交易成本理论引入SHRM研究，较多地用来解释员工激励问题和薪酬问题。如陈家田（2014）运用委托代理理论研究上市家族企业CEO薪酬激励问题，研究发现，家族企业高管薪酬水平与薪酬业绩敏感性显著低于非家族企业；金字塔结构对家族企业薪酬存在影响效应，但对不同类型家族企业影响的显著性不同；家族成员参与管理对家族企业高管薪酬的影响尚不显著。

(5) 社会情境理论

Ferris等（1998）认为，尽管SHRM对组织效能的积极作用得到越来越多的证据支持，但仍缺乏阐释二者关系机理的良好路径，进而构建了社会情境理论的SHRM模型，如图2-3。该模型认为，组织文化会影响SHRM系统，组织氛围、员工态度和员工行为是SHRM系统与组织效能的中介变量，SHRM系统对员工态度与行为产生影响，并进一步影响组织效能。

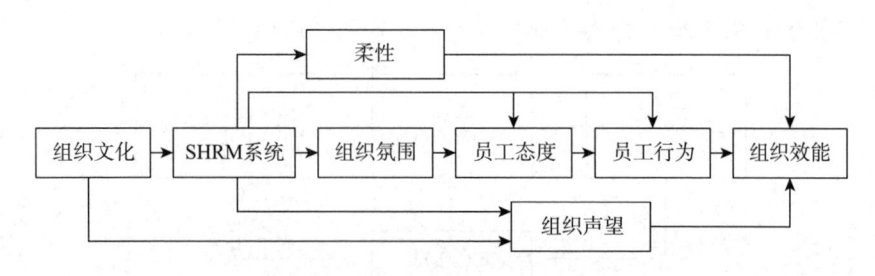

图2-3 基于社会情境理论的SHRM模型

资料来源：Ferris et al., 1998。

(6) 人力资源价值链模型

人力资源价值链模型源自美国哈佛大学迈克尔·波特教授提出的价值链理论，战略人力资源管理领域的学者尝试运用这一理论来解释 SHRM 与组织绩效的关系，并提出了人力资源价值链。其中较为典型的是 Becker 和 Huselid（1998）提出的人力资源价值链模型，见图 2-4。该模型认为，企业依据企业战略完成人力资源管理系统的设计，人力资源管理系统对员工的技能、动机和工作结构产生影响，并进一步影响员工行为，而员工行为汇聚成为企业运营绩效，能够推动企业赢利与增长，并最终实现组织市场价值的提升。

企业战略 → HR系统设计 → 雇员技能、动机、工作结构 → 雇员行为 → 企业运营绩效 → 企业赢利与增长 → 市场价值的提升

图 2-4　人力资源价值链模型

资料来源：Becker & Huselid, 1998。

(7) 组织双元理论

组织双元理论（Organizational Ambidexterity Theory）认为，卓越组织可以同时开展高效率的探索活动与利用活动。该理论促使企业核心竞争优势策略从"权衡取舍"转变为"合成与兼容"（王朝晖，2016）。吴建祖与肖书锋（2016）利用元分析对组织双元的组织层次预测变量及结果变量进行了整理，研究发现，组织结构、组织情境、领导等因素正向影响组织双元，而组织双元显著正向影响组织绩效。王朝晖（2016）指出，学者们对战略人力资源管理与组织双元的关系给予了较多关注，从而揭示 SHRM 对组织绩效的作用机制，进一步地，他从结构双元、情境双元与动态双元三个视角出发，对有关 SHRM 与组织双元的关系进行了述评与分析。

2.1.3　战略人力资源管理的构念测量

战略人力资源管理的测量量表十分丰富，根据测量关注内容不同，量表主要可以划分为两类：内容型量表和过程型量表。其中，内容型量表最为主流。

（1）内容型量表

内容型量表侧重于关注哪些具体的人力资源实践项目能够提升组织效能，所以用人力资源实践项目内容来反映战略人力资源管理。然而，学者们对战略人力资源管理应该包括的人力资源实践项目内容和数量尚未达成统一意见。所以，对应的内容型测量量表也十分丰富，代表性量表见表2-1。

表2-1 代表性战略人力资源管理内容型测量量表

学者（年代）	测量构念	题项数量
Arthur（1994）	人力资源管理系统（控制型与承诺型）	10
Huselid（1995）	高绩效工作系统	13
Delery & Doty（1996）	人力资源管理实践	23
Xiao & Björkman（2006）	高承诺工作系统	15
Sun，Aryee，& Law（2007）	高绩效人力资源实践	27
刘善仕等（2008）	人力资源管理系统（承诺系统、市场系统、合作系统、控制系统）	54
彭娟（2013）	人力资源管理系统	35

资料来源：本研究整理。

国外学者依据自身研究需要提出战略人力资源管理构念内涵，并开发了相应量表。Arthur（1994）开发了SHRM问卷，并区分了"控制型"与"承诺型"两种SHRM系统，该问卷包含10项人力资源实践：分权、参与、普遍培训、技能、监督、社会活动、正当程序、工资、福利与奖金。Huselid（1995）开发了高绩效工作系统的测评量表，该量表共13个题项，其中"员工技能与组织结构"维度包含9个题项，如"过去12个月中，企业内一名基本员工平均接受的培训时长是多少""公司内享有正式投诉或申诉程序的员工比例是多少"等，信度为0.67；另一个维度是"员工积极性"，包含4个题项，具体如"公司内根据绩效考核结果给予薪酬的员工比例是多少""公司内接受正式绩效考核的员工比例是多少"等，分量表信度为0.66。Xiao和Björkman（2006）开发了高承诺工作系统测量量表，量表包括15个题项，具体题项如"开放沟通和广泛的信息共享""尽量不解雇员工""广泛的培训与社会化措施"等,量表整体信度为0.89。

国内学者也在战略人力资源管理量表开发方面做出了很多尝试。刘善仕等(2008)基于构型观开发了54个题项的问卷用以测量人力资源管理系统,涉及8个实践项目:招聘、绩效评估、薪酬、培训与开发、晋升、工作保障、工作设计、信息共享与员工参与。人力资源管理系统区分为承诺系统、市场系统、合作系统、控制系统。彭娟(2013)基于构型理论视角研究SHRM与组织绩效的关系,研究中开发了人力资源管理系统的量表,人力资源管理系统划分为三个构型变量:动机激发(17个题项)、能力发展(10个题项)、参与机会(8个题项)。各分量表信度都在0.707以上。根据这三个构型变量,彭娟构建了8种人力资源管理系统(2×2×2)。

在众多内容型SHRM量表中,使用最为广泛、具有较高信效度水平的量表是Delery和Doty(1996)与Sun等(2007)开发的量表。Delery和Doty(1996)发展的人力资源管理实践量表,共23个题项,包含7个人力资源实践项目:绩效考核、内部晋升、雇佣保障、广泛培训、员工参与、工作分析、利润分享。Delery和Doty(1996)使用该量表进行问卷调查并实证检验SHRM对企业财务绩效的影响,研究结果支持了普适理论与权变理论的观点,可惜并未支持构型观点的理论假设。Sun等(2007)开发了一个包含27个题项的量表测量高绩效人力资源实践,该量表涉及8个人力资源实践项目:人员甄选、员工参与、内部流动、深度培训、职业安全、绩效考核、工作描述、激励回报。这两个量表包含的实践项目基本一致,Sun等(2007)开发的量表比Delery和Doty(1996)开发的量表多了一个实践内容——人员甄选。本研究立足于社会交换理论框架,探讨战略人力资源管理、心理契约履行、员工绩效三者之间的作用机制,考虑心理契约受到员工招聘影响较大(Rousseau,1990),所以本研究选择使用Sun等(2007)开发的量表。

(2)过程型量表

过程型量表,也称为特征量表,认为战略人力资源管理的实施过程（而非内容）对组织绩效具有重要意义，关注的是实施过程中战略人力资源管理应当具备何种特征。最典型的 SHRM 特征概念就是人力资源管理强度（strength of human resource management）。

SHRM 过程型量表最具开拓性和代表性的理论研究是 Bowen 和 Ostroff（2004）的研究，他们提出人力资源管理强度这一构念，并提出其三个维度：独特性、一致性、共识性。其中，独特性（distinctiveness），是指 SHRM 应该是特殊的、凸显的，足以激发员工的关注与兴趣。一致性（consistency），是指人力资源实践项目具有统一性，并且管理人员与员工能够充分沟通，员工充分信任各项 HR 措施。共识性（consensus），是指员工形成对战略人力资源管理的普遍认同感，SHRM 政策制定者与信息传达者之间是否达成一致、人力资源管理系统是否公平合理都会影响员工共识的达成。虽然他们没有对这三个核心特征进行量表开发和实证研究，但为后续量表开发奠定了重要基础。

早期，由于没有专门的测量量表，学者们需要运用数学方法来间接计算人力资源管理强度，这种方法至今仍被使用。例如，Chen 等（2007）计算企业所有者、管理者和下属员工对 17 个 SHRM 实践评价的差异，差异绝对值用来表示人力资源管理强度：差异绝对值越大，人力资源管理强度越低，反之则越高。

之后，Frenkel 等（2012）基于 Bowen 和 Ostroff（2004）的模型，提出了一个包含 10 个题项的人力资源管理强度量表，具体题项包括"公司对我很有吸引力，因为它拥有很好的人力资源管理实践""公司人力资源管理实践非常有助于我提升自身知识与技能""员工对公司人力资源管理实践有清晰的了解"等，该量表信度为 0.86。但文献没有汇报量表开发的过程与方法，有学者认为这个量表过于粗糙（唐贵瑶等，2013）。

Delmotte 等（2012）在 Bowen 和 Ostroff（2004）理论演绎的基础上开发了人力资源管理强度量表，该量表包含 3 个子量表共 31 个题项，分别是：独特性量表包含 10 个题项，题项示例如"公司人力资源管理部门职责分明"；一致性量表涉及 9 个题项，如"各种各样的人力资源管理项目缺乏关联性（R）"等；共识性维度包含 12 个题项，如"公司某些员工会受到优待，因为他们和人力资源管理部门的员工是朋友（R）"等。三个维度的分量表信度都在 0.7 以上。该量表成为目前为止，涵盖全部三个维度、最为成熟的人力资源管理强度量表（张立峰、武星，2015）。

2.1.4 战略人力资源管理的实证研究

本研究参照 Delery 和 Doty（1996）、Martín-Alcázar 等（2005）的观点，将战略人力资源管理（SHRM）分为三种研究视角——普适观（the universalistic perspective）、权变观（the contingent point of view）和构型观（the configurational approach），并以此为线索梳理 SHRM 的实证研究文献。

（1）普适观的实证研究

普适观认为，战略人力资源管理与组织绩效存在稳定的线性关系，某些特定的人力资源管理实践总能创造组织绩效，SHRM 的战略性作用不受组织所处情境的影响，如图 2-5。同时，普适观认为研究者可以识别那些能够创造组织绩效的人力资源管理实践，这些实践组合在一起，被称为"高绩效工作系统"（Huselid，1995；Sun et al.，2007）、"最佳人力资源实践"（Pfeffer，1994；Delery & Doty，1996）、"高承诺人力资源实践"（Walton，1985）及"高卷入工作系统"（Guerrero & Barraud-Didier，2004）等。

最佳HR实践 ——→ 组织绩效

图 2-5 普适观的作用机理

在普适观视角下，较具代表性的实证研究如下，其中关于最佳人力资源实践和高绩效工作系统的研究相对较多。

首先，关于最佳人力资源实践的实证研究。Pfeffer（1994）识别了 16 种最佳人力资源实践，后来对这些实践项目进行了合并，最终保留 7 项最佳人力资源实践：广泛培训、就业保障、地位平等化、选择性雇佣、分权、绩效薪酬、信息分享。Delery 和 Doty（1996）提出最佳人力资源实践应该包括 7 个方面：绩效考核、内部晋升、雇佣保障、广泛培训、员工参与、工作分析、利润分享。同时验证了人力资源管理系统与组织绩效的关系。随后，Delaney 和 Huselid（1996）的研究也得到了类似结论。刘善仕和刘学（2008）分析了中国企业的最佳人力资源实践，研究发现，我国企业与西方企业在人员招募、员工培训、基于绩效的薪酬、工作组织四个实践上表现一致，而在绩效考核、员工参与与就业保障三个方面具有较大的差异。杨浩和刘佳伟（2015）以及田立法（2017）则通过实证方法检验了最佳人力资源实践与组织绩效的正向关系。

其次，关于高绩效工作系统的实证研究。Huselid（1995）最早开发了高绩效工作系统（High Performance Work System，HPWS）测量工具并检验了高绩效工作系统与企业绩效的关系，以分布在美国各州的 968 家企业为样本的研究发现，HPWS 对员工产出（生产率、离职）及公司财务绩效有着显著影响。之后，HPWS 受到学者们的关注，相关研究不断涌现。大量研究表明，高绩效工作系统能够提高员工工作满意度、组织承诺和幸福感（Takeuchi et al.，2009；Heffernan & Dundon，2016；颜爱民等，2016），提升角色内绩效及组织公民行为（苗仁涛等，2013；张军伟、龙立荣，2016；颜爱民、陈丽，2016），并提高组织绩效（Subramony，2009；张徽燕等，2012；张军伟、龙立荣，2016；Chowhan，2016）。然而也有研究指出，在中国情境下，高绩效工作系统不总是能提升组织绩效（刘善仕等，2005；张正堂，2006）。

最后，普适观下其他的代表性研究。Mac Duffie（1995）提出创新型人力资源管理，实证研究发现：创新型 HRM 通过相互关联、相互作用的实践系统对组织绩效产生影响；当创新型 HRM 与公司柔性战略系统相匹配时，对绩效的影响会更强。Guerrero 和 Barraud-Didier（2004）讨论高卷入工作系统（High Involvement Work System），实证研究发现：与单项实践相比较，高卷入工作系统对组织绩效的影响更为显著。Ayanda 和 Abdulkadir（2011）的研究显示，战略人力资源管理有助于提高组织绩效,并识别了 7 个核心实践:创新招聘与选拔制度、定期培训、绩效考核、职业规划与发展、员工参与、公平的薪酬、内部晋升。

虽然普适观研究范式能识别出促进组织绩效的人力资源实践,但其简化了二者关系,忽略了外部变量对二者关系的影响(Martín-Alcázar et al.,2005)。

(2)权变观的实证研究

权变观认为,不存在所谓的最佳人力资源管理模式(Delery & Doty,1996),人力资源管理与组织绩效的关系取决于第三个变量(权变变量),权变因素起到调节作用。权变因素包括组织战略、组织结构、组织文化、企业市场定位等(Batt,2002;Lepak et al.,2003;刘善仕等,2008;Bal et al.,2013),其中组织战略是最为重要的权变因素,详见图 2-6。

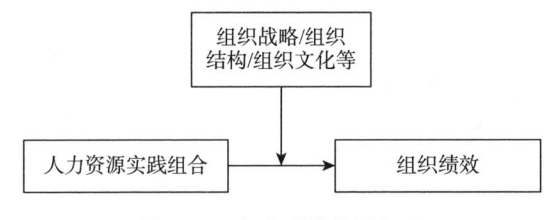

图 2-6 权变观的作用机理

在权变观视角下,较具代表性的实证研究包括以下几项。Miles 和 Snow(1978)首次提出 HRM 实践应该与组织战略相匹配。Arthur(1994)将 HRM 系统分成"控制型"与"承诺型",研究发现:控制型 HRM 系统与企业低成本战略匹配性更佳,而承诺型 HRM 系统则与企业差异化战略更为匹配。Youndt 等(1996)同时考虑了普适观和权变观视角,研究结果证实了权变观点,关注人力资本提升的人力资源系统与企业质量优先战略相匹配,从而促使人力资源系统对组织绩效产生积极作用,其他组织战略也调节了人力资源系统与组织绩效的关系。Bal 等(2013)分别从普适观和权变观角度出发,验证了战略人力资源管理对员工产出的影响,实证研究结果支持了这两个角度下的研究假设:普适观视角下,发展型人力资源管理正向影响员工参与与情感承诺;权变观视角下,宽松型人力资源管理(Accommodative HRM)对员工参与与情感承诺的影响受到组织 SOC 策略（Selection，Optimization and Compensation，选择、优化和补偿策略）的影响。

权变观将情境因素纳入了 SHRM 研究范畴，到目前为止，权变观较好地得到了验证，特别是企业战略类型对 SHRM 与企业绩效关系的影响。

（3）构型观的实证研究

构型观从系统的观点出发，更多关注人力资源系统（多样化的 HRM 实践组合）能否以及如何影响组织绩效。构型理论强调，企业 HRM 系统必须同时具备垂直匹配（HRM 系统与企业战略等外部形态的匹配）与水平匹配（HRM 系统内部各要素的匹配），才能提高组织效能，详见图 2-7。

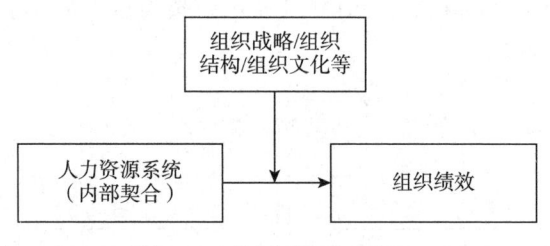

图 2-7 构型观的作用机理

构型观视角下，较具代表性的实证研究有如下几个。Delery 和 Doty（1996）以美国银行业为研究对象，检验 SHRM 对企业财务绩效的影响，研究结果支持了普适理论与权变理论的观点，可惜并未支持构型观点的理论假设。Baron 和 Hannan（2002）以硅谷 170 个公司的 HR 实践为研究对象，采用多维度构型变量进行构型研究。他们抓取了雇佣关系的 3 个维度共 10 个特征：组织依附维度（包括 3 个特征）、员工选拔准则维度（包括 3 个特征）、协调和控制基础维度（包括 4 个特征）。将 3 个维度交互结合（3×3×4），共形成 36 种人力资源构型。Verburg 等（2007）确定人力资源系统的 2 个维度共 4 个特征：实践导向维度，分为承诺养成和控制两个特征；能力培养主体维度，分为企业负责和员工负责两个特征。由此，形成四种构型：灵活型、专业型、市场型、等级型。Su 等（2015）依据组织承诺的养成方式（承诺 vs 诱导）、规则遵守（服从 vs 获得）两个维度，提出了四种人力资源构型——纪律治理、耦合治理、混合治理与非结构化治理，研究发现中国企业中混合治理模式最能提高组织绩效。国内学者刘善仕等（2008）和彭娟（2013）利用形态理论探讨 HRM 实践与企业绩效的关系。彭娟等（2015）基于构型观视角，进一步检验 HRM 系统与组织结构外部匹配的作用，研究发现权变理想型匹配正向影响组织绩效。

2.1.5 小结

三十多年来，战略人力资源管理（SHRM）的研究取得了长足进展，但是研究局限也日渐呈现。具体来看，主要表现为以下两个方面。

第一，战略人力资源管理实践的具体内容尚存争议。虽然大量学者尝试去识别 SHRM 的具体实践项目，但并没有形成统一的观点（Becker & Gerhart, 1996）。学者们所使用的战略人力资源管理内容型测量量表中包含的实践项目存在较大差异。Combs 等（2006）使用元分析技术共统计了 92 项关于战略人力资源管理的研究，这些研究共涉及了 22 个人力资源管理实践活动，不同研究中战略人力资源管理的实践活动项目存在较大差异。战略人力资源管理的测量依据无法统一，导致相关研究结果缺少比较和整合的基础条件。

第二，战略人力资源管理与组织绩效间的作用"黑箱"仍待进一步打开。虽然 SHRM 与组织绩效的关系得到了多次验证，但是二者之间的作用机制仍被视为一个"黑箱"，有待进一步深入研究（Becker & Huselid, 2006；Wright & Mc Mahan, 2011；寇跃、贾志永，2013）。

针对以上不足，本研究在构念测量、框架设计上做出如下安排。

第一，虽然 SHRM 具体的实践项目无法达成统一，但有一些核心的实践活动被较多纳入战略人力资源管理构成中，这些核心的实践活动包括员工招募与选拔、员工培训、工作分析与职位描述、激励性薪酬和福利、绩效管理和评估、晋升与内部流动、员工参与和沟通等（Posthuma et al., 2013）。本研究选择 Sun 等（2007）开发的量表测量战略人力资源管理，该量表包含 8 个人力资源实践项目——人员甄选、员工参与、内部流动、深度培训、职业安全、绩效考核、工作描述、激励回报，覆盖了大部分核心实践活动。

第二，随着对战略人力资源管理作用"黑箱"的不断探索，学者们发现员工是这一"黑箱"中的关键角色，SHRM"黑箱"中的关键链条是人力资源管理实践如何影响员工态度，以及改善员工绩效，从而最终提升组织绩效（Purcell & Hutchinson，2007）。Wright 和 Boswell（2002）也强调应该探讨员工对 SHRM 的反应，以揭示战略人力资源管理的作用"黑箱"。因此，本研究将员工绩效作为结果变量，探索 SHRM 与员工绩效的关系，并尝试厘清二者之间的作用机制。

2.2 员工绩效的研究述评

2.2.1 员工绩效的内涵与结构

(1) 概念内涵

学者们对员工绩效的概念界定进行了大量探讨，仍未能达成一致意见。综合来看，员工绩效的概念可以分为三类观点：结果观、行为观和综合观。

结果观。此类观点将员工绩效定义为可观察可测量的工作产出、工作成果或成就（杰里·W. 吉雷、安·梅楚尼奇，2005）。结果观认为，虽然员工特质、内驱力和情境因素会对员工绩效产生影响，但最终的可观测结果才能真正反映绩效水平。但是这一观点下的员工绩效概念受到较多学者的质疑：过于关注产出，而忽略员工付出的种种努力，也不考虑员工胜任能力，无法有效控制绩效过程因素和情境因素，这可能导致评价失真，伤害员工工作积极性，甚至出现短期功利性行为。

行为观。行为观绩效概念得到学者们的普遍支持，本研究亦采用这一观点。此类观点将员工绩效界定为个体次面的可观测员工行为表现，这些行为与组织绩效目标密切相关（Katz & Kahn，1978；Williams & Anderson，1991；韩翼等，2007）。这类观点强调过程因素、情境因素以及人际因素对员工绩效的影响作用。然而并非全部的员工行为都能体现为工作绩效。因此，部分学者提出员工绩效的综合观定义，将行为观和结果观的内涵界定有机融合。

综合观。此类观点将员工绩效内涵泛化，认为结果、行为、员工能力、工作态度、工作动机、工作方式等因素都应包含于绩效范畴内（Woodruffe，1993）。这一观点极大地丰富了员工绩效的内涵，但概念构成较为复杂，所以以此为基础的实证研究较为少见。

（2）构念结构

关于员工绩效的结构，行为观的研究成果最为丰富，其中最为主流的是 Katz 和 Kahn（1978）提出的角色内行为与角色外行为二维结构，以及 Borman 和 Motowidlo（1993）提出的任务绩效与情境绩效二维结构。

角色内行为与角色外行为。Katz 和 Kahn（1978）论述了绩效的行为结构，他们提出，组织想要保持运行良好并确保组织效能的提升，员工应该体现三个方面的必要行为：首先，员工自觉自愿加入并留在组织为组织服务，这种基本行为也可以称为"继任行为"；其次，员工能够完成或超额完成岗位职责范围内的工作任务，也可以称之为"角色内行为"；最后，员工在做好本职工作之外，能够主动自觉地从事岗位职责以外的有利于组织发展的其他活动，或称之为"角色外行为"。其中后两者属于绩效行为，分别对应角色内绩效和角色外绩效。

任务绩效与情境绩效。Borman 和 Motowidlo（1993）基于相关研究对工作绩效 8 个因素进行了整合，提出了任务绩效和情境绩效的二维绩效模型。具体而言，任务绩效（task performance）是指作为工作的一部分而被正式认可的、直接有助于组织技术核心的活动；情境绩效（contextual performance）是支持组织技术核心运行的一系列社会、组织和心理环境，通过提高员工任务绩效以实现组织效能，与亲社会行为、组织公民行为等角色外绩效概念类似。

综合来看，这两个二维结构在研究中应用都较为广泛，并且内涵界定具有相似性：任务绩效与角色内行为概念类似，同时情境绩效与角色外行为概念类似；相对而言，角色内行为 - 角色外行为的分类更为经典。另外，通过对几个主要角色外行为进行对比分析，Van Dyne

等（1995）提出最典型的角色外行为是员工组织公民行为，并且相关研究成果也较为丰富。因此，本研究通过角色内绩效和组织公民行为两个变量来反映员工绩效，以下分别对这两个变量进行文献综述与整理。

2.2.2 角色内绩效

(1) 概念界定

角色是员工行为决策的重要依据，员工会依据角色期望与角色认知来调整自己的行为表现（Katz & Kahn, 1978）。Katz 和 Kahn（1978）提出了高效能组织的三种必要员工行为，其中依据角色边界确定了角色内行为和角色外行为，他们明确提出"角色内绩效"（In-Role Performance, IRP），并将其定义为"员工能够达到或超额完成组织规定的职责范围内的工作绩效数量与质量"。

Williams 和 Anderson（1991）提出角色内行为与组织公民行为是员工工作绩效的不同维度，并将角色内行为定义为"被正式报酬系统所认可的行为，属于岗位说明书所描述的要求范畴"。Vigoda（2000）认为角色内绩效通常指员工在工作任务中所执行的义务和职责组合，是一种正式绩效。Janssen 和 Yperen（2004）则把角色内绩效定义为"岗位说明书规定与要求的行为，为组织所授权、表彰和奖励。这一系列的规则与流程使工作行为具有预测性，组织任务得以协调和控制，并促使组织目标最终实现"。

除了对角色内绩效概念进行单独界定，学者们普遍认为角色内绩效近似于 Borman 和 Motowidlo（1993）所提出的任务绩效（task performance）。Rotundo 和 Sackett（2002）、王辉等（2003）、孙瑜（2015）的研究都体现了这一观点。相应的概念界定详见表 2-2。

表 2-2　角色内绩效的代表性定义

学者（年代）	定义
Katz & Kahn (1978)	角色内绩效是指"员工能够达到或超额完成组织规定的职责范围内的工作绩效数量与质量"

续表

学者（年代）	定义
Williams & Anderson（1991）	角色内行为是指被正式报酬系统所认可的行为，属于岗位说明书所描述的要求范畴
Vigoda（2000）	角色内绩效通常指员工在工作任务中所执行的义务和职责组合，是一种正式绩效
Janssen & Yperen（2004）	岗位说明书规定与要求的行为，为组织所授权、表彰和奖励
Borman & Motowidlo（1993）	任务绩效是指"作为工作的一部分而被正式认可的活动，这些活动有助于组织的技术核心"
Rotundo & Sackett（2002）	任务绩效包括那些有助于产品生产或服务提供的行为，这些行为不仅限于工作说明书的描述范围

资料来源：本研究整理。

（2）构念测量

基于各自研究的需要，学者们开发了多个角色内绩效的测量量表，本研究将其中具有代表性的量表整理如表2-3所示。

表2-3 角色内绩效的测量量表

测量内容	学者（年代）
角色内绩效	Williams & Anderson（1991）；Farh & Cheng（1997）
任务绩效	Borman & Motowidlo（1993）；Tsui et al.（1997）；王辉、李晓轩、罗胜强（2003）；韩翼、廖建桥、龙立荣（2007）

资料来源：本研究整理。

（3）影响因素

学者们对角色内绩效的影响因素进行了广泛讨论，使用了实验、问卷调查、深度访谈、文献研究等多种方法。根据对实证研究文献的梳理，本研究将角色内绩效的影响因素归纳为四大类：个体特征、工作特征、组织特征与领导特征。

个体特征方面，员工胜任能力、人格特质、工作态度等能够显著预测员工角色内绩效水平。研究证实，包括知识、技术、能力在内的胜任能力能够显著影响员工角色内绩效（Katou & Budhwar，2012）。同时，员工情绪智力、责任心、心理资本等人格特质对角色内绩效具有一定预测作用（Rode et al., 2007；Joseph & Newman, 2010；周浩，2011；张辉华，2014）。工作满意度、组织承诺、主管忠诚、目标导向、绩效倾向、组织公平等态度变量对角色内绩效有积极影响（Janssen & Yperen, 2004；韩翼等，2007；常亚平等，2010）；而职场排斥、工作家庭冲突、角色压力则对角色内绩效有消极影响（张辉、牛振邦，2013；赵富强等，2016）。

工作特征方面，工作结构与设计特征、员工参与机会对员工角色内绩效具有显著影响。研究发现，任务技能差异化、工作价值、合作性、友谊机会、任务完整性、自主性、反馈性等工作结构与设计特征对任职者角色内绩效有一定预测作用。史玥等（2011）提出，工作安全、工作负荷、环境与设备等工作结构与设计特征首先影响职业倦怠，进而对角色内绩效产生影响。Katou 和 Budhwar（2012）证实，工作设计与参与机会能够影响员工绩效表现，并进一步影响组织绩效。陈万思等（2016）研究发现，确保员工参与机会的工作设计能够有效提高新生代员工的工作绩效。

组织特征方面，组织所承担的社会责任对员工角色内绩效具有跨层次的影响作用（任湘郴等，2017）；组织信任氛围对角色内绩效具有显著影响（Mayer & Gavin, 2005；屠兴勇等，2017）；此外，企业人力资源管理实践活动能够显著预测员工角色内绩效（Katou & Budhwar, 2012；Tabiu & Nura, 2013；张军伟、龙立荣，2016；颜爱民、陈丽，2016）。

领导特征方面，道德型领导、变革型领导、辱虐式领导、服务型领导、家长式领导等领导风格显著影响员工角色内绩效（Hur et al., 2011；Weng, 2014；颜爱民、裴聪，2013；于桂兰等，2017）。领导信任对角色内绩效具有正向预测作用（Mayer & Gavin, 2005；韦慧民、龙立荣，2008）。领导－成员交换、领导－成员交换关系社会比较、上下级关系等反映员工与领导互动关系的变量能够正向影响员工角色内绩效（杨晓等，2015；于桂兰、付博，2016）。

2.2.3 组织公民行为

(1) 概念界定

组织公民行为的思想源头可以追溯到"合作意愿"(willingness to corporate):个体自发自觉的贡献,而不仅仅是契约内义务,这种意愿对组织系统、组织生存与发展至关重要(Barnard, 1938)。Katz 和 Kahn (1978)阐述了组织有效运行的三种必要员工行为,其中第三种是角色外行为,即"非岗位描述与要求的自发性行为",这种行为能润滑组织的运行机制,并且与企业竞争力、企业健康发展大有关系,但不是通常意义的岗位任务绩效所固有的内容。

1983 年,Organ 等人在现有员工自觉合作行为的研究基础之上,借助 Katz 和 Kahn (1978) 的分析,首次正式提出"组织公民行为"(Organizational Citizenship Behavior, 以下简称 OCB) 这一术语,将角色外行为称为公民行为(Bateman & Organ, 1983),并探讨了组织公民行为的内涵(Smith, Organ, & Near, 1983)。1988 年,Organ 正式将 OCB 定义为"未被组织正式报酬系统明确或直接地承认,但整体而言有益于组织运作绩效的各种员工自发性个体行为。自发性(discretionary)是指这些行为不是雇佣契约中明确规定的岗位说明书或岗位角色所强制要求的,这些行为是个人选择,缺少这些行为一般不会引致惩罚"。Organ (1997) 承认以角色外行为及有无奖惩来界定 OCB 不再恰当的观点,对 OCB 进行重新定位,他把 OCB 与情境绩效(contextual performance)的概念相联系,认为 OCB 是"有助于保持和增强支持员工任务绩效的社会与心理环境的行为"。

1993 年之后,OCB 的研究开始快速发展(Podsakoff et al., 2000)。其间,其他学者也对 OCB 概念界定进行了探讨,例如 Van Dyne 等(1995)利用角色外行为(Extra-Role Behavior, ERB)来定义 OCB;Podsakoff 等(2000)指出学者们过于关注 OCB 与其他构念的关系,而忽略了对 OCB 本质的界定,这会大大降低研究的价值。总体来看,最具影响力、最被广泛认可与使用的仍然是 Organ (1988, 1997) 的概念界定。组织公民行为的代表性定义详见表2-4。

表2-4 组织公民行为的代表性定义

学者（年代）	定 义
Katz & Kahn（1978）	角色外行为是指非岗位描述与要求的自发性行为
Bateman & Organ（1983）	角色外行为即公民行为
Smith, Organ, & Near（1983）	组织公民行为包括至少2个维度：利他主义（altruism），指员工工作中的主动助人行为；一般性服从（generalized compliance），指员工工作角色领域的尽责行为
Organ（1988）	未被组织正式报酬系统明确或直接地承认，但整体而言有益于组织运作绩效的各种员工自发性个体行为
Van Dyne et al.（1995）	存在于角色期望之外的自发性行为，这些行为有益于或期望有益于组织
Organ（1997）	有助于保持和增强支持员工任务绩效的社会与心理环境的行为
Podsakoff et al.（2000）	员工的自发性行为，是关于员工与组织间契约或默契的信念

资料来源：本研究整理。

（2）维度与测量

学者们对组织公民行为的结构维度开展了大量研究，涌现出多种观点，迄今为止也没有得出一致性意见。根据Podsakoff等（2000）的回顾，OCB的维度至少有三十几种，具体如二维论、三维论、四维论、五维论、六维论、七维论、十维论等，参见表2-5。

表2-5 OCB的结构维度

维度数量	学者（年代）	维度构成
二维	Smith, Organ, & Near（1983）	利他主义、一般性服从
	Williams & Anderson（1991）	指向个体的公民行为、指向组织的公民行为
三维	Van Dyne, Graham, & Dienesch（1994）	组织服从、组织忠诚、组织参与
四维	Graham（1989）	人际帮助、主动交流、勤奋进取、忠诚拥护

续表

维度数量	学者（年代）	维度构成
五维	Organ（1988）	利他主义、谦恭谨慎、尽责意识、运动员精神、公民道德
	Farh, Earley, & Lin（1997）	公司认同、利他主义、尽责意识、人际和谐、保护资源
六维	林淑姬等（1994）	组织认同、敬业守规、帮助同事、和谐共事、公私分明、自我提升
七维	Podsakoff et al.（2000）	积极主动、助人行为、组织忠诚、公民美德、运动员精神、个人发展、组织服从
十维	Farh, zhong, & organ（2004）	尽责意识、自觉学习、保护工作环境整洁、利他主义、人际和谐、建言行为、积极参与活动、保护公司资源、宣传公司形象、热心公益

资料来源：本研究整理。

在国外学者提出的众多模型中，Organ（1988）的五维度模型与Williams 和 Anderson（1991）的二维度模型是最为主流的。

Organ（1988）提出 OCB 包含五个维度：利他主义（altruism，自愿帮助其他员工解决与工作有关的问题）、谦恭谨慎（courtesy，尊重他人意见、预先知会、帮助他人避免问题发生）、尽责意识（conscientiousness，对超出岗位标准的工作的顺从与尽责，对组织规则与规章的遵守）、运动员精神（sportsmanship，对工作中的麻烦任劳任怨，坦然忍受不理想的环境）、公民道德（civic virtue，关心组织重要事件，积极参与组织活动，发表自己的意见与建议）。Organ（1988）同时开发了 OCB 量表，包括 22 个题项。Podsakoff 等（1990）在 Organ（1988）的五维度模型基础上也开发了 OCB 测量量表，共 24 个题项。这两个量表均被广泛使用。

Williams 和 Anderson（1991）根据行为受益目标把 OCB 划分为两个更具概括力的维度：指向个体的公民行为（OCBI）、指向组织的公民行为（OCBO）。OCBI 是指直接有利于某个个体，通过此途径而间接有益于组织的行为，如帮助缺勤的员工等；OCBO 是指组织直接受益的行为，如不能工作时提前告知、遵守维护秩序的非正式规则等。同时，他们开发了包含 14 个题项的 OCB 量表。

考虑到中西方文化存在巨大差异，且 OCB 受文化影响显著，因而，西方关于 OCB 维度的划分未必适应中国情境。在这种背景下，国内学者相继开展中国文化背景下的 OCB 维度研究。林淑姬等（1994）是最早研究 OCB 的华人学者。樊景立（Farh）对华人社会中 OCB 结构的研究做出了巨大贡献。Farh 等（1997）的研究指出，华人文化背景下的 OCB 包含 5 个维度，同时开发了 OCB 量表，包括 20 个题项，其中有 7 个题项为反向题项。Farh 等（2004）以北京、上海和深圳的 158 名员工为研究对象，研究提出 OCB 的十维度模型，并把十个维度划分为四个领域：个人领域（尽责意识、自觉学习、保护工作环境整洁）、人际领域（利他主义、人际和谐）、组织领域（建言行为、积极参与活动、保护公司资源）和社会领域（宣传公司形象、热心公益）。同时开发了一个包括 33 个题项的量表。Farh 等（2004）的量表在华人情境的研究中被广泛采用并具有较高的信效度，如郭晓薇（2004）、Farh 等（2007）、李燕萍和涂乙冬（2012）等。本研究也利用这个量表测量组织公民行为。

（3）影响因素

组织公民行为的实证研究主要关注四类前因变量：个体特征、任务特征、组织特征、领导特征（Podsakoff et al.，2000）。

从个体特征来看，工作态度、人格特质、个人动机对 OCB 有显著影响。首先，以组织公平感、组织承诺、工作满意度为代表的工作态度是受到支持最多的 OCB 预测变量，对 OCB 具有正向作用（郭晓薇，2004；常亚平等，2010），职场排斥则对 OCB 有消极影响（吴隆增等，2010）。其次，个性特质方面，Van Dyne 等（2000）发现集体主义、信任倾向和自尊与 OCB 之间都有显著相关。郭晓薇（2004）的研究也发现个人主义－集体主义价值观对 OCB 有显著影响。员工角色认知与 OCB 的几个维度有显著相关关系（Podsakoff et al.，2000）。最后，早期 OCB 研究中，基于互惠的社会交换是主要的个人动机，如 Turnley 等（2003）与 Coyle-Shapiro（2002）提出心理契约履行与 OCB 有显著正向关系。近年来，印象管理（impression management）成为学者们关注的个人动机，OCB 表现较好的员工未必是"好战士"，而可能是"好演员"（Bolino，1999；Rioux & Penner，2001；陈明，2013）。

从任务特征来看，任务反馈、任务报酬、任务常规性与任务激励性等因素对 OCB 有显著影响。Podsakoff 等（2000）利用元分析发现，工作反馈、提供内在满意感的工作任务对 OCB 有显著正向影响，工作任务重复单调性与 OCB 之间存在显著负向关系。Karambayya（1990）发现内在报酬、外在报酬与 OCB 有关。Van Dyne 等（1994）发现具有激励性的工作特性与 OCB 存在正向关系。徐鹏等（2016）研究证实，提高员工参与性的工作设计能够有效提高知识型员工的组织公民行为。

从组织特征来看，组织氛围、组织价值观、社会规范对组织公民行为有显著影响。Karambayya（1990）发现组织氛围或文化、工作单元的异质性和任务依存性与 OCB 有关。Van Dyne 等（1994）研究发现符合员工期望的组织价值观与 OCB 之间存在正向关系。Chen、Zhang 和 Sego（2004）将社会规范分为三类，研究发现员工感知到的社会规范与组织公民行为存在显著相关关系。另外，企业社会责任有助于提升员工组织公民行为水平，组织认同、道德认同在二者之间发挥一定中介作用（任湘郴等，2017；刘凤军等，2017）。

从领导特征来看，变革型领导、交易型领导、魅力型领导、苛责式领导、道德型领导、家长式领导、领导-成员交换、关系实践都对 OCB 有显著影响。Podsakoff 等（2000）对领导特征与 OCB 的关系进行元分析，发现领导特征对下属员工的 OCB 具有比较显著的影响。具体而言，变革型领导、领导-成员交换与 OCB 有显著相关关系；交易型领导的一致性奖励行为和非一致性惩罚行为与 OCB 所有维度显著相关；路径-目标理论（Path-Goal Theory）中的角色澄清行为和支持性领导行为与 OCB 所有维度显著相关。李超平等（2006）、吴志明和武欣（2006）证明了中国文化下变革型领导对员工 OCB 的预测作用。魅力型领导与 OCB 具有正相关关系（John，2005）。苛责式领导与组织公民行为呈负相关（Aryee et al.，2007；Liu & Wang，2013）。道德型领导正向影响组织公民行为（Avey et al.，2011；Weng，2014）。家长式领导能提高员工组织公民行为（邓志华等，2012）。团队层次上下级关系实践对员工组织公民行为具有跨层次负向影响（于桂兰、付博，2016）。

2.2.4 小结

通过以上的文献梳理不难发现，员工绩效的研究由来已久，并取得了丰硕的研究成果，现有研究提供了以下几点启示。

首先，员工绩效是一个多维度构念。其内涵存在结果观、行为观、综合观等不同的界定，其中行为观理论得到更为广泛的重视与研究，相关理论与研究更为成熟。在行为观范畴内，角色内绩效与角色外绩效、任务绩效与情境绩效这两个二维结构被学者们认可的程度最高。本研究采用角色内绩效与角色外绩效这个二维结构，并使用组织公民行为测量角色外绩效。

其次，员工绩效不同维度的生成机理存在差异。角色内绩效和组织公民行为的预测变量不尽一致，其产生逻辑和生成机制也可能不同。角色内绩效与任务绩效类似，是员工岗位职责范围之内的行为表现，其结果主要取决于制度约束、能力水平与直接回报；而组织公民行为类似于情境绩效，是员工具有自由裁量权的自发行为，其结果更多取决于人格特质和获利感知。因此，在理论框架的设计过程中，应区辨员工绩效的不同维度，从而得出更精准的结论。以往研究不免存在将员工绩效合二为一的做法（如 Tabiu & Nura，2013；张军伟、龙立荣，2016），这在一定程度上抹杀了员工绩效的差异性。

最后，组织层次预测变量的分析技术问题。在对员工绩效影响因素的研究中，组织层次特征是一类重要的预测变量。然而，在研究技术上，现有研究大多把组织层次特征和员工绩效放在同一层次进行数据分析，不能体现组织层次因素的跨层次预测作用，这可能产生系统误差。

综上所述，本研究将员工绩效区分为角色内绩效与组织公民行为两个维度，分别考察战略人力资源管理、心理契约履行对员工绩效两个维度的影响。战略人力资源管理作为组织层次变量，而员工绩效属于个体层次变量,因此,本研究在数据分析过程中将采用跨层次的分析方法,以更准确地反映变量之间的影响关系。

2.3 心理契约履行的研究述评

2.3.1 心理契约的理论发展与研究脉络

(1) 心理契约的概念界定

心理契约的研究最早可以溯源到 20 世纪 60 年代,在 Argyris (1960)、Levinson 等 (1962)、Schein (1965)、Kotter (1973) 等早期研究中,心理契约 (psychological contract) 普遍被定义为存在于员工与组织间的期望 (expectation)、内隐契约 (implicit contract) 和非书面化的契约 (unwritten contract) 等。心理契约存在两个主体:员工与组织。然而有学者 (Kotter, 1973) 发现在对员工和组织的心理契约进行构念化操作时,很难找到适合的组织方代表,对组织期望的操作化非常困难,这给心理契约的后续研究带来了很多困难。

从 20 世纪 80 年代后期开始,学者们对心理契约内涵展开了深入讨论,并逐渐形成两个学派:Rousseau 学派和古典学派。前者立足于员工角度,认为心理契约是员工对于互惠交换关系的理解;后者坚持双边视角,强调应该从员工和组织两个方面对心理契约内涵进行界定。

两个学派的代表性定义见表 2-6。其中,Rousseau (1995) 对于心理契约的定义提高了心理契约测量的可操作性,极大促进了心理契约的实证研究,其观点也得到了很多学者的赞同和支持。Robinson (1996)、Morrison 和 Robinson (1997)、Ho 和 Levesque (2005)、李原和郭德俊 (2006) 等很多后续研究遵循了这一内涵界定,被称为 Rousseau 学派。也有一些学者对 Rousseau 学派的观点提出质疑,认为单一员工视角与心理契约"双边互惠协议"这一核心内涵背道而驰 (Guest, 1998),并坚持心理契约的双边视角,强调应该从员工和组织两个方面对心理契约内涵进行界定,这些学者被称作古典学派,以 Guest、Conway、Herriot 等人为代表。

表 2-6　心理契约的代表性定义

流派	研究者（年代）	定义
Rousseau 学派	Robinson, Kraatz, & Rousseau（1994）	员工对应做员工贡献与应得组织诱因的感知
	Rousseau（1995）	员工个体对雇员和雇主间相互责任和义务的知觉与信念系统
	Robinson（1996）	员工对自身与组织互惠交换关系的理解
	Rousseau & Tijoriwala（1998）	员工关于自己与另一方（如管理者，或公司、其他人）源自相互承诺的互惠责任的信念
古典学派	Herriot, Manning, & Kidd（1997）	雇佣关系双方（组织和员工）对于互相责任的感知
	Guest & Conway（2002）、Guest（2004）	雇佣关系双方（组织和员工个体）对互惠承诺和隐含责任的感知
	李原、孙健敏（2006）	雇佣关系中，员工和组织双方所感知到的彼此为另一方承担的责任与义务

资料来源：本研究整理。

本研究立足员工视角，遵从 Rousseau 学派对心理契约内涵的界定。同时，本研究以社会交换理论为核心理论基础，强调员工与组织之间的社会交换关系与社会交换过程，所以采纳 Robinson（1996）对心理契约的概念界定，即心理契约是员工对自身与组织互惠交换关系的理解。

（2）心理契约的理论基础

总体而言，学者们较多地借助社会交换理论、期望理论、认知失调理论和公平理论来开展心理契约研究。

社会交换理论。这是用以解释员工职场行为和组织行为的最具有影响力的理论之一（Cropanzano & Mitchell, 2005）。虽然曾出现多个社会交换的不同观点，但 Blau（1964）所论述的社会交换理论内涵被组织行为领域广泛采用，其核心是互惠原则（Gouldner, 1960），认为社会互动是一种基于付出和回报的交换行为，这些互动相互依赖，受到另一方行为的影响。源于社会交换理论的心理契约描述的便是组织与员工之间各取所需的交换关系，既包括对应做贡献的理解，也包括对应得诱因的感知，并会根据对方的行为而调整自己的反应。国内外学者在研究心理契约时普遍以社会交换理论为理论基础。

期望理论。期望理论认为人们采取某项行动的动力或激励力取决于其对行动结果的价值判断和预期达成该结果可能性的估计（Vroom，1994）。根据期望理论，员工对未来结果的判断会影响其当前行为。Kotter（1973）、Rousseau（1990）、Kickul和Lester（2001）、Guest和Conway（2002）等将期望理论运用于心理契约研究。作为社会交换理论核心的互惠原则只关注员工与组织的当前回报，而事实上心理契约中一方对另一方在未来所能给予的回报也有一定预期（Rousseau，1989），这个预期会影响员工的当前行为。总之，心理契约同时关注当前回报和未来回报，并对员工态度与行为产生影响。

认知失调理论。认知失调理论认为心理场具有一致性特征，即人们对待一个事物的态度，以及态度与行为之间通常是趋向一致的；当认知元素之间出现较大差距而导致平衡关系被破坏时，认知失调就会产生（Festinger，1957）。为了减少认知失调及其引起的心理紧张，人们会做出改变认知、改变行为等决策。在心理契约研究中，认知失调理论主要被用来解释心理契约违背对员工的影响，当员工发现组织未能履行其承诺的责任与义务时，心理契约感知与心理契约实际履行出现矛盾，员工就要面对认知失调，从而促使员工调整自身态度与行为以减少矛盾与失衡。

公平理论。基于互惠的交换引出了分配公平原则，并被发展成为公平理论（Adams，1965）。公平理论认为，员工寻求维持在交换关系中投入和回报的平等，这种平等带有很强的主观性，大多数时候不是绝对的利益平等，而是选择一定参照对象进行比较，追求投入与产出比的相对平等。学者们利用公平理论解释心理契约违背与心理契约履行的形成过程，并进一步解释这些心理契约状态对员工态度与行为的影响，如Kotter（1973）、Kickul和Lester（2001）、Ho（2005）、Payne等（2014）、郭心毅与谢家智（2016）等。

（3）心理契约的内容研究

内容导向的心理契约研究主要关注能够表征心理契约的互惠责任

(Rousseau & Tijoriwala，1998）。按照具体的研究方式，当前主要有三类心理契约内容研究：条款研究（terms）、维度研究（dimension）、类型研究（nominal classifications）。

①条款研究

条款（terms）是指契约双方感知的员工与组织应承担的责任内容，表现为离散的责任项目，例如努力工作、支持个人问题等（Rousseau & Tijoriwala，1998）。早期对心理契约内容条款的探讨着重对员工和组织相互要求的案例描述，典型研究如 Kotter（1973）。1990 年 Rousseau 首次从实证角度对员工心理契约内容进行研究，提出雇主责任 7 项条款，雇员责任 8 项条款。这些条款成为后来多个心理契约内容研究的基础（Shore & Barksdale，1998）。之后，Herriot 等（1997）、Turnley 和 Feldman（1999，2000）、Bellou（2009）、Cuyper 等（2011）、Pant 和 Vijaya（2015）、陈加州、凌文辁、方俐洛（2003）、李原、郭德俊（2006）等多项研究围绕心理契约条款进行了深入探讨。其中具有代表性的研究结果汇总于表 2-7。

表 2-7 心理契约内容条款的代表性研究

研究者（年代）	角度	责任条款
Rousseau（1990）	雇主责任	晋升与发展、高工资、绩效薪酬、培训、就业保障、职业发展、支持个人问题
	雇员责任	离职提前告知、加班加点、忠诚、自愿承担非岗位要求的任务、愿意接受调整、拒绝支持组织的竞争对手、保护专利信息、任职至少两年
Robinson & Morrison（1995）	组织责任	福利、工资、发展机会、工作本身、资源支持、积极的工作环境
Herriot, Manning, & Kidd（1997）	组织责任	培训、公平、关怀、协商、信任、友善、认可、环境、有恒一致、薪酬、福利、安全
	员工责任	守时、务业、诚信、忠诚、爱护资产、体现组织形象、灵活互助
Turnley & Feldman（1999，2000）	组织责任	工作保障、定期涨工资、参与决策、红利、培训、工作责任、工资、组织支持、提升发展、挑战性工作、主管支持、退休福利、总体福利、职业发展、绩效反馈、保健福利

续表

研究者（年代）	角度	责任条款
Coyle-Shapiro & Kessler（2000）	组织责任	同等报酬、同等福利、报酬与责任挂钩、随着生活水平的提高增加工资、必要工作培训、新知识与新技能培训、组织支持、长期工作保障、良好职业前景
Kickul & Lester（2001）	组织责任	灵活的工作时间、有竞争力的工资、安全的工作环境、发展机会、奖金、自由决策、有控制权、参与决策、挑战性工作、组织支持、工作自主性
Lambert, Edwards, & Cable（2003）	雇主承诺	薪酬、认可、关系、工作多样性、职业培训、技能发展
Ho & Levesque（2005）	雇主承诺	组织范围的承诺：放松的工作环境、健康的工作-家庭平衡；工作相关的承诺：灵活选择项目、基于绩效支付薪酬
陈加州、凌文辁、方俐洛（2003）	组织责任	工作条件、奖金物品、安全环境、尊重员工、听取意见、沟通交流、稳定工作、福利待遇、加薪调资、文化娱乐、参与决赛、绩效奖励
	员工责任	争创效益、提高技能、遵守章程、忠诚单位、树立形象、恪尽职守、长期工作、接受转岗、职外工作、关系和谐、同舟共济、合理化建议
李原、郭德俊（2006）	组织责任	信任员工、提供工作指导、肯定贡献、合作氛围、挑战性工作、事业发展机会、友善的工作环境、工作自主性、参与决策、工作发挥所长、学习机会、晋升机会、绩效工资、上下级关系、稳定工作保障、真诚对待员工、公平待遇、尊重员工、良好福利、工作条件保证、关怀个人生活
	员工责任	加班工作、完成角色外工作职责、为企业牺牲个人利益、保守商业秘密、出谋划策、辞职提前告知、学习新技术、优质工作、全身心投入、维护组织形象、忠诚组织、人际和谐、团队精神、帮助同事、接受工作调整、信息沟通、主动配合上级、不支持竞争对手

资料来源：本研究整理。

②维度研究

作为一个十分复杂的心理结构，心理契约受到个体、组织、社会等层面多个因素的影响（Rousseau，2000；Guest，2004）。心理契约内容的具体条款可能有成千上万个，并根据影响因素不同而发生变化（Kotter，1973），所以很难将契约内容项目一一列举出来。因此，为了对心理契约内容与构成有更为概括的了解，很多学者在条款研究的基础上对心理契约维度进行探讨，学者们的研究主要呈现三类观点：二维结构说、三维结构说和多维结构说。详见表2-8。

表2-8 心理契约维度列表

结构	研究者（年代）	维度
二维	Rousseau（1990） Robinson, Kraatz, & Rousseau（1994） Morrison & Robinson（1997）	交易契约、关系契约
	Kickul & Lester（2001）	外在契约、内在契约
	Ho（2005） Ho & Levesque（2005）	组织范围的承诺、工作相关的承诺
三维	陈加州、凌文辁、方俐洛（2003）	现实责任、发展责任
	Coyle-Shapiro & Kessler（2000）	交易责任、培训责任、关系责任
	Rousseau & Tijorimala（1996）	交易维度、关系维度、团队成员维度
	李原、郭德俊（2006）	规范维度、人际维度、发展维度
多维	Rousseau（2000）	忠诚、短期交易、有限责任、动态绩效、内部发展、外部发展、稳定、不信任、不确定性和侵蚀
	Sels, Janssens, & Brande（2004）	有形性、范围、稳定性、时间范围、交换对称性和契约水平

资料来源：本研究整理。

关于心理契约的维度划分，二维结构占据主导地位，其中又以交易维度-关系维度这一结构最为经典和流行。这是最早出现的心理契约二维结构，成为很多研究的基础。Rousseau（1990）用典型相关分析（Canonical Correlation Analysis）的实证方法验证了交易契约与关系契约的存在，交易契约（transactional contract）指在有限时间和较短时间内发生的、具体的、与物质回报直接相关的交换，高额报酬和缺失长期承诺体现了交易契约的特征；关系契约（relational contract）包含建立与维持关系的开放的、不具体的协定，如培训、发展的机会、组织内长期职业生涯路径体现关系契约特征。Robinson等（1994）、Morrison和Robinson（1997）、Millward和Hopkins（1998）也证实了关系契约与交易契约的存在。但有研究（Herriot et al., 1997；Coyle-Shapiro & Kessler，2000）发现这一模式存在不稳定的问题，例如培训在某些研究中属于交易维度，但在另外一些研究中属于关系维度。

③类型研究

心理契约的特征属性会体现出不同水平，由此组合形成心理契约类型。心理契约类型研究有助于更好地描述员工与组织交换关系特点，较具有代表性的研究是 Rousseau（1995）、Shore 和 Barksdale（1998）以及 Ho（2005）。

Rousseau（1995）基于心理契约两个关键特征"绩效特征"（performance specificity）和"持续时间"（time frame）将心理契约描述为四种类型：关系型（Relational）、交易型（Transactional）、平衡型（Balanced）和过渡型（Transitional or Unstable）（见图 2 – 8）。关系型心理契约强调开放性安排、不完整或者不明确的绩效要求，基于相互信任与忠诚建立，回报与绩效连接松散，高员工参与，主要关注情感交换。交易型心理契约强调有限或短期责任、固定的或明确的绩效要求、有限的员工参与，主要关注经济交换，强调的是薪酬、福利等狭窄的财务义务，而不关注职业规划与发展、雇佣稳定等长期投资。平衡型心理契约强调动态、开放性关系、随时间而变化的指定绩效要求，融合经济交换与情感交换。过渡型心理契约强调对未来关系没有任何承诺，没有明确绩效要求，其稳定性很差。Wade-Benzoni 等（2006）让美国一所大学 170 名博士生选择哪一种心理契约类型能更为准确地描述其与教师之间的合作关系，实证结果证实了交易型、关系型、平衡型和过渡型四种心理契约类型的存在。Lester 等（2007）的研究使用同样方法取得了类似结论，但进一步指出"只允许选择一种类型用来捕捉心理契约的复杂性是很困难的"。需要注意的是，Rousseau（2000）进一步指出，当组织发生与已确立的雇佣关系不一致的变迁时，过渡型心理契约是对这种变化结果的一种认知状态，它本身并不是一种真正的心理契约类型，所以心理契约包括三种类型：交易型、平衡型和关系型。Hui 等（2004a）、Shih 和 Chen（2011）、Chien 和 Lin（2013）、张义明（2012）的研究中均采用了三种类型的划分，本研究也遵循这一标准，将心理契约划分为关系型心理契约、交易型心理契约与平衡型心理契约。

```
                           绩效特征
              明确/与奖励高度相关    不明确/与奖励低相关
        ┌─────────────────┬─────────────────┐
      短│                 │                 │
      期│   交易型心理契约  │   过渡型心理契约  │
   持    ├─────────────────┼─────────────────┤
   续  长│                 │                 │
   时  期│   平衡型心理契约  │   关系型心理契约  │
   间    └─────────────────┴─────────────────┘
```

图 2-8　Rousseau 的心理契约类型

资料来源：Rousseau，1995。

Shore 和 Barksdale（1998）以雇员责任和雇主责任高低不同进行组合，将心理契约定义为四种类型：高雇员雇主责任（Mutual High Obligations）、高雇员低雇主责任（Employee Over-obligation）、低雇员高雇主责任（Employee Under-obligation）和低雇员雇主责任（Mutual Low Obligations）（见图 2-9）。他们通过对 327 名在职 MBA 学生的调查进行聚类分析证实了这四种契约类型的存在，并且发现高雇员雇主责任与其他类型相比显示了更高水平的组织支持感、职业前景、组织承诺和更低水平的离职倾向。这一结果与徐淑英等关于雇佣关系类型的划分十分类似，他们将雇佣关系分成准契约型、投资不足型、投资过度型和相互投资型（Tsui et al.，1997）。

Ho（2005）根据承诺范围与承诺竞争性两个特征的差异将心理契约划分为四种类型（见图 2-10），并进一步研究了员工评估不同类型心理契约履行情况的差异。

（4）心理契约的状态研究

心理契约状态（the state of the psychological contract）关心的是承诺和责任是否得到履行（Guest & Conway，2002），将个体的实际经验与心理契约进行比较（Rousseau & Tijoriwala，1998）。心理契约状态研究主要包括三个内容：心理契约违背（violation）、心理契约履行（ful-

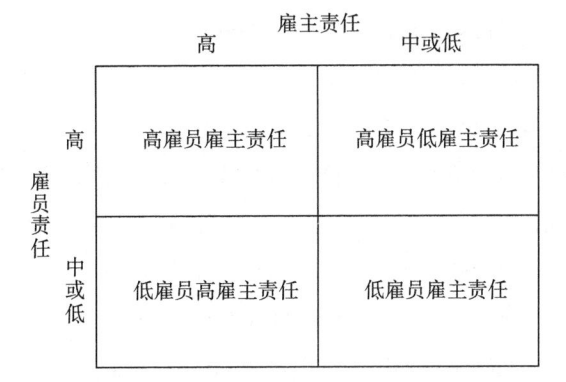

	雇主责任	
	高	中或低
雇员责任 高	高雇员雇主责任	高雇员低雇主责任
雇员责任 中或低	低雇员高雇主责任	低雇员雇主责任

图 2-9　Shore 和 Barksdale 的心理契约四类型

资料来源：Shore & Barksdale，1998。

	承诺范围	
	工作相关的承诺（岗位相似的同事作为参照）	组织范围的承诺（关系亲密的同事作为参照）
承诺竞争性 竞争性	•员工对该内容履行的评价与同事感知履行负相关 •如：基于员工绩效表现的年终奖	•员工对该内容履行的评价与同事感知履行负相关 •如：给三个最佳组织改进建议的提出者提供奖金
承诺竞争性 非竞争性	•员工对该内容履行的评价与同事感知履行正相关 •如：主管提供的及时反馈	•员工对该内容履行的评价与同事感知履行正相关 •如：公平尊重地对待员工

图 2-10　Ho 的心理契约类型

资料来源：Ho，2005。

fillment）和心理契约变化（change）。

①心理契约违背

心理契约违背（psychological contract violation）是十分普遍的现象（Robinson et al.，1994），1998 年之后心理契约违背（或心理契约破裂，以下统称为心理契约违背）成为研究焦点，现有心理契约的研究大部分是围绕心理契约违背展开的。

心理契约违背的内涵。早期研究中心理契约破裂和心理契约违背的概念没有进行严格的区分，二者基本等同并同时被学者们使用。Rousseau（1989）、Robinson 和 Rousseau（1994）以"心理契约违背"（psychological contract violation）为研究变量，将其定义为"员工的主观体验，是对组织没有充分履行心理契约内容中组织责任的感知"，Robinson（1996）认同这一界定，但使用了"心理契约破裂"（psychological contract breach）一词。Morrison 和 Robinson（1997）为心理契约违背的研究做出了重大贡献，他们提出区分心理契约"破裂"和"违背"这两个既有区别又互相联系的概念是十分必要的。他们认为，感知的破裂（perceived breach）是指员工对组织没能履行心理契约的与自己贡献相一致的一项或多项责任的感知，而心理契约违背是员工感知到组织未履约而产生的失望与愤怒情绪组合，其反映了"情感交融"（an emotional blend）的状态。Lambert 等（2003）拓展了心理契约违背的内涵，他们指出传统心理契约理论是在诱因不足的前提下进行研究的，即雇主实际提供的诱因少于承诺诱因，但这个前提假设是不准确的，诱因可能不足，也可能充足甚至超过承诺和预期。所以，心理契约违背不仅发生在实际诱因少于承诺的时刻，也会发生在实际诱因超过承诺的时候。他们给出的定义如下：心理契约违背是一个连续变量，取值范围从"不足，实际诱因低于承诺水平"到"履行，实际诱因等于承诺水平"，再到"超出，实际诱因超过承诺水平"。

心理契约违背的过程。Morrison 和 Robinson（1997）以心理契约认知特征为基准，提出了从感知未履行承诺到感知心理契约破裂再到违背感产生的心理契约违背发展模型。他们认为心理契约违背的原因有两个：组织拒绝履约（reneging）和双方理解差异（incongruence）。其中拒绝履约又可以分为无力履约和不愿履约两种类型。在这两种原因下，员工首先会感知到契约责任未被充分履行，进一步经历心理契约破裂并最终形成心理契约违背。这是一个连续的发展变化过程，其中每个步骤都会受到员工主观性的信息收集与加工的影响。

心理契约违背的前因。心理契约违背的前因变量主要集中于个体层次，例如 Robinson（1996）研究了领导信任对于心理契约违背的影响;Turnley 和 Feldman (2000) 提出,个体偏差能够显著影响心理契约违背;Montes 和 Zweig (2009) 探讨了承诺对心理契约违背的影响;Cohen (2012) 探讨了员工个体价值观取向对心理契约违背的影响。此外,辱虐管理(黄蝶君等,2017)、劳动关系氛围(李敏、周恋,2015)、人力资源管理(Katou & Budhwar, 2012; Li & Yu, 2017)、企业管理理念(张士菊、廖建桥,2010)等组织特征也影响心理契约违背。

心理契约违背的结果。很多研究探讨了心理契约违背可能引致的态度和行为结果,以及心理契约违背与结果间的作用机制。在态度类结果变量方面,学者们主要关注心理契约违背对工作满意度(Robinson & Rousseau, 1994; Zhao et al., 2007; 樊耘等, 2011)、组织承诺(Coyle-Shapiro & Kessler, 2000; Zhao et al., 2007; Ng et al., 2010)和离职倾向(Robinson et al., 1994; Robinson & Rousseau, 1994; Robinson, 1996; Turnley & Feldman, 2000; Zhao et al., 2007; 樊耘等, 2011; Arshad, 2016)的影响。在行为类结果变量方面,组织公民行为是多个研究共同关注的变量,研究结果普遍证明心理契约违背会降低员工组织公民行为水平(Robinson, 1996; Coyle-Shapiro & Kessler, 2000; Hui et al., 2004a; Zhao et al., 2007; Gupta et al., 2016)。此外,也有学者关注了心理契约违背与角色内绩效(Robinson, 1996; Zhao et al., 2007)、破坏性建言行为(张璇等, 2017)、心理撤出行为(Robinson, 1996; Turnley & Feldman, 1999)、职场偏差行为(Prashant et al., 2008; 黄蝶君等, 2017)、反生产行为(魏峰等, 2015)和离职(Robinson & Rousseau, 1994; Robinson, 1996; Zhao et al., 2007; 王士红、孔繁斌, 2015)的关系。主流研究认为心理契约违背会产生消极结果,但在扩展的心理契约违背概念下,心理契约违背的结果与违背方向(不足或超过)及具体的诱因有关,对于薪酬、认可和关系,随着实际诱因水平逐步提升接近承诺水平并进一步超过承诺水平,员工满意度逐步增加;而对于工作多样性、技能发展和职业培训,随着实际诱因水平逐步提升接近承诺水平,此时员工满意度提升,但实际诱因水平超过承诺水平时满意度降低(Lambert et al., 2003)。

②心理契约履行

虽然有研究证实心理契约违背与心理契约履行是消极相关的，但是二者并不是对立的关系。Rousseau 等（1992）和 Rousseau（1995）的研究显示，在那些报告了最近两年内雇主曾发生心理契约违背的调查者中，48%的人在连续测量中表示其心理契约在某种程度上是得到履行的。Lambert 等（2003）也提出心理契约履行与心理契约违背的关系要比之前学者所提出的更为复杂。因此，区分二者并分别开展研究是十分必要的（Freese & Schalk, 2008）。

心理契约履行的研究主要集中于三个方面：心理契约履行的内涵、构念测量、实证研究。详见本节之后的内容。

③心理契约变化

心理契约会伴随雇佣关系过程而发生变化（Robinson & Rousseau, 1994; Rousseau, 1995），对这种发展与变化过程的研究仍有待加强。现有研究对新员工心理契约的变化特征关注较多。

Robinson 等（1994）以 MBA 毕业生为样本进行了纵向研究，分别于 MBA 学生毕业前三周、毕业两年后进行了两次问卷调查，讨论了其间心理契约感知责任的变化特征。他们发现，在最初工作的 2 年内，员工逐渐感知雇主应履行责任增加，而雇员应履行责任减少。Davidson（2001）研究了英国信息通信技术从业者的心理契约，发现在 1997～2001 年这些从业者心理契约发生了变化：从基于对企业信任和忠诚的关系契约变化为关注经济交换和有限员工参与、有限责任的交易契约。Lester 等（2007）以"9·11"背景下受恐怖事件影响很大的一家度假酒店为研究对象探讨了员工心理契约的变化，研究发现，员工早期对心理契约类型的感知会影响后期对心理契约履行的判断，并进一步影响员工对心理契约类型的再判断。Payne 等（2014）利用公平理论研究了新员工入职一年内的心理契约变化，他们认为心理契约破裂会启动心理契约内容的调整，而并不一定是组织不公平的信号。

国内学者王庆燕和石金涛（2007）探讨了 382 名新员工在组织社会化过程中心理契约的变化，研究结果显示，心理契约预期、心理契约履行与心理契约违背三个方面呈现了不同程度的动态特性。刘小禹等（2008）考察了189名大学本科毕业生入职前初始信念和入职后组织诱因对员工责任变化的影响，研究发现：组织支持对员工入职后心理契约的发展有显著影响；初始信念对员工责任发展的影响受到组织诱因的调节。关涛等（2015）分析了企业裁员后幸存者的心理契约变化路径，在不确定性规避动机驱使下，裁员幸存者工作满意度降低而离职意愿提高，并进一步降低工作投入和组织承诺，最终促使形成交易型契约。

2.3.2 心理契约履行的内涵

心理契约履行（Psychological Contract Fulfillment，简称PCF）是指心理契约内容中责任与承诺的履行情况，对感知责任与实际诱因的匹配情况的感知与判断（Coyle-Shapiro & Conway，2005）。对心理契约履行内涵的进一步理解则涉及两个基本问题的界定：履行内容和履行程度。围绕对这两个问题的不同回答，形成了不尽相同的心理契约履行内涵。

（1）心理契约履行内容

从履行内容来看，基于心理契约概念的不同界定，心理契约履行也体现为不同角度（员工感知与组织感知）与不同层面（员工责任履行与组织责任履行）。

心理契约履行的现有研究绝大多数关注组织责任履行。有研究（Robinson & Rousseau，1994；Scheel et al.，2013）认为，与雇员责任履行相比，雇主责任履行对雇员态度、幸福感和绩效具有更好的预测作用。以往研究以员工感知的组织责任履行为主，如Robinson和Rousseau（1994）、Rousseau（1995）、Morrison和Robinson（1997）、Rousseau和Tijoriwala（1998）、Lambert等（2003）、Ho（2005）、Scheel等（2013）等。少数研究同时关注员工感知的雇主责任履行与组织感知的雇主责任履行，如Rousseau（2000）、Lester等（2000）、Lester等（2007）、Liu等（2012）等。偶有研究同时关注员工感知的员工责任履行和雇主责任履行，如Katou和Budhwar（2012）。

（2）心理契约履行程度

从履行程度上看，心理契约履行有三个基本的表示方式：契约-结果差异、接收-承诺差距、实际诱因与承诺诱因相等。

Rousseau 和 Tijoriwala（1998）认为所谓"履行"可以是指契约的部分条款得到履行，而不必是契约全部内容，所以心理契约履行会表现为不同程度或水平。Rousseau（1995）与 Morrison 和 Robinson（1997）也描述了心理契约履行，但早期研究其隐含（强调或关注）的前提条件是员工感知的实际诱因低于承诺诱因，描述为未满足承诺（Morrison & Robinson, 1997）或契约-结果差异（Rousseau, 1995）。实际上，这为研究心理契约违背提供了适合的测量方式。

Ho（2005）指出，心理契约履行是员工关于组织承诺履行情况的认知，存在低于承诺水平的履行，同时也包含高于承诺水平的履行。具体来说，Ho 利用"接收-承诺差距"（receipt-promise disparity）代表心理契约履行的连续状态，取值范围从未满足承诺到超出承诺。这一表达方式更符合实际情况，得到广大学者们的青睐，成为主流的心理契约履行表达方式（如 Lester et al., 2007；张义明，2012）。

Lambert 等（2003）提出扩展的心理契约理论，心理契约履行指的是实际诱因与承诺诱因相等，伴随着实际诱因和承诺诱因在低水平到高水平范围内变动，心理契约履行呈现为连续变量。他们认为，低于承诺诱因或超出承诺诱因的实际诱因都属于心理契约违背，只有二者相等才被称为心理契约履行。但这一观点暂时没有被其他心理契约履行研究所采纳。

本研究中，心理契约履行强调的是员工对自身与组织互惠交换关系实际履行情况的判断，并表现为关系型心理契约履行、平衡型心理契约履行和交易型心理契约履行三种形式，同时采用"接收-承诺差距"表达心理契约履行程度，在"完全没有履行"到"完全履行"区间内取值。

2.3.3 心理契约履行的测量

心理契约履行的测量主要有三类方法：使用代理变量进行测量、

使用总体评价量表进行测量、使用具体项目评价量表进行测量。

(1) 使用代理变量进行测量

早期，一些学者（如 Guzzo & Berman，1995；Barksdaie & Shore，1997）将组织支持感（Perceived Organizational Support，POS）作为心理契约履行的代理变量，用来反映心理契约实际履行程度。组织支持感捕捉的是员工对组织重视员工贡献和关心员工福祉程度的感知（Eisenberger et al.，1986）。虽然 POS 与心理契约同样根植于社会交换理论，并依赖于互惠原则，但是二者的概念内涵具有明显差别（Coyle-Shapiro & Conway，2005）。Rousseau 和 Tijoriwala（1998）、Coyle-Shapiro 和 Conway（2005）、Freese 和 Schalk（2008）等学者提出 POS 不能真正有效地测量心理契约履行，组织提供的实际诱因不能等同于心理契约，POS 更适合作为心理契约履行的结果变量。

(2) 使用总体评价量表进行测量

总体评价量表（global measures），即被调查者只需要给出对另一方（组织或员工）是否履行其承诺或责任的整体评价，并不涉及契约具体内容。因为没有具体条款的限制，被调查者能够对心理契约全部内容进行综合评价，同时总体评价能够有效减少问卷篇幅。有学者认为，当研究并不关注心理契约涉及的某项具体内容时，总体度量比具体项目度量更能反映出员工的实际评价（朱学红、谭清华，2011）。

最典型的心理契约履行总体评价问卷来自 Rousseau（2000），她使用 2 个题项的五点量表评估心理契约履行水平，雇员和雇主分别填写量表。问题如下："总的来说，公司对我的承诺实现了多少？""大致来说，公司在履行其诺言上做到怎样程度？""总的来说，我对公司的承诺做到了多少？""大致来说，我对公司的诺言履行到怎样的程度？"回答选项从"根本不"（not at all）到"很大程度"（to a great extent）。Liu 等（2012）使用了 Rousseau（2000）的总体测量方法。

(3) 使用具体项目评价量表进行测量

具体项目评价，即量表包含心理契约具体内容条款，被调查者需要回答每个条款的履行程度。具体项目评价分为直接测量和间接测量两种操作手段。直接测量中，被调查者直接评价契约履行程度。题项如"与承诺的责任相比，×××履行情况如何"，回答结果直接表示了心理契约履行，Lester 等（2007）、Scheel 等（2013）等研究使用了这一方法。在间接测量中，分别测量感知承诺责任（承诺诱因）和实际履行责任（实际诱因），二者的差值用来表示心理契约履行。间接测量可以通过横向一次测量完成，但更多的是利用多次纵向测量完成。Lambert 等（2003）、余琛（2007）等使用了间接测量。朱学红与谭清华（2011）认为在反映心理契约评价的真实性上，直接测量比间接测量更可靠。

具体项目评价能够识别出具体条款的履行情况，这对于心理契约动态管理非常有意义。但项目的完整性和各个项目的整合是具体项目评价量表面临的两大挑战，这依赖于心理契约内容量表的开发与完善。Freese 和 Schalk（2008）研究了现有心理契约量表的合理性，以量表开发基础、测量内容、信度与效度、测量直接性、测量区分性为评价标准，对常见的14个量表进行梳理与评价，认为 Rousseau（1990）、Rou-sseau（2000）、Guest 和 Conway（2002）等是值得推荐使用的量表。

2.3.4 心理契约履行影响因素

学者们对心理契约履行的影响因素进行了一定研究，可以归纳为个体特征、工作特征、领导特征和组织特征四个方面。

（1）个体特征的影响

性别等人口统计学变量以及社会参照物的选择对心理契约履行有显著影响。①性别。依据性别角色理论（Gender Role Theory），男性与女性存在不同的心理契约模式，性别对心理契约履行产生影响（Turnley & Feldman, 2000）。②年龄。不同的年龄群体存在差异化的心理契约模式（Bellou, 2009）。③受教育程度。Bellou（2009）发现，大学以上学历的员工有更多的组织责任预期，并呈现较大差异，而大学以下学历的员工对同事支持和持续培训有一致的高要求。④任期。随着任期增长，新员工关于心理契约双方责任的感知发生变化：感知组织责任增加而感知员工责任降低。从员工个体角度来看，留在组织继续工作本身就是员工对组织的一项贡献，为此而承担的机会成本足以支付企业付出的诱因（Robinson et al., 1994）。⑤社会参照物（social referents）。根据公平理论和社会比较理论，员工会寻求参照信息来帮助自己更好地评估心理契约履行情况（Ho, 2005）。Ho 和 Levesque（2005）利用社会网络理论（Social Network Theory）解释社会参照物对心理契约履行的影响：当评估组织层次承诺的履行情况时，员工会选择有亲密关系的同事（朋友）作为参照，二者的评估结果趋向一致；当评估岗位层次承诺的履行情况时，员工的参照者则是与其岗位有相似性、替代性的工友，并且双方的判断结果并不相似。

（2）工作特征的影响

学者们较多探讨了工作契约、管理等级、早期雇佣体验对心理契约履行的影响。研究发现，全职员工与兼职员工、永久雇员与固定期限合同员工感知的心理契约履行存在显著差异（Dick, 2006；Guest et al., 2006；Mauno et al., 2006；樊耘等，2011）。唐翌（2004）指出，管理层级与心理契约关系密切，高层级员工与企业之间更多体现为关系型心理契约，而低层级员工与企业之间则以交易型心理契约履行为主。员工早期雇佣经验和组织经验对心理契约履行有重要影响：与交易型、平衡型和过渡型心理契约相比，如果员工早期感知心理契约是关系型，那么他更容易感知到充足社会账户（social accounts），从而汇报高水平心理契约履行；员工早期感知到心理契约履行缺乏或心理契约违背发生，对其之后的心理契约履行水平有消极影响（Lester et al., 2007）。

（3）领导特征的影响

学者们主要关注了上级与下级关系对心理契约履行的影响。领导-成员交换或上下级关系被用来描述上级与下级关系，研究发现，这两个变量对心理契约履行均具有显著正向预测作用（张楚筠，2012；Shih & Lin, 2012, 2014）。Henderson 等（2008）和 Li 等（2014）发现经过社会比较的相对领导-成员交换（relative leader-member exchange）比一般性领导-成员交换能更有效地预测心理契约履行。

(4) 组织特征的影响

心理契约履行组织层次影响因素的研究文献并不多见，这部分文献主要关注企业文化、组织沟通和人力资源管理实践的影响。Thomas 等（2003）提出，文化因素不但影响心理契约的形成、影响心理契约履行的感知，还影响员工对心理契约履行的反应。Guest（2004）指出，企业文化与气氛对心理契约互惠承诺、诱因与责任的确定产生重要影响，并进一步影响心理契约状态。组织沟通对于雇主视角心理契约履行具有显著影响，管理心理契约的沟通过程是高度复杂的（Guest & Conway，2002）。人力资源管理实践通过塑造员工日常行为而影响了心理契约状态，实证研究也证实组织人力资源管理实践对心理契约履行具有显著预测作用（Katou & Budhwar，2012；Chien & Lin，2013）。

2.3.5 心理契约履行结果变量

(1) 对员工态度的影响

学者们考察了心理契约履行对工作满意度、信任、组织承诺、离职倾向、公平感等态度指标的影响。虽然承诺诱因与满意度存在正向关系，但是实际诱因（心理契约履行）与满意度的正向关系更为强烈（Lambert et al.，2003）；心理契约履行程度越高，员工满意度越高，进而员工工作投入越高（Rayton & Yalabik，2014）；心理契约幅度越宽，工作满意度越高（Cuyper et al.，2011）。心理契约履行能有效提高员工信任，并进一步提高组织公民行为（于桂兰等，2013）。研究发现员工感知心理契约履行程度越高，其组织承诺水平越高（McDermott et al.，2013）；当主管和下属关于心理契约组织责任履行的感知存在很大差距时，员工组织承诺最低，同时员工专业承诺最低（Lester et al.，2000）。研究证明，心理契约履行对员工离职倾向有负向影响（Tench et al.，2014；Lu et al.，2015；李洪英、于桂兰，2017），并且心理契约履行幅度越宽，离职倾向越小（Cuyper et al.，2011）。Harrington 和 Lee（2015）以美国联邦政府工作人员为调研对象，研究证实心理契约履行对员工绩效考核公平性感知有积极影响。

(2) 对员工行为的影响

在心理契约履行对员工行为的影响方面，学者们通常以离职、组织公民行为、领导行为、创新行为、任务绩效等为结果变量。心理契约履行负向影响员工离职行为，二者关系受到员工传统性的调节（Liu et al.，2012）。于桂兰等（2013）、Hui 等（2004a）和 Lu 等（2015）通过问卷调查或元分析技术普遍证实心理契约履行与组织公民行为存在显著正相关关系；但是当主管和下属对组织责任履行的感知存在很大差距时，员工组织公民行为最低（Lester et al.，2000）。Li 等（2014）关于心理契约履行和组织公民行为间正向关系的假设没有得到支持。郝永敬和俞会新（2012）证实员工心理契约履行程度对员工工作绩效的任务绩效、环境绩效存在显著影响。Lester 等（2000）发现，当主管和下属关于心理契约组织责任履行的感知存在很大差距时，员工角色内绩效最低。Li 等（2014）的研究也显示了心理契约履行与任务绩效的积极关系。Maia 和 Bastos（2015）研究发现心理契约履行对员工绩效有积极影响，这种关系受到员工所处组织承诺发展阶段的影响。Li 等（2014）证实心理契约履行与员工创新行为显著正相关。Tench 等（2014）研究发现心理契约在感知主管支持与创新关系中起到中介作用。Wei 和 Si（2013）探讨了心理契约履行程度对管理欺凌（abusive supervision）的影响，研究发现直接主管感知到的心理契约破裂导致其对下属员工管理欺凌的增加，主管的负向互惠信念在二者关系中起到正向调节作用，而组织认同在以上的交互作用效应中是中介变量。

(3) 对组织绩效的影响

心理契约履行的结果主要体现在员工层次，所以有关心理契约履行对组织绩效影响的研究相对较少。陈忠卫等（2009）、吕部（2011）利用实证方法研究了关系型心理契约与交易型心理契约对团队绩效、组织绩效的影响。Katou 和 Budhwar（2012）利用在希腊服务行业取得的数据，通过结构方程模型和拔靴法证实心理契约履行在高绩效人力资源实践与组织绩效间发挥中介作用。同时，组织应该首先保证组织责任的履行，以确保员工更好地履行自身责任与承诺，员工责任履行程度与组织责任履行程度有很大关系。

2.3.6 小结

伴随心理契约成为雇佣关系领域研究的热点,心理契约履行研究也得到较大进展,但也不免存在一定局限。综合来看,现有研究提供了以下几点启示。

第一,心理契约履行的研究十分必要。虽然有研究证实心理契约违背与心理契约履行是消极相关的,但是二者并不是对立的关系。Rousseau 等(1992)和 Rousseau(1995)的研究显示,在那些报告了最近两年内雇主曾发生心理契约违背的调查者中,48%的人在连续测量中表示其心理契约在某种程度上是得到履行的。Lambert 等(2003)也提出心理契约履行与心理契约违背的关系要比之前学者所提出的更为复杂。因此,区分心理契约违背与心理契约履行并分别开展研究是十分必要的(Freese & Schalk,2008)。然而,现有研究主要集中于心理契约违背,远远超过对心理契约履行的关注(Grimmer & Oddy,2007;Nelson & Tonks,2007)。

第二,缺少对不同类型心理契约履行的区辨性考察。心理契约履行并非总是产生积极结果效应(龙立荣等,2015),不同心理契约类型对员工绩效的影响存在差异(Chien & Lin,2013)。不同类型心理契约在契约时限、绩效明确性方面表现出不同特点,并因此导致它们在信任度、交换属性上的差异(Rousseau,1995)。因此,不同类型的心理契约可能具有不同的生成与作用过程。然而,以往关于心理契约履行的研究很少区分心理契约的不同类型。

第三,研究方法尚存局限。基于组织情境对于个体水平结果产生的重要影响,有学者(Rousseau,2000;Hitt et al.,2007)主张采用多层次的、跨层次的研究方法,但现有心理契约文献使用跨层次分析方法的仍然较少(Scheel et al.,2013)。

针对以上分析,本研究以心理契约履行为研究构念,关注心理契约的履行状态,并依据 Rousseau(2000)将心理契约履行划分为三种:

关系型心理契约履行、平衡型心理契约履行、交易型心理契约履行。这种界定兼顾了心理契约内容与心理契约状态，有助于更完整、更准确地分析心理契约的生成与作用机理。同时，在心理契约履行的前因变量与结果变量分析中，战略人力资源管理与传统性属于组织层次变量，数据分析采用跨层次分析方法，以提高研究方法的适用性。

2.4 上下级关系的研究述评

上级与下属员工间的互动是组织运作的关键，是影响组织绩效的三大情境因素之一（梁建、王重鸣，2001）。在以"关系取向"和"权威取向"为显著特征的华人社会中（杨国枢，2004），上下级间关系比西方文化敏感性更强，对员工态度与行为影响更大，研究的实践价值更为突出，因而受到的关注更多。这些关注不仅来自国内学者，也来自国外学者，西方学者的相关研究呈增长趋势，这与中国在世界经济格局中日益重要的地位密不可分。

在具体的实证研究中，学者们较多用来表征领导与下属关系的构念有两个：领导-成员交换（Leader-Member Exchange，简写为LMX）和上下级关系（Supervisor-Subordinate Guanxi，简写为SSG）。LMX源自西方文化，相关研究更为成熟，是当前西方用于描述领导与下属关系的主流构念，通常被称为客位取向的上下级间关系构念界定；SSG根植于中国本土文化，通常被称为主位取向的上下级间关系构念界定（郭晓薇，2011）。

立足于中国文化背景，SSG不能被LMX取代，中国情境下的SSG和LMX在关系形态、交换原则、结果影响方面存在显著区别，SSG能更为贴切地表达中国情境下上下级间关系的特征（Law et al.，2000；郭晓薇，2011；Shih & Lin，2014；Zhang et al.，2016）。首先，SSG和LMX的关系形态与交换原则具有本质差别。LMX遵循规则面前人人平等的公平法则，侧重衡量的是工作场所中以任务为导向的工作互动（Hui & Graen，1997）；而SSG遵循人情法则，强调工作以外的私人交往与情感互动

(Law et al., 2000）。其次，SSG 和 LMX 的结果效应具有一定区别，二者对匹配感知、组织公民行为与离职倾向的影响存在差异（Zhang et al., 2016）。考虑到中国人往往以非正规的关系取代正规的结构化支持（Xin & Pearce, 1996；Bian, 1997），所以本研究选择 SSG 作为研究构念，探讨上下级关系质量与战略人力资源管理对心理契约履行的交互效应。

2.4.1　概念界定

目前关于上下级关系 SSG 的概念界定主要有三类观点：关系基础说、工具交换说和拟似家人说。

（1）SSG 之"关系基础说"

Farh 等（1998b）从中国人际关系的差序格局出发，对领导与下属关系产生的基础进行界定与描述，通过领导与下属之间的共同经历或共享属性反映 SSG 状态，例如，领导与下属是否曾是亲戚、同学、师生、邻居、同事等，这些关系基础会引发员工的角色义务感知。如果领导与下属员工是亲戚或师生，那么员工对领导的信任程度会更高（Farh et al., 1998b）。在这种观点之下，SSG 被界定为：基于某种共同经历或共同属性而形成的领导与下属之间的"特殊连带"。由于这个概念强调上下级关系产生的基础，因此也被称为 SSG 的"关系基础说"。

差序格局是源自乡土中国的重要社会特征，以此为依据描述领导与下属员工的关系具有一定合理性。然而，具体到上下级这种特定的对偶关系，关系基础的视角略显狭小，Farh 等（1998b）对 560 组领导与下属的关系进行调查，结果显示，仅有 3.4% 的配对调查者之间存在同事、亲戚、同宗、同姓等关系基础；同时，关系基础说的定义否定了 SSG 的可发展性。

（2）SSG 之"工具交换说"

"工具交换说"强调上下级关系的工具性特征，认为关系是支持持续交换利益的友谊，可以帮助降低成本、提高效率（Chen & Chen, 2004）。代表性定义如上下级关系是上下级双方为实现个人目标而建立的以工具目的为导向的人际关系（Law et al.，2000）；上下级关系是下属与领导间基于相互利益和好处的社会联结（Wong et al.，2003）。这些概念界定捕捉了上下级关系的动态性和易变性（Chen et al.，2009），然而，如果只关注工具性特征，则窄化了 SSG 的内涵。在工作生活中，上级与下属之间的互动不可能只为了工具交换目的，角色义务感和情感联结也是上下级关系的重要内涵构成。

（3）SSG 之"拟似家人说"

"拟似家人说"侧重强调上下级关系中的情感成分。在黄光国提出的人情面子模型中，人际关系被划分为工具性关系、情感性关系和混合性关系三种，其中情感性关系对应的便是家人或密友关系（黄光国，2004）。后续研究者在"家人关系"基础上拓展出"拟似家人关系"，这一关系中的主体虽无血亲关系，却重视情义，工具性意识较淡薄（Luo，2011）。儒家文化的泛家族主义使拟似家人关系在中国社会中普遍存在，如中国人对陌生人常使用兄弟姐妹、叔叔阿姨等亲人称谓。SSG 的第三种概念界定即源自这种观点，并被称为"拟似家人说"。

Luo（2011）研究证实中国工作场所内确实存在拟似家人连带，这种关系下的信任程度要高于熟人连带关系。Chen 等（2009）提出，领导与下属的关系越接近于家人关系，就表示二者的关系质量越高，他们将 SSG 定义为"一个二元的、特殊的情感连带，该连带具有促进双方进行恩惠交换的潜力"，并划分了 SSG 的三个维度：情感依附（affective attachment）、个人生活卷入（personal-life inclusion）和下级对上级的服从（deference to supervisor）。

另外，有学者提出建立综合观的 SSG 构念。例如，郭晓薇和李成彦提出应该建立同时包含情感性、工具性、义务性的 SSG 构念，并将 SSG 界定为"在某一时刻存在于上下级之间的基于利益、情感和身份义务的联结，构成了上下级交往时的行为预期和心理动因"（郭晓薇、李成彦，2015）。

2.4.2 构念测量

有关上下级关系（SSG）测量的研究，以 SSG 的概念界定为前提而进行。不同角度的 SSG 内涵分别涌现了对应的测量工具。具体来看，常见 SSG 测量量表主要有类型量表、单维量表和多维量表。

类型量表立足于关系基础说的 SSG 定义，利用关系类型测量 SSG 状态。例如，Farh 等（1998b）使用 8 种具体连带测量 SSG：同学、亲戚、同姓、同宗、同事、上下级、师生和邻居。

SSG 单维量表强调整体的关系质量，认为上下级关系是个一维构念。目前在关于上下级关系的实证研究中使用最频繁的测量工具就是 Law 等（2000）的一维量表。该量表以中国天津市的企业员工为样本开发，Law 和他的同事通过询问 49 名中国企业员工列举与上司良好关系状态的相关行为，归类并总结了 6 个相关题项，用来测量 SSG，侧重的是工作领域外的上下级间关系质量。

有学者（Chen et al.，2009；郭晓薇、李成彦，2015）认为单一维度不能有效反映 SSG 的内容与属性，所以提出了 SSG 的多维构念，对应开发了 SSG 多维量表，其中 SSG 三维构念量表最为常见，较具代表性的是 Chen 等（2009）、郭晓薇和李成彦（2015）的研究。Chen 等（2009）以中国员工为被试，利用归纳法提出了三维度上下级关系构念，并遵守严格的量表开发程序开发了 SSG 测量量表：首先，经过三轮编码过程，将题项从 113 个降为 24 个；其次，利用 386 个员工样本进行探索性因子分析，将题项进一步缩减为 12 个；最后，利用 133 个 MPA 学员样本对量表的结构效度进行检验。最终得到 12 个题项的测量量表，三个维度各有 4 个题项，如"与我的领导进行沟通时，我感觉很放松并且舒服"（上下级人情维度）、"我熟悉我领导的家庭成员，并且与他们有私人交往"（生活融入维度）、"我愿意牺牲个人利益以促成领导利益"（服从维度）等。该量表被后续研究所使用，证明具有比较高的信度与效度。杨中芳（1999）将华人社会中的关系划分为情感、义务、工具性三个维度，这个划分得到广泛认可，成为后续多个研究的基础。台湾学者姜定宇（2005）以该界定为基础描述了组织内的领导－部属关系，最近郭晓薇、李成彦（2015）利用调查与案例混合法收集信息，也使用这三个维度描述 SSG，初步检验发现这三个维度与案例有较高的相符程度，但尚未公开发表 SSG 量表成果。

2.4.3 实证研究

华人社会具有典型的关系导向文化，关系会影响员工与外界的互动过程与互动结果。众多文献探讨了上下级关系（SSG）的结果变量。作为一把双刃剑，SSG 对员工与组织既有积极的影响，也可能产生消极影响（Han & Altman，2009）。

就积极结果而言，当 SSG 以下属的能力、忠诚和相互信任为基础，并且合理运用于管理决策时（Han & Altman，2009），SSG 对知识共享、组织承诺、OCB、信任、工作满意度、参与式管理、员工职业成长等具有积极预测作用，并能有效降低员工离职意愿。Jehn 和 Shah（1997）、Ramasamy 等（2006）研究证实关系有助于提高员工知识共享意愿和角色内行为。Wong 等（2001）、Wong 等（2003）、Liu 和 Wang（2013）的研究发现，SSG 能有效提高员工组织承诺和组织信任，从而提升组织公民行为，并降低离职倾向。Chen 等（2007）研究发现，拥有高质量上下级关系的员工，更容易获得具有挑战性的工作机会和职位提升。Cheung 等（2009）以浙江省 196 名企业员工为样本开展实证研究，结果显示，SSG 有助于提高员工组织承诺和员工参与，工作满意度在其中发挥完全中介作用；同时，SSG 通过工作满意度能降低员工离职倾向。Wei 等（2010）发现员工政治技能通过上下级关系对员工职业成长发挥显著预测作用。刘彧彧等（2011）证实上下级关系对员工的组织承诺具有正向影响。李云与李锡元（2015）研究证实 SSG 与中层管理者的职业成长正相关，与上级关系更好的中层管理者拥有更快的职业成长速度。

就消极结果而言，当 SSG 以逢迎、偏私和贿赂等非道德标准为基础时（Han & Altman，2009），则会引起员工的不公平感知、目的性的印象管理、降低组织信任。Walder（1986）和 Liang（1998）的研究指出，考虑到 SSG 能够促进有益的价值交换，员工可能曲意逢迎、故意在领导面前做出组织公民行为等好的表现；也可能采取阿谀奉承、送礼等不道德的方式试图提高上下级关系质量。Chen、Chen 和 Xin（2004）发现，上下级关系对员工本人可能会发挥积极作用，例如帮助员工获得晋升，但是若这一现象被其他员工察觉，会降低其他员工的组织信任与程序公平感知。Bozionelos 和 Wang（2007）也指出，当领导是绩效考核主体时，SSG 会影响绩效考核结果，这可能导致其他员工对绩效考核结果的不公平感知。类似的，Han 和 Altman（2009）通过扎根理论发现，SSG 的消极结果主要表现为感知不公平和针对主管的印象管理两个方面。

另外，作为影响组织绩效的重要情境因素（梁建、王重鸣，2001），也有学者将 SSG 作为调节变量开展研究。例如，Cheung 和 Wu（2012）研究发现，上下级关系能够强化参与管理对员工组织承诺、组织公民行为和工作促进的正向影响。于桂兰和付博（2015）探讨了 SSG 对组织政治知觉与离职倾向关系的调节作用，研究发现，SSG 质量越高，组织政治知觉对离职倾向的预测作用越弱。李洪英和于桂兰（2016）研究发现，上下级关系调节心理契约履行对员工绩效的正向影响。

2.4.4 小结

从现有文献来看，一些学者致力于对本土化构念上下级关系（SSG）的探索与研究，也收获了很多宝贵的经验与成果，为本研究提供了良好的支撑与帮助，但现有研究也不免存在一定局限。

第一，目前有关上级与下级互动关系的文献大多仍选择客位取向的构念——领导-成员交换（LMX）。这可能与 LMX 构念的相关研究更为成熟、量表信度与效度更理想、更易与西方主流研究相融合等原因有关。但是，中国情境中的 SSG 不能被 LMX 取代，二者在关系形态、交换原则上存在本质区别（Law et al., 2000；郭晓薇，2011；Shih & Lin，2014），并且二者对匹配感知、组织公民行为与离职倾向的影响也不完全一致（Zhang et al., 2016）。

第二，上下级关系量表是华人学者在本土化情境中开发的，充分考虑了华人社会关系导向与权力距离等文化特征。在测量内容方面，主要关注员工与上级在工作领域之外的私人关系，而工作场所内的关系涉猎不多。虽然 Chen 等（2009）的三维度量表同时考察了工作内与工作外的关系，但其使用频率远不及 Law 等（2000）开发的一维量表，并且也存在一定的问题。因此，更加契合我国特殊情境的上下级关系量表还有待开发。

本研究选择 SSG 作为研究变量，探讨上下级关系质量与战略人力资源管理对心理契约履行的交互效应。因为中国人往往用非正规的人际关系取代正规的结构化支持（Bian，1997），产生于非正式个人联系的 SSG 对于促成交换和完成任务至关重要（Guthrie，1998），这说明 SSG 能更为贴切地表达中国情境上下级间关系的特征。遗憾的是，本研究不能为 SSG 量表开发做出贡献，但在量表选择上遵循使用频率高、信效度较好的原则，使用 Law 等（2000）开发的一维量表。

2.5 传统性的研究述评

2.5.1 概念界定

传统性（traditionality）是指对传统文化与行为准则的认可、接纳程度。中国人传统性（Chinese traditionality，以下简称传统性）的概念则源于杨国枢、余安邦和叶明华（1989）的文章，他们将中国人传统性划分为遵从权威、孝亲敬祖、安分守成、宿命自保以及男性优越五个维度，并进一步将其定义为"与动机、评价、态度和气质有关的典型特征模式，这些特征是中国传统社会中人们所最常具有的，并且仍然能在当代中国社会（如中国大陆、香港、台湾）的人们身上观察到这些特质"（Yang，2003）。

樊景立等学者提出，在这五个维度中，遵从权威是最为显著的，因为它是唯一一个与其他四个因素都正相关的指标（Farh et al.，2007）。由此，Farh 等（1997）将中国人传统性的构念聚焦于遵从权威这一维度，并引入了组织科学领域。他们从遵从权威的原始量表中选取了 5 个核心题项，用以测量个人对儒家社会中核心等级角色关系的认同程度，核心等级角色关系包括五种，即君臣、父子、夫妻、兄弟以及朋友关系。传统性被界定为"个体对儒家社会伦理中传统等级角色关系的认同程度"（Farh et al., 2007）。无论从定义还是操作上来说，传统性都与权力距离及集体主义等构念具有显著差异（Farh et al., 2007）。许多学者也采用了这一界定，用于定义和测量传统性构念（Farh et al., 1998a；Pillutla et al., 2007；Liu et al., 2012；张永军等, 2017；Li & Yu, 2017）。

2.5.2 构念测量

（1）杨国枢等（1989）五个维度的量表

为有效描述传统性内涵，杨国枢等（1989）开发了中国人传统性量表，以作为有系统地测量传统性的工具。因素分析显示，传统性包括五个主要维度：①遵从权威，强调对权威的尊重与服从，此处权威可能是领袖、父母、长者、丈夫、国家、道德、规范、传统及校规等；②孝亲敬祖，强调孝敬父母、敬祭祖先；③安分守成，强调自守本分、与人无争、接受现实；④宿命自保，是指保护自身及家人避免麻烦，以及听从命运的安排；⑤男性优越，强调男性优于及超越女性的态度，例如要求女性顺从丈夫、少在外面抛头露面等。

鉴于遵从权威维度的重要性和显著性，很多学者（如 Farh et al., 1997；Pillutla et al., 2007）使用遵从权威维度代表传统性，并使用杨国枢等（1989）量表中的遵从权威子量表对传统性进行测量。遵从权威的原始量表有 15 个题项，如年轻人缺少生活经验，所以不能被允许做出独立的决定；为了保持社会稳定与和谐，个人表达自由应该被严格地控制；电视或电影中与社会规范和价值观念冲突的场景应该被删除；等等。例如，Pillutla 等（2007）以我国香港地区为研究对象，保留了 11 个题项进行传统性测量，该量表信度为 0.68。

（2）Farh 等（1997）单维度短型量表

Farh 等（1997）将传统性构念聚焦于遵从权威这一维度，测量量表来源于中国人传统性量表（杨国枢等，1989）中的遵从权威子量表。遵从权威的原始量表有 15 个题项，但是有一些不适用于当代情境（Farh et al.，2007）。Farh 等（1997）从中选取了因子载荷最高的 5 个题项，从而形成了传统性的一维短型量表，测量题项如"遵从前辈指示是避免错误的最好方法"。

这一量表已被广泛运用于华人情境，如中国大陆（Hui et al.，2004b；Farh et al.，2007；Liu et al.，2012）、中国台湾（Farh et al.，1997）和中国香港（Farh et al.，1998a）。在这些研究中，量表的 α 系数普遍不高，分别为：0.74（Hui et al.，2004b）、0.68（Farh et al.，2007）、0.71（Liu et al.，2012）、0.76（Farh et al.，1997）和 0.60（Farh et al.，1998a）。这可能与传统性所覆盖的广泛权威领域有关。

2.5.3 实证研究

有少部分研究探讨了传统性的预测变量（Zhang et al.，2003；Xu et al.，2011）。这些研究发现，性别、受教育程度、生活区域、神经活动对传统性具有一定影响：来自乡村的样本传统性高于来自城镇的样本，男性的传统性高于女性，样本的受教育程度越高则传统性有所降低（Zhang et al.，2003）；同时，传统性、现代性与神经活动有关（Xu et al.，2011）。

大部分实证研究将传统性作为调节变量，用于分析在相同情境下企业员工在态度与行为方面的差异。Spreitzer 等（2005）研究发现，变革型领导的四个维度（榜样、激励、高绩效预期和愿景描述）对领导有效性的影响受到了传统性的调节。Farh 等（2007）证实，传统性削弱了感知组织支持对员工产出（情感承诺、工作绩效和组织公民行为）的正向作用。Pillutla 等（2007）提出团队凝聚力会影响团队成员的奖励分配方式，传统性在二者之间发挥调节作用：高传统性员工倾向于选择平等分配，而较少进行以自我为中心的分配。Zhang 和 Zheng（2009）的研究表明，工作满意度通过情感承诺影响员工绩效，传统性调节工作满意度与情感承诺之间的关系，即高传统性员工更容易将工作满意度转化为情感承诺。吴隆增等（2009）探讨了辱虐管理、主管信任与角色内绩效及组织公民行为的关系，研究发现，传统性削弱了辱虐管理与领导信任的负向关系。汪林等（2009）关注了领导－部属交换、内部人身份认知与组织公民行为之间的传导机制，并探讨了传统性的调节效应，研究结果显示，传统性对领导－成员交换与内部人身份认知之间的关系具有显著的调节作用：对于低传统性员工而言，二者之间呈显著的正向关系；而对于高传统性员工而言，二者关系不显著。Juma 和 Lee（2012）提出，员工对于企业内部劳动力市场的感知通过情感承诺对离职倾向产生影响，员工传统性和现代性价值观发挥调节作用：对于高传统性员工而言，内部劳动力市场的感知与情感承诺的作用更强。Liu 等（2012）以上海一所大学的毕业生为调研对象，历时 12 个月，进行了 2 次数据收集，研究发现，心理契约雇主责任履行、雇员责任履行对员工离职行为有负向影响，并受到员工传统性的调节：与低传统性员工相比，高传统性员工感知雇主责任没有履行时不容易离职；高传统性员工感知雇员责任没有履行时更容易发生离职行为。于维娜等（2015）证实，员工传统性负向调节辱虐管理与员工绩效的关系，并且下属宽恕中介了传统性的调节作用。张永军等（2017）考察了传统性对家长式领导与员工亲组织非伦理行为关系的调节作用，结果显示，传统性增强了威权领导对亲组织非伦理行为的正向作用，并且传统性在德行领导与亲组织非伦理行为的倒 U 形曲线关系中也发挥调节作用。Li 和 Yu（2017）则将传统性作为组织层次变量，并分析了它对心理契约履行与组织公民行为关系的调节作用。

2.5.4 小结

如上所述，现有研究对传统性的概念界定、测量方法达成了较为一致的观点，这为本研究提供了充分的理论支撑。同时，实证研究也发现，将传统性作为调节变量可以有效解释组织内的员工反应差异（Farh et al., 1997; Farh et al., 2007; 于维娜等，2015; 张永军等，2017; Li & Yu, 2017）。低传统性员工大多遵从"诱因－贡献"原则，获得外部回报是员工态度与行为表现的主要动机。高传统性员工较少受到外部因素的影响,更多寻求内部归因,基于感知角色产生相应组织行为。

然而,以往研究大多将传统性作为个体层次变量,组织层次传统性的作用有待深入研究。传统性既可以用来描述个体心理特征,也可以用来描述组织层次的文化氛围特征,即传统性既可以作为组织层次变量也可以作为个体层次变量(Farh et al., 2007)。组织内员工传统性会呈现趋同现象,由此形成组织层次传统性文化价值观。根据Schneider(1987)提出的吸引-选择-损耗(Attraction-Selection-Attrition)理论,借由员工的自主选择和组织的筛选淘汰,那些与组织价值观或组织特征相似的员工更容易被吸引、选择并留在企业,而与组织价值观相差较大的员工可能不会进入企业或逐步退出企业。组织社会化理论也认为员工会认同企业规范、企业文化并实现内化(Vianen, 2010)。总之,传统性是极具代表性的中国文化价值观要素,经过组织的有意识塑造以及员工与组织的紧密互动,同一组织内员工的传统性会呈现高度相似,从而形成共享的组织层次传统性特征,例如,有的企业整体上呈现遵从权威的高传统性文化特征,而有的企业整体上呈现平等、去等级化的低传统性文化特征。但是,组织层次传统性对员工产生何种影响,尚未得到充分研究。

因此,本研究关注组织层次传统性文化价值观,将传统性作为组织层次构念,并探讨其在心理契约履行与员工绩效不同维度之间发挥的跨层次调节作用。

2.6 研究构念间关系述评

2.6.1 战略人力资源管理与员工绩效

经历了传统的人事管理、人力资源管理发展阶段后,人力资源管理于20世纪80年代开始步入战略人力资源管理(SHRM)发展阶段,学者们基于普适观、权变观和构型观对SHRM开展了大量研究,以探讨SHRM与组织效能的关系以及作用"黑箱"。Purcell 和 Hutchinson

(2007)提出员工对 SHRM 的反应是这一作用"黑箱"中的关键链条，并因此引发了以员工为中心的 SHRM 研究。关于 SHRM 对员工绩效的影响，学者们基本保持了一致观点：有效的 SHRM 系统，能够促进员工态度、行为表现与组织期望目标保持一致性。

（1）二者关系的理论分析

学者们依据社会交换理论、行为主义理论、社会情境理论等探讨战略人力资源管理对员工绩效的影响，并提出一定的理论模型，除了本书所依据的社会交换理论，较为典型的便是高绩效工作系统的 AMO 理论模型和人力资源价值链模型。

高绩效工作系统的 AMO 理论模型由 Appelbaum 等（2000）提出，其基本内涵为：员工绩效决定于员工动机、能力和机会三因素的交互作用，如果人力资源管理能够提高员工胜任能力水平（A），提升员工的内驱力与工作动机（M）并创造适宜的机会（O），就能确保员工提供高水平绩效，从而提高组织效能。

Becker 和 Huselid（1998）提出的人力资源价值链模型完整描述了人力资源管理—员工绩效—组织绩效的传导过程：企业依据企业战略完成人力资源管理系统的设计，人力资源管理系统对员工的技能、动机和工作结构产生影响，并进一步影响员工行为和员工绩效，员工绩效进一步影响企业运营绩效，能够推动企业赢利与增长，并最终实现组织市场价值的提升。

（2）二者关系的实证检验

从实证研究上看，相关文献普遍证明战略人力资源管理（SHRM）对员工绩效具有正向影响。例如，Huselid（1995）研究发现，SHRM 对员工劳动生产率、离职率存在显著影响。Sun 和 Pan（2008）研究显示，人力资源管理实践通过情绪耗竭对员工工作满意度和工作绩效产生影响。Paauwe（2009）通过文献综述发现，SHRM 能够提高员工层次的绩效产出。王震与孙健敏（2011）利用跨层次分析技术证实组织人力资源管理实践正向影响员工情感承诺和组织认同。张军伟与龙立荣（2016）未区分工作绩效维度，研究发现，SHRM 正向影响部门绩效和员工绩效。Oppel 等（2016）研究证明 SHRM 对医院雇员的工作态度具有显著影响。

SHRM 与角色内绩效。多项研究证实 SHRM 对角色内绩效具有显著的正向影响。Tabiu 和 Nura（2013）以尼日利亚索科托一所大学为样本，系统探讨了人力资源管理实践活动对员工绩效的影响，结果显示：招聘管理、培训管理、员工参与、雇员流动管理、员工留用管理五项人力资源管理实践对员工工作绩效具有积极的促进作用，而薪酬管理对员工绩效的影响不显著。Pak 等（2017）研究发现，基于能力的和基于机会的人力资源管理实践都能够正向影响员工角色内绩效，而动机增强型的人力资源管理实践则与角色内绩效呈负相关。陈志霞、陈传红（2010）的研究证明支持性人力资源管理实践对任务绩效具有显著促进作用，其中，感知组织支持扮演了中介角色。刘善仕等（2012）研究发现，以员工福利与关怀、薪酬、工作环境改善和工作保障为代表的保健型人力资源管理实践有助于提高员工任务绩效，组织吸引力是二者间的中介变量。仲理峰（2013）证实了高绩效人力资源实践对员工角色内绩效具有显著正向影响，并探讨了员工知觉的胜任特征在其间发挥的中介作用。苗仁涛等（2013）发现高绩效工作系统显著影响角色内绩效，组织支持感与领导 - 成员交换发挥中介作用。颜爱民与陈丽（2016）发现战略人力资源管理通过心理授权正向影响员工角色内绩效。

SHRM 与组织公民行为。大量研究表明，战略人力资源管理能够提高 OCB。Sun 等（2007）以中国酒店行业为样本，研究发现，高绩效人力资源系统能够提升服务导向的组织公民行为，并进一步提高企业生产率、降低员工离职率。Kehoe 和 Wright（2013）研究发现，战略人力资源管理正向影响员工组织公民行为，情感承诺起到部分中介作用。Zhang 等（2014）认为高绩效工作系统与 OCB 的关系受到企业社会责任、情感承诺、员工对人力资源管理系统的满意度等多个权变因素的调节影响，因此，战略人力资源管理与 OCB 的转化机制十分复杂。Newman 等（2016）研究证明，基于社会责任的人力资源管理通过组织认同促进员工组织公民行为。Pak 等（2017）研究发现，基于能力的和基于机会的人力资源管理实践都能够正向影响 OCB，而动机增强型的人力资源管理实践则与 OCB 呈负相关。肖翔（2006）在其博士学位论文中验证了员工感知的人力资源管理实践对 OCB 的显著作用，并利用感知组织支持作为中介变量分析了二者的作用机制。陈志霞、陈传红（2010）的研究表明，包含参与决策、上级支持、同事支持、组织公正在内的支持性人力资源管理实践对情境绩效具有显著促进作用，其中感知组织支持扮演了中介角色。刘善仕等（2012）研究发现，员工福利与关怀、薪酬、工作环境改善、工作保障、员工培训和职业发展规划对员工周边绩效具有显著促进作用，组织吸引力在其中发挥了中介作用。仲理峰（2013）证实了高绩效人力资源实践对 OCB 的显著促进作用，并将员工知觉的胜任特征作为中介变量探讨了二者的作用机制。苗仁涛等（2013）发现高绩效工作系统显著影响组织公民行为，组织支持感与领导－成员交换发挥了中介作用。颜爱民与陈丽（2016）证实战略人力资源管理通过心理授权正向影响员工组织公民行为。

（3）小结

员工对战略人力资源管理的反应是解开 SHRM 作用"黑箱"的关键（Wright & Boswell, 2002）。近年来 SHRM 对员工绩效的影响逐渐得到学者们的关注，但仍不免存在一定不足，主要体现为以下三个方面。

第一，虽然一些研究探讨了战略人力资源管理与员工绩效的关系，但部分文献关注的是零散的人力资源实践项目（如 Scheel et al., 2013），然而战略人力资源管理内的实践项目不是独立存在的，应该是具有内部一致性的系统组合（Delery & Doty, 1996），因此单一或零散的实践项目无法有效表征战略人力资源管理的作用。

第二，战略人力资源管理与员工绩效之间的作用机制有待深入研究。以往研究借助社会交换理论、AMO 模型等解释 SHRM 与员工绩效的关系，并发现组织承诺、心理契约、组织支持感、胜任特征、心理授权、组织认同在 SHRM 与员工绩效之间发挥一定的传导作用（刘善仕等，2012；苗仁涛等，2013；Chien & Lin, 2013；颜爱民、陈丽，

2016；Newman et al.，2016）。近年来，借助社会交换理论解释战略人力资源管理与员工绩效关系的研究呈增多趋势，且大多以组织支持感反映组织与员工的交换关系（Liao et al.，2009；苗仁涛等，2013）。然而，组织支持感是员工对组织付出的单方面感知，缺少源自互动的责任认知，并不能完整描述员工与组织的交换关系。因此，社会交换理论框架下战略人力资源管理与员工绩效之间的中介作用机制仍有待进一步研究。

第三，在研究层次上仍然存有一定不足。现有研究在分析层次上可分为两类：组织层次与个体层次。前者是在组织层次上探讨SHRM对整合的员工绩效的预测作用；后者是在员工层次上考察员工知觉的SHRM与员工态度和行为的关系。这两类研究都能揭示战略人力资源管理与员工绩效的关系，但又都存在不足（Hom et al.，2009）。组织层次研究忽略了同一组织内员工反应的个体差异，而个体层次研究则难以准确考察组织变量对员工反应的影响。组织是一个系统，当我们讨论其中的一部分时，很难将其与其他部分完全隔离。同时，跨层次研究能够降低以上系统误差（Huselid & Becker，2000）。因此，整合组织层次与个体层次的多层次混合研究得到学者们的肯定（Klein & Kozlowski，2000；Wright & Boswell，2002）。然而，对企业层次变量SHRM与个体层次变量员工绩效的跨层次研究仍占少数。

针对以上分析，本研究做出如下安排。第一，将战略人力资源管理定位于一系列有计划的人力资源管理配置和管理活动，包括员工招募、培训、薪酬、绩效管理等核心人力资源实践活动，这些实践项目整合到一起共同支撑组织目标的实现。一方面尽量纳入关键的核心实践项目，另一方面关注SHRM的系统性。第二，员工感知的SHRM与组织实施的SHRM之间存在显著差异（Liao et al.，2009），对于企业人力资源管理实践来说，组织实施的战略人力资源管理的研究更具有实践指导意义。因此，本研究将组织层次实施的战略人力资源管理作为研究变量，对SHRM与员工绩效的关系进行跨层次分析。第三，近年来，借助社会交换理论解释高绩效工作系统与组织公民行为的研究呈增多趋势，且大多以组织支持感反映组织与员工交换关系（Liao et al.，2009；苗仁涛等，2013）。以社会交换理论为核心的心理契约包含了员工对双边（自身与组织）责任的认知，隐含了对双方互动模式的界定，能够比组织支持感更完整地描述员工与组织交换关系。因此，本研究将借助社会交换理论，以心理契约履行为中介变量，解释SHRM对员工绩效的作用机制。

2.6.2 战略人力资源管理与心理契约履行

（1）二者关系的理论分析

人力资源管理实践通过塑造组织内员工的日常行为而决定心理契约的状态（Rousseau，1995），并塑造心理契约特征，与企业战略保持一致的人力资源管理实践是心理契约的关键影响因素（Guzzo & Noonan，1994；Rousseau & Greller，1994a）。Guest和Conway（2002）指出沟通行为和人力资源管理实践是对心理契约履行状态影响最大的两个因素。而后，Guest（1998，2004）提出并系统描述了心理契约的分析框架（见图2-11），其中人力资源政策与实践对心理契约互惠承诺、诱因与责任的确定产生重要影响。

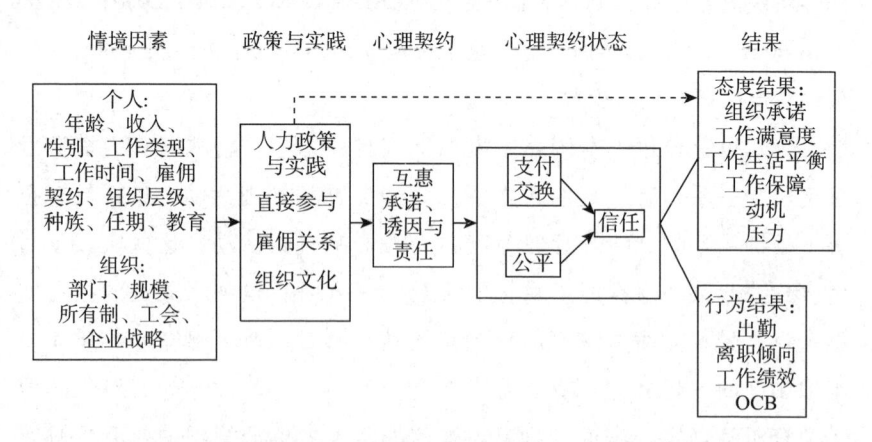

图2-11 Guest（2004）的心理契约分析框架

资料来源：Guest，2004。

张楚筠与孙遇春（2010）对人力资源管理与心理契约关系进行了

述评，并分别阐述了招聘、培训与职业发展、激励机制、绩效管理、组织文化五个核心人力资源管理实践活动对心理契约的影响。

Suazo等（2009，2011）利用信号理论（Signaling Theory；Spence，1973）解释了人力资源管理实践"塑造"心理契约与法律契约的作用机制。他们将弱信号定义为"不明确的、有多种不同解释的信号。因此，与弱信号相关的感知期望、责任与承诺就是模糊的、不具体的"。而强信号被界定为"明确的、只能有一种解释的信号。因此，源自强信号的承诺是清晰的、具体的、明确的"。强信号能够创造法律契约，而弱信号会产生心理契约。通过进一步分析，他们提出：招聘活动只能产生弱信号，所以会产生心理契约；员工配置和培训能同时产生弱信号和强信号，所以对心理契约和法律契约都具有促进作用。可见，将人力资源管理实践作为心理契约的前因变量是非常必要的。

（2）二者关系的实证检验

有关战略人力资源管理（SHRM）与心理契约履行的实证研究，普遍发现SHRM对心理契约履行有重要的影响。Guest和Conway（2002）认为人力资源管理实践对组织心理契约管理产生重要的影响，研究证实，人力资源管理实践显示了与心理契约违背的高度负相关，对心理契约明确性有显著正向影响，对心理契约结果变量（员工绩效、员工承诺、组织信任、动机、幸福感、雇佣关系）有显著正向影响。随后，Conway和Briner（2005）的研究也发现组织人力资源管理实践对心理契约具有显著的影响。Scholarios等（2008）对英国中小企业信息通信技术供应商公司的经理进行访谈，研究结果证明雇佣能力管理实践对于心理契约具有积极影响。组织开展中等-高等参与度的职业生涯管理活动，能提供发展机会和专业化工作环境，提高雇员可雇佣力，从而促进平衡型心理契约和关系型心理契约的建立与履行。Katou和Budhwar（2012）利用在希腊服务行业取得的数据，通过结构方程模型和拔靴法证实企业人力资源实践对心理契约履行具有显著的正向作用，并且心理契约履行在人力资源实践与组织绩效间起到中介作用。Scheel等（2013）利用多层线性模型检验人力资源实践（包括绩效工资和培训）

对固定员工和临时员工心理契约履行的影响，结果表明，两类员工间的培训差异与心理契约履行存在显著的正向关系，而绩效工资差异与心理契约履行没有明确关系。Chien 和 Lin（2013）研究发现，基于培训与教育的发展型人力资源管理实践对关系型心理契约履行和平衡型心理契约履行具有显著的积极促进作用，对于交易型心理契约履行具有显著负向影响。郑雅琴等（2014）通过对高新技术企业的核心知识员工进行调研，探讨了灵活性人力资源管理系统和心理契约履行的关系，实证结果表明二者没有显著相关关系。

(3) 小结

如上所述，战略人力资源管理对心理契约履行的影响得到学者们的关注，并从理论演绎与实证检验两个方面开展了一定研究，基本证明了 SHRM 对心理契约履行的预测作用。但是，部分研究没有考虑心理契约的不同类型，只是将整体的心理契约履行作为研究变量，如 Katou 和 Budhwar（2012）、郑雅琴等（2014）；同时，研究方法仍存在一定不足，鉴于组织情境对于个体水平结果产生的重要影响，有学者（如 Wright & Boswell，2002；Hitt et al.，2007）主张采用多层次的、跨层次的分析方法，但是现有文献使用跨层次分析方法的仍然较少（Scheel et al.，2013）。本研究将战略人力资源管理作为组织层次变量，心理契约履行作为个体层次变量，探讨二者之间的跨层次作用关系。

2.6.3 心理契约履行与员工绩效

(1) 二者关系的理论分析

当前，企业竞争环境日益复杂、雇佣方式更加灵活化，员工与组织之间正式的雇佣契约不能完整描述雇佣关系双方的责任与义务。经过充分互动而形成的心理契约虽是非正式的，却能有效表达雇佣关系双方关于权利与责任的感知，对员工态度与行为决策具有重要影响（林澜，2012）。

现有研究大多利用社会交换理论解释心理契约履行对员工绩效的影响。社会交换理论（Blau，1964）认为，互惠是社会交换的核心原则，互动双方相互依赖，各自提供有价值的资源以完成交换过程，交换过程中双方都试图在贡献和诱因之间保持平衡。心理契约本质上是员工对自身与组织互惠交换关系的理解（Robinson，1996）。互惠正是员工提供高水平工作绩效的主要动因之一。

（2）二者关系的实证检验

在早期的一系列研究中，Robinson和他的同事们汇报了心理契约履行与员工反应之间的关系，这些员工反应包括工作满意度、角色内绩效、信任、留职意愿、离职倾向、组织公民行为等（Robinson & Rousseau，1994；Robinson et al.，1994；Robinson & Morrison，1995；Robinson，1996）。之后，很多学者表达了对心理契约履行与员工绩效关系的兴趣。

心理契约履行与角色内绩效。以往研究大多认为心理契约履行对员工角色内绩效存在显著正向影响（郝永敬、俞会新，2012；Li et al.，2014；李洪英、于桂兰，2016）。此外，Lester等（2000）发现，当主管和下属关于心理契约组织责任履行的感知存在很大差距时，员工角色内绩效最低。Cuyper等（2011）发现心理契约幅度与员工自我评估绩效呈显著正相关。Maia和Bastos（2015）使用定量研究与定性研究相结合的方法，证实心理契约履行对组织承诺有正向影响，并通过组织承诺的四个阶段（学会爱、高度匹配、蜜月遗留、学会恨）对员工绩效产生不同影响。侯景亮（2011）、张宏（2014）和龙立荣等（2015）的研究则进一步区分了心理契约履行的形式，并分别探讨不同类型心理契约履行对角色内绩效的影响。其中侯景亮（2011）将员工心理契约划分为关系型、交易型和管理型三种形式，研究发现关系型与管理型心理契约履行通过工作努力影响角色内绩效。张宏（2014）证实关系型心理契约履行、交易型心理契约履行和平衡型心理契约履行对员工工作绩效都具有显著的正向影响。龙立荣等（2015）研究发现，关系型心理契约正向影响员工角色内绩效；交易型心理契约对角色内绩效也具有正向影响，并且二者之间关系受到绩效薪酬的调节，绩效薪酬强度越高，交易型心理契约对角色内绩效的正面效应越强。

但是，张义明（2012）、Chien 和 Lin（2013）关于关系型心理契约履行、平衡型心理契约履行和交易型心理契约履行对角色内绩效的影响没有得到支持。

心理契约履行与组织公民行为（OCB）。早期研究就已经发现心理契约履行程度越高，则员工组织公民行为越高（Coyle-Shapiro，2002；Turnley et al.，2003）。Lester 等（2000）发现，当主管和下属关于心理契约组织责任履行的感知存在很大差距时，员工组织公民行为最低。Shih 和 Chen（2011）从社会困境的视角分析了心理契约履行与 OCB 之间的关系，他们提出，由于感知社会困境的程度差异，在不同的心理契约履行状态下（三种类型的心理契约），员工组织公民行为发生变化，当平衡型心理契约得到履行时，OCB 最高。Chien 和 Lin（2013）研究发现，心理契约履行对员工角色行为具有一定预测作用：关系型心理契约履行对利于组织的组织公民行为（OCBO）和利于他人的组织公民行为（OCBI）的正向影响在 0.10 水平上显著；平衡型心理契约履行对员工利于组织的组织公民行为（OCBO）具有显著影响。于桂兰等（2013）通过元分析证实心理契约履行与组织公民行为呈显著正相关。Hui 等（2004a）、余琛（2007）、龙立荣等（2015）和 Li 与 Yu（2017）等在中国情境下进行研究，也得到了类似的结论：在不同心理契约履行状态下，OCB 存在显著差异。当感知关系型和平衡型心理契约履行时，员工更容易表现出高水平组织公民行为；而当员工感知交易型心理契约履行时，员工认为额外的贡献并不能带给他们回报和认可，所以组织公民水平较低，并且工具性在关系型与平衡型心理契约履行和 OCB 之间发挥一定中介作用（Hui et al.，2004a）。龙立荣等（2015）研究显示，交易型心理契约对 OCB 具有负面效应，关系型心理契约对 OCB 呈现正向影响，并且上级支持感越高，关系型心理契约对组织公民行为的正向作用越大。Li 和 Yu（2017）证实了关系型心理契约履行、平衡型心理契约履行对组织公民行为的积极促进作用，也支持了交易型心理契约履行对 OCB 的负向影响。Li 等（2014）关于心理契约履行和组织公民行为正向关系的假设却没有得到支持。

(3) 小结

如上所述,心理契约履行与员工绩效的关系得到学者们的关注,但研究结论存在一定分歧。在中国企业中,心理契约能否起到激励因素的作用,心理契约履行能否提高员工绩效水平,本研究尝试去检验这个问题。

另外,在探讨心理契约履行与员工绩效的关系时,大部分研究并未区分心理契约交换关系类型,如于桂兰等(2013)、Maia 和 Bastos(2015)等。然而,心理契约履行并非总是产生积极结果效应(龙立荣等,2015),不同心理契约类型对员工绩效的影响存在差异(Chien & Lin,2013)。本研究依据 Rousseau(2000)将心理契约履行划分为三种:关系型心理契约履行、平衡型心理契约履行、交易型心理契约履行。更细致地剖析心理契约履行对员工绩效的影响。

2.6.4 心理契约履行的中介作用

Paauwe(2009)、张楚筠与孙遇春(2010)利用逻辑推演提出心理契约在人力资源管理与员工绩效间发挥桥梁作用,此外有部分实证文献尝试探讨心理契约履行在战略人力资源管理与员工绩效之间的中介作用。Katou 和 Budhwar(2012)利用希腊服务行业的数据,通过结构方程模型和拔靴法证实心理契约履行在高绩效人力资源实践与组织绩效间发挥中介作用。员工激励、绩效考核与内部晋升是影响程度最大的三个主要人力资源实践活动;组织应该首先保证组织责任的履行,以确保员工更好地履行自身责任与承诺,员工责任履行程度与组织责任履行程度有很大关系。Chien 和 Lin(2013)讨论了心理契约在发展型人力资源管理系统与员工角色行为之间的中介作用。研究发现:发展型人力资源管理系统通过关系型与平衡型心理契约增强员工利于组织的组织公民行为(OCBO);发展型人力资源管理系统通过关系型心理契约增强员工利于他人的组织公民行为(OCBI);而心理契约在发展型人力资源管理系统与角色内行为之间的中介作用没有得到支持。Bal 等(2013)使用跨层次的方法探讨了组织层次发展型人力资源管理实践、员工层次心理契约与员工产出（情感承诺和工作敬业度）的关系，研究发现：交易型心理契约在发展型人力资源管理实践与员工产出的负向关系之间起到跨层次的中介作用；关系型心理契约在发展型人力资源管理实践与员工产出的正向关系之间起到跨层次的中介作用。Li 和 Yu（2017）研究了战略人力资源管理、心理契约、员工组织公民行为的跨层次关系，结果显示，关系型心理契约履行、交易型心理契约履行与平衡型心理契约履行在战略人力资源管理与组织公民行为之间发挥部分中介作用。

这些文献为本研究提供了宝贵的参考和基础，但是总体来看，关于心理契约履行在 SHRM 与员工绩效之间起中介作用的实证研究仍然较少（Bal et al.，2013），并且在仅有的几个研究中或者战略人力资源管理的内涵不相同，或者未区分心理契约履行的不同形式（如 Katou & Budhwar，2012），因此本研究有必要针对心理契约履行的中介作用开展更多深入研究。

2.6.5 上下级关系的调节效应

心理契约和上下级关系（SSG）分别关注了工作场所中非常重要的两个关系：心理契约描述的是员工与组织的关系，上下级关系关注的是员工与领导的关系。领导与员工间关系会影响员工与组织间关系的特征与状态。虽然员工眼中的组织代理人较多，但是直接领导通常被下属视为关键的组织代理人，对下属心理契约履行的感知至关重要（Shore & Tetrick，1994；Rousseau，1995）。也有学者认为，心理契约中共性的、明确的、正式的交易条款通常由人力资源经理等组织代理人传达给员工，而那些特质的、模糊的关系条款则通常由直接领导通过持续不断的工作接触传达给员工（Guest，2004）。

一些学者通过实证研究检验上下级关系对心理契约履行的影响。张楚筠（2012）对上海 15 家小微科技企业的 556 名员工进行调查，研究发现上级与下级关系质量对心理契约履行具有显著预测作用，并进一步影响员工满意度和离职倾向。Li 等（2014）以中国 39 家银行分支机构为研究对象，选择其中 39 名主管和 385 名下属员工填写问卷，研究发现，上级与下级关系质量对心理契约履行有显著正向影响。Shih 和 Lin（2012）发现以领导－成员交换（LMX）来衡量的上下级间关系对心理契约履行有积极影响。随后，Shih 和 Lin（2014）以台湾 988 名 MBA 毕业生为样本，剖析了 SSG、LMX、心理契约履行与组织公民行为（OCB）之间的关系。研究发现，当控制了 LMX 之后，SSG 对心理契约履行有显著的正向预测作用；心理契约履行通过增强感知员工责任对组织公民行为产生促进作用；心理契约履行和感知员工责任在 SSG 与 OCB 之间发挥中介作用。

现有研究基本表明上下级关系对心理契约履行有正向影响，但是大部分研究（例如，张楚筠，2012；Shih & Lin，2012；Li et al.，2014）选择客位取向的上下级关系构念，即使用 LMX 反映上下级关系的质量。然而学者们（Law et al.，2000；郭晓薇，2011；Shih & Lin，2014）提出中国情境中的 SSG 不能被 LMX 取代，中国情景下的 SSG 和 LMX 在关系形态、交换原则上存在本质区别，SSG 能更为贴切地表达中国情境中上下级间关系的特征。所以本研究选择 SSG 作为研究变量，探讨上下级关系、战略人力资源管理对心理契约履行的影响。

2.6.6 传统性的调节效应

心理契约履行是在一定的社会和心理情境中实现的，而不是在真空中产生的（Robinson，1996）。识别心理契约履行与员工绩效关系中的调节效应，就是对二者关系所处社会与心理情境的探索。Turnley 和 Feldman（1999）提出，心理契约履行与员工绩效之间的关系存在三个层次的调节变量：个体差异、组织特征和外部劳动力市场。如公平敏感性（Kickul & Lester，2001）、组织信任（Coyle-Shapiro，2002）、员工个体归因（Turnley et al.，2003）、员工代际差异（Lub et al.，2015）和传统性文化价值观（Chen et al.，2008）等。

部分文献探讨了个体层次传统性对心理契约履行与员工绩效的调节作用。Farh 等（2007）以北京和天津的 27 家企业为研究对象，共回收了 169 对上下级匹配问卷，实证研究发现，传统性在感知组织支持和员工产出（组织情感承诺、工作绩效和组织公民行为）的关系中扮演着调节变量角色：对于低传统性员工，两者间的关系更为显著。Chen等（2008）以中国东部沿海城市的一家民营鞋业生产企业为样本，结果显示，心理契约履行对组织承诺、OCB和工作绩效具有显著影响，传统性能够减弱心理契约履行不佳与组织承诺、组织公民行为与工作绩效的消极关系。汪林与储小平（2008）研究显示，心理契约违背负向影响员工组织承诺、工作绩效、工作满意度，传统性发挥调节作用。

关于组织层次传统性调节作用的研究并不多见。通过吸引－选择－损耗过程（Schneider，1987）及组织社会化过程，组织内员工传统性会呈现趋同倾向，由此形成组织层次传统性文化价值观，Farh等（2007）也指出，传统性既可以作为个体层次变量，也可以作为组织层次变量，但并没有开展组织层次传统性的实证研究。Li和Yu（2017）进行了一定探索，他们将员工层次传统性聚合形成组织层次传统性，研究发现组织层次传统性削弱了心理契约履行对组织公民行为的预测作用。

如上所述，偶有文献关注传统性对心理契约履行与员工绩效的调节作用，但主要将传统性作为个体层次的文化情境变量，组织层次传统性的调节作用尚未得到充分讨论。当传统性作为组织层次变量出现时，它会对心理契约履行与员工绩效的关系产生哪些影响，这是本研究感兴趣的问题。

总体来看，本章完成了文献综述工作。首先，对本研究五个核心构念（战略人力资源管理、员工绩效、心理契约履行、上下级关系和传统性）的概念界定、构念测量、前因与结果变量的实证研究等内容进行回顾和述评；其次，围绕五个构念之间的关系进行了研究综述，具体包括战略人力资源管理与员工绩效关系、战略人力资源管理与心理契约履行关系、心理契约履行与员工绩效关系、心理契约履行的中介作用、上下级关系的调节作用、传统性的调节作用六个方面。综述结果显示，现有研究展示了丰富研究成果，为本研究提供了重要支撑，但是也不免在研究方法、研究视角、概念与类型界定上存在一定问题。本章内容展示了研究现状并揭示了本研究的起点及基础。

第3章 战略人力资源管理对员工绩效影响的理论模型与假设

对现有文献的梳理有助于掌握研究现状，厘清以往研究的局限与不足，进而明确本研究的思路与方向。在对本研究涉及的核心变量以及变量间关系进行深入而详尽的梳理之后，本章对当前研究存在的局限进行分析，根据现有文献与理论推演提出本研究的初期框架，并借助深度访谈收集的信息对初期框架进行修订与完善，然后阐述本研究的理论基础——社会交换理论的内涵及解释逻辑，最终提出本研究的理论框架与假设。

3.1 现有研究的不足

国内外学者在战略人力资源管理（SHRM）、心理契约履行、员工绩效、上下级关系、传统性等领域的现有研究为这些理论的学术发展和企业管理实践做出了重要贡献，对本研究的开展也具有非常重要的支撑与借鉴意义，但总体上仍不免存在一定局限，主要表现为以下六个方面。

（1）战略人力资源管理的实践项目和变量测量问题

首先，战略人力资源管理的实践项目尚存争议。Combs、Liu和Hall等学者利用元分析技术共统计了92项关于战略人力资源管理的研究，这些研究共涉及了22个人力资源管理实践活动，不同研究中战略人力资源管理的实践活动项目存在较大差异（Combs et al., 2006）。战略人力资源管理的测量依据无法统一，导致相关研究结果缺少比较和整合的基础条件。其次，部分研究使用员工感知的战略人力资源管理作为研究变量，这与组织实施的战略人力资源管理之间存在显著差异（Liao et al.，2009），对于企业人力资源管理实践来说，组织实施的战略人力资源管理的研究更具有实践指导意义。

（2）战略人力资源管理对员工绩效的作用机制问题

近年来，借助社会交换理论解释战略人力资源管理与员工绩效的研究呈增多趋势，且大多以组织支持感反映组织与员工交换关系（Liao et al.，2009；苗仁涛等，2013）。然而，组织支持感是员工对组织付出的单方面感知，缺少源自互动的责任认知，并不能完整描述员工与组织的交换关系。同样以社会交换理论为核心的心理契约则能弥补这一缺憾，心理契约是指员工对自身和组织在雇佣关系中相互责任的知觉与信念系统（Rousseau，1995）。遗憾的是，关于心理契约履行在战略人力资源管理与员工绩效之间起中介作用的实证研究仍然较少（Bal et al.，2013），并且在仅有的几个研究中或者战略人力资源管理的内涵不相同，或者未区分心理契约履行的不同形式（如 Katou & Budhwar，2012），因此有必要针对心理契约履行的中介作用开展更多深入研究。

（3）心理契约履行的关注度与类型区辨问题

首先，心理契约领域的现有研究主要关注心理契约违背，远远超过对心理契约履行的关注（Grimmer & Oddy，2007；Nelson & Tonks，2007），心理契约履行的研究仍显匮乏。虽然有研究显示二者呈消极相关，但并非对立关系（Rousseau，1995；Lambert et al.，2003），心理契约履行不能完全被心理契约违背所取代，因此厘清心理契约履行内涵并开展独立研究是十分必要的。其次，缺少对不同类型心理契约履行的区辨性考察。心理契约履行并非总是产生积极结果效应（龙立荣等，2015），不同心理契约类型对员工绩效的影响存在差异（Chien & Lin，2013）。不同类型心理契约在契约时限、绩效明确性方面表现出不同特点，并因此导致它们在信任度、交换属性上的差异（Rousseau，2000）。因此，不同类型的心理契约可能具有不同的生成与作用过程。然而，以往关于心理契约履行的研究大多仍未区分心理契约的不同

第3章 战略人力资源管理对员工绩效影响的理论模型与假设

类型。

(4) 上下级关系的构念选择与研究角度问题

首先,目前大部分研究使用领导-成员交换(LMX)反映领导与下属关系的质量(郭晓薇,2011)。然而中国情境中的上下级关系(SSG)不能被LMX取代,LMX以任务为导向,遵循公平法则,侧重工作关系质量(Hui & Graen, 1997), SSG遵循人情法则,侧重衡量工作之外的情感互动、责任认知与私人交往(Law et al., 2000), SSG能更为贴切地表达中国情境内上下级间关系的特征(Law et al., 2000;郭晓薇,2011;Shih & Lin, 2014;Zhang et al., 2016)。

其次,以往研究对上下级关系的调节效应考察不足。上级是组织的重要代理人,员工的组织知觉很大程度上来源于上级领导,具体而言,心理契约中共性的、明确的、正式的交易条款通常由人力资源经理等组织代理人传达给员工,而那些特质的、模糊的关系条款则通常由直接领导通过互动关系传达给员工。战略人力资源管理与上下级关系将共同对心理契约履行产生影响。但是以往研究(例如,张楚筠,2012;Shih & Lin, 2012;Li et al., 2014;Shih & Lin, 2014)主要关注上下级关系对心理契约履行的直接影响,极少研究上下级关系与战略人力资源管理对心理契约履行的交互作用。

(5) 传统性调节作用的层次问题

虽然偶有文献关注传统性对心理契约履行与员工绩效的调节作用,但主要将传统性作为个体层次的文化情境变量。传统性既可以作为个体层次变量,也可以作为组织层次变量(Farh et al., 2007)。当传统性作为组织层次变量出现时,它会对心理契约履行与员工绩效的关系产生哪些影响,以往研究没能回答这一问题。实际上,通过吸引-选择-损耗过程(Schneider, 1987)及组织社会化过程(Vianen, 2010)的作用,同一企业内的员工会在价值观方面呈现趋同现象。同一企业内每个员工的传统性水平不是独立存在的,更多的是表现出企业内的共享性。在高传统性组织文化中,出于自愿或被动的原因,员工传统性水平通常也较高。这说明,组织层次传统性是一个典型的共享单位特性（shared unit properties）（陈晓萍等，2012）的组织层次构念。因此，当研究对象包含企业主体时，将传统性作为组织层次变量更为适当，这一问题的探索也能为企业层次的文化与价值观管理提供一定启示。

（6）研究方法问题

由于组织情境对个体产出有重要影响，所以有学者提倡在组织领域内采用多层次的研究方法（Rousseau，2000；Wright & Boswell，2002；Hitt et al.，2007）。战略人力资源管理属于典型的组织层次变量，但现有研究或在组织层次上探讨人力资源管理与整合的员工反应的关系，或在个体层次上考察员工知觉的战略人力资源管理与自身态度和行为的关系。这两类研究都能揭示人力资源管理与员工反应的关系，但又都存在不足（Hom et al.，2009）：组织层次研究忽略了同一组织内员工反应的个体差异，而个体层次研究则难以准确考察组织变量对员工态度与行为的影响。Huselid 和 Becker（2000）指出，战略人力资源管理的跨层次研究可避免单层次研究产生的误差。然而，相关领域的跨层次研究仍占少数（Scheel et al.，2013）。

针对以上对现有文献的分析，本研究做出如下安排。第一，在构念内涵界定上，本研究关注组织层次实施的战略人力资源管理，具体包括人员甄选、员工参与、内部流动、深度培训、职业安全、绩效考核、工作描述和激励回报八个核心实践项目。依据 Rousseau（2000）将心理契约履行划分为三种：关系型心理契约履行、平衡型心理契约履行、交易型心理契约履行。这种界定兼顾了心理契约内容与心理契约状态，有助于更完整、更准确地分析心理契约的生成与作用机理。选择本土取向的上下级关系（SSG）反映员工与上级的互动关系质量，将传统性作为组织层次变量。第二，在研究框架上，本研究基于社会交换理论，检验组织实施的战略人力资源管理对员工绩效的跨层次影响，探讨三种形式心理契约履行的中介作用，上下级关系与战略人力资源管理对心理契约履行的交互作用，并分析传统性对心理契约履行与员工绩效的跨层次调节作用。第三，在分析方法上，战略人力资源

第3章 战略人力资源管理对员工绩效影响的理论模型与假设

管理与传统性属于组织层次变量,相关数据分析采用跨层次分析方法。

3.2 初期框架的探索性研究

综合以往研究成果,本研究初步提出了概念性研究框架,见图3-1。总体而言,本研究从社会交换理论出发,认为战略人力资源管理通过心理契约履行影响员工绩效,上下级关系和传统性发挥一定调节作用。虽然关于战略人力资源管理与员工绩效关系的研究较为丰富,但是关于心理契约履行在二者间作用机制的文献较少,上下级关系和传统性这两个情境因素在战略人力资源管理—心理契约履行—员工绩效这一作用链条上的调节效应的研究也不多见。因此,为了检验初期框架的合理性及进一步修正模型,本研究首先进行了探索性研究。

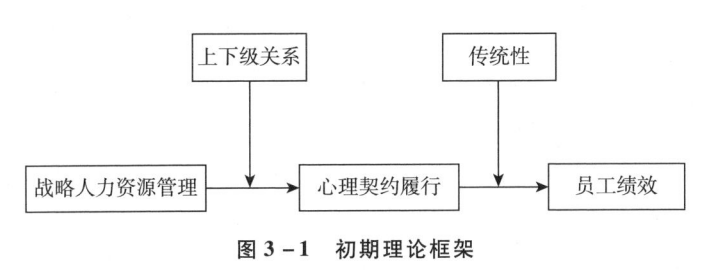

图3-1 初期理论框架

3.2.1 方法与流程

半结构化访谈是探索性研究中被广泛采用的方式(陈晓萍等,2012),本研究亦通过半结构化的深度访谈进行探索性研究。

(1)半结构化访谈的方式

本研究中半结构化访谈采用了以下操作方式:第一,根据研究内容列出访谈提纲,明确访谈思路与预期目标;第二,访谈为半结构化,访谈问题没有严格的答案限制,被访谈者可以充分自由地回答与提问,确保访谈的开放性;第三,访谈前,询问被访谈者是否接受录音,并明确告知录音内容仅用于研究,不会泄露员工个人隐私,从而降低被访谈者的戒备;第四,利用漏斗技术不断引导被访谈者提供更为详细的信息,将访谈深入化、具体化;第五,尽量采用通俗易懂的语句进行交流,避免隐晦的学术性语言及其他生僻、歧义的词句。

(2) 半结构化访谈的内容

结合初期理论框架,访谈内容主要包括以下方面:①受访者基本信息;②受访者对战略人力资源管理、心理契约履行、员工绩效、上下级关系、传统性等概念的理解;③受访者对战略人力资源管理、心理契约履行与员工绩效关系的理解;④战略人力资源管理在什么情境下更可能促进积极心理契约履行?影响因素有哪些?⑤心理契约履行对员工绩效有什么影响?这种作用是否受到其他因素的影响?详细问题请见附录1"探索性研究的访谈提纲"。

(3) 半结构化访谈的对象

本次半结构化访谈采取便利抽样,从4家企业中共选择了14位员工,详细信息见表3-1。这4家企业分别为汽车电子研发与生产、塑料制品生产制造、生物制药企业与规划设计院,企业性质各自不同。受访者职位包括技术研发、人力与行政管理、生产与质量管理和专职管理岗位,其中2人是高层管理者,4人为中层管理者,1人为基层管理者,7人是普通员工。受访者在企业内工作年限最低为2年,这能够保证他们对企业的人力资源管理有充分的了解,并且与新员工相比他们的心理契约结构较为稳定,从而保障为深度访谈提供具有价值的有效信息。

表3-1 访谈对象一览

行业	企业性质	地区	编号	性别	岗位级别	职位类别	司龄
汽车电子研发与生产	外资企业	长春	A	男	中层管理者	研发人员	10
			B	男	基层管理者	研发人员	5
			C	男	普通员工	研发人员	2
			D	男	普通员工	研发人员	3
			E	女	普通员工	研发人员	5
塑料制品生产制造	民营企业	宁波	F	男	中层管理者	行政人员	6
			G	男	普通员工	生产管理人员	4
			H	女	普通员工	生产管理人员	5

第3章 战略人力资源管理对员工绩效影响的理论模型与假设

续表

行业	企业性质	地区	编号	性别	岗位级别	职位类别	司龄
生物制药	国有企业	长春	I	女	中层管理者	行政人员	7
			J	女	普通员工	行政人员	2
规划设计院	国有企业	长春	K	男	高层管理者	管理岗位	24
			L	女	高层管理者	管理岗位	26
			M	女	中层管理者	人力资源管理	19
			N	女	普通员工	设计师	8

3.2.2 结果分析

根据访谈现场记录和录音，将访谈内容整理为文字材料，尽可能保持访谈对象的原始语言表达，结合研究框架和研究变量之间的关系，对访谈内容进行整理与筛选。总体上看，通过14位研究对象的深度访谈获得的信息较好地印证了初期探索性框架，初步确定了研究框架的合理性。具体地，本研究把访谈内容中的详细事件和语言，经汇总整理如下。

（1）战略人力资源管理与员工绩效关系明确

所有受访者都认为公司的人力资源管理对员工绩效有影响。如受访者F所述"从招聘到员工激励到员工发展，都需要人力资源的支持。招聘上，雇主品牌、薪酬竞争力能决定你是否能招到一流的人才；员工激励上，薪酬体系和晋升路线能不能足够激励员工愿意为公司效力；员工发展上，公司能不能给员工提供足够和必要的培训、是否能创造条件让员工跨领域地工作；休假制度和考勤制度也属于人力资源管理的一部分，这会让员工感觉到人文关怀"。受访者A在介绍其公司人力资源管理现状时谈道"薪酬没有市场竞争力、校园招聘结果也不好，HR招聘不给力；生产线操作员工作时间太长，并且工资不高，导致绩效差而且流动率高；发展空间有限，如工程师岗位在技术路线上最高就是高级工程师，一般5年就能评上，管理岗位非常有限，所以对于工作年限较长的员工便缺少激励，有些员工就会出现懈怠，经常休假、项目工作不积极配合、上班时间躲到会议室不处理工作问题"。被访者L谈道"设计师就是我们院最宝贵的资源,是我们的生产力,给公司创造价值。想要他们安心工作、努力工作,就必须在人力资源管理上下功夫。要给他们提供实地考察、业务学习的机会,要提供有竞争力的工资,并且干得越多挣得越多、干得越好挣得越多,要提供职业发展的空间,还要增进他们对企业的感情",同时她也认为"工作付出与所得是一个循环"。

（2）心理契约履行的中介作用机制

深度访谈发现,受访者对心理契约概念有所了解,并能给出自己的理解与完整事件描述。全部受访者都表示员工与组织之间存在心理契约,并认为这些心理契约并不完全一致,这在一定程度上印证了三种心理契约类型的存在。如受访者B、G、H认为"公司对我的工作有明确绩效标准""除非我想跳槽,要不公司就会和我续签合同";受访者A、E、I则认为"公司对我的期望很多,岗位说明只是很小的一部分""我和领导彼此信任"。另外,受访者C认为"信任、安全这些感觉跟合同期限没有直接关系。合同时间长,可是企业不重视员工、不给员工机会,只想最大化利用员工价值,我也感觉不到信任和安全;合同时间即使短,但是公司给员工培训和发展的机会,为我们的未来负责,更信任员工,我的安全感也更强"。

受访者A、E、F、G、J均明确赞同人力资源管理对心理契约履行的影响。例如J讲述"现在的单位与上一个（我工作）单位（人力资源管理）完全不一样,我觉得我和单位的关系也是不一样的。原来单位就知道让我们干活,绩效考核不正规,财务部（注:该公司日常出勤考核由财务部负责）总是监视我们是不是偷懒,然后打小报告,扣我们工资。除了政府强制要求的以外,也没有培训。我们都做得特别郁闷,觉得自己只要不出错就行,不用多干、不用精益求精。我换工作时,了解到现在单位的工资、绩效考核和培训都不错,招人也挺严,我就觉得这个平台更好,我来了也愿意多付出一些努力"。

受访者围绕心理契约履行对员工绩效的影响做出了较多回应。不

第3章 战略人力资源管理对员工绩效影响的理论模型与假设

仅描述了履行程度的影响，还涉及了不同类型心理契约履行的影响。D认为"公司和员工不能算得太清楚，算得太清感觉不舒服，模糊并不是不好。算得太清，就没有融合感，没有归属感"。B 提道"如果我迟到 1 分钟就罚我，那我也不会多加班 1 分钟"。受访者 E 描述了她经历的一个积极事件，她原来的工作是技师，配合工程师完成项目研发工作，这个工作技术含量低、烦琐、重复性强，并且技师岗位最高只能升到公司职位系统的 9 级，再没有发展的空间。她与领导讨论了自己的职业发展问题，最终达成一个默契：她在完成技师工作的基础上，可以逐渐承担硬件研发工程师的工作，最终转岗为硬件工程师。经过 2 年时间的努力，领导提供了很多机会，她逐渐接手硬件工程师的工作任务，参加了一些专业培训，现在已经成功转岗，工程师岗位提供了更多的发展机会以及更高的薪酬等级。她说"领导给了我很多帮助，他给我的承诺兑现了，我很感激他，也更加信任他，我知道只要我好好工作，就能得到好的回报，以后我也一定更加努力，做出好绩效、全力支持他"。受访者 H 则描述了一个相反事件，"都说这企业工资高、干活累，累我也接受了，关键是我工资也不高，我现在到哪都能找到挣一样钱的工作。去年答应给我申请一个保留奖金，现在不知什么原因保留奖金也被砍掉了。我还怎么工作？别说让我加班，就本职工作都难。我和领导说了，让他抓紧找人，我不想干了"。

（3）上下级关系与传统性的作用

除了受访者 C 和 D 以外，其他受访者都认为上下级关系很重要，和领导关系好，能获得更多领导做出的各种承诺，承诺实现的可能性也高。正如受访者 A 所说"员工与领导关系好，是说员工与领导建立更多信任，而不是阿谀奉承，是信任他，相信他所说的是真的"。受访者 F 也提道"上下级关系好，我理解上级行为是正向的。遇到问题时，我会从正向的立场理解问题，不会有防御心理"。受访者 K 在访谈中谈道，"事企分离时，我们一共有 11 个人是放弃了事业编制的，我们有共同的理想，彼此信任，一起坚持奋斗，我们是志同道合的战友，也是关系融洽的朋友，是同甘苦共患难的伙伴。这些人现在已经成长为企业的核心力量，成为重点培养对象"。之后通过其他途径了解到，这11个人目前大多居于该企业重要岗位，他们的平均薪酬水平大大超过其他员工。受访者B描述了一位同事X的经历。"X是从其他单位跳槽进入这个公司的，一直在同一个领导手下工作，X是这个领导招进来的，他们是研究生师兄弟。X工作很努力，态度积极，绩效也很好，很快X就成了团队的核心人物之一，也是上级的继任者考察人选。后来，这个领导在公司内部晋升了，从几个继任者中将X提拔了。我不敢说是他们关系好就得到晋升，但是同样条件下，我也会选择关系好、更支持我的人。"这些访谈示例都说明员工与领导的上下级关系能够影响资源分配，影响人力资源管理政策的实际运用状态。当然，访谈中也有人怀疑上下级关系会造成小帮派、不公平待遇。例如访谈者M提到她和院长、几个中层管理者每天中午会在一间办公室里吃饭（没有食堂，大家自己带饭菜和水果），后来她听到有员工议论"会不会有好事都在吃饭的时候分了"。

被访谈者虽然没有明确使用传统性这一概念，但有多次谈话触及了传统性内涵，并且明显同一企业内表现出了传统性价值观趋同，典型的就是某规划设计院，该企业访谈对象在这方面的描述高度一致。如果组织传统性较高，员工普遍更为安分守己，对组织和管理者的服从意识更为强烈，他们倾向于依照社会角色要求行事，即不论企业是否履行心理契约或心理契约是何种类型都可能不再发挥重要作用。传统性这一作用在访谈中亦有所体现。例如，被访者L谈道"2015年事企分离，我们刚刚独立，现在条件艰苦点，但是大家对院里都特别有感情，对我们院长都特别信任，他的话我们都愿意听，（员工们）都不计报酬、不辞辛苦地完成任务，这种精神我们要继续保持"。此外，受访者H也提道"我为人比较保守，觉得自己毕竟是公司的员工，不能以牙还牙。最初3年，工资没有企业承诺的好，我还是尽量保证能正常完成工作"。

（4）其他因素可能影响变量间关系

由于深度访谈提供了较为开放的回答空间，并未将受访者的回答

第3章 战略人力资源管理对员工绩效影响的理论模型与假设

限制于理论框架中的变量，因此，访谈中受访者还提到了一些可能影响变量间关系的其他因素。例如受访者 D 认为，员工不仅关注自身心理契约是否得到履行，还会观察其他人的心理契约履行情况，如果二者体现了不公平现象，心理契约履行的积极作用将大打折扣。受访者 A 和 F 提出，心理契约履行不仅给员工带来各种好处和利益，重要的是通过履行的心理契约提高员工与领导、员工与公司的信任，信任真正有助于员工绩效的改善。这些观点在以往研究中也有所体现，并进行了验证。这不是本研究理论框架的重点，所以不对其进行深入探讨。

3.3 研究模型修正

通过深度访谈的分析，本研究对初期框架进行了一定程度的完善与修正，并围绕相关变量完成了第 2 章的文献梳理与总结，修正后的理论模型如图 3-2 所示。

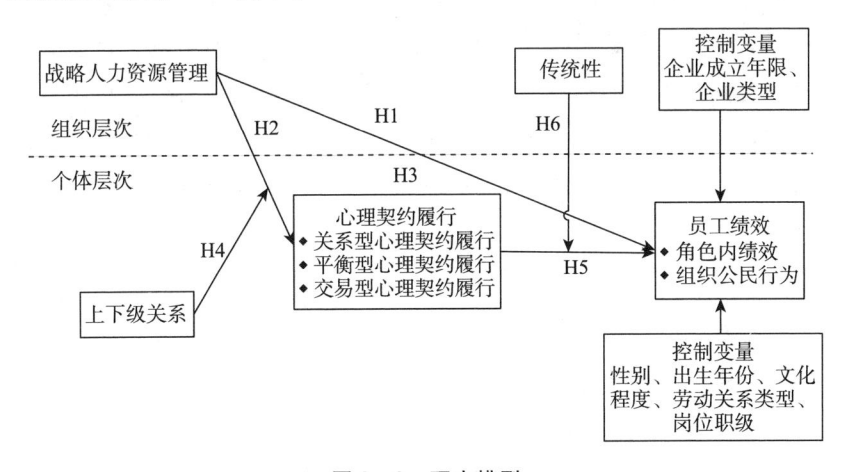

图 3-2 研究模型

根据图 3-2 可知，本研究主要探索的问题如下。第一，战略人力资源管理对员工绩效不同维度（角色内绩效与组织公民行为）的跨层次影响。第二，心理契约履行在战略人力资源管理与员工绩效之间的桥梁作用。具体地，本研究将心理契约履行划分为三种类型：关系型心理契约履行、平衡型心理契约履行与交易型心理契约履行。本研究将在社会交换理论框架内分别探讨不同类型心理契约履行的中介作用。第三，本土化构念"上下级关系"与战略人力资源管理的交互作用是否对心理契约履行具有显著影响。第四，组织层次传统性对心理契约履行与员工绩效的关系产生怎样的跨层次调节作用。

3.4 本研究理论基础
——社会交换理论

社会交换理论（Social Exchange Theory）是用以解释员工职场行为和组织行为的最具有影响力的理论之一（Cropanzano & Mitchell, 2005）。社会交换理论的起源与发展融合了人类学（如 Sahlins, 1972）、社会心理学（如 Gouldner, 1960）、社会学（如 Blau, 1964）等多个学科领域。尽管曾出现社会交换的不同观点，学者们普遍认同社会交换涉及一系列互动，通过这些互动形成双方的义务与责任（Emerson, 1976）。这些互动行为相互依赖，一方行为受到另一方行为的影响，这些相互依赖的交换行动有助于双方建立高质量关系（Blau, 1964）。以下通过交换原则、交换资源和交换关系三个根源问题详细阐述社会交换理论的内容，并在此基础上阐述社会交换理论对本研究的解释逻辑。

3.4.1 交换原则

互动双方会依据一定的原则开展交换。交换原则形成了交换关系参与者完成交换过程的"指南"（Cropanzano & Mitchell, 2005）。

（1）互惠原则

互惠原则（reciprocity）（Gouldner, 1960）是最为熟知的交换原则，被视为社会交换理论的核心原则。然而，互惠的产生基础与属性并不完全一致，Cropanzano 和 Mitchell（2005）将互惠区分为三种属性：基于相互依赖关系的互惠、基于民俗信念的互惠和基于原则与规范的互惠。

基于相互依赖关系的互惠（reciprocity as interdependent exchanges）。互动双方之间的关系大致有三种类型：完全独立（个人的产出完全取

第3章 战略人力资源管理对员工绩效影响的理论模型与假设

决于自身的努力)、完全依赖(个人的产出完全取决于对方的努力)和相互依赖(个人的产出受到双方努力的综合影响)。社会交换需要双向交易——每一方都要有所付出,也都会有所回报,因此完全独立和完全依赖都不会产生社会交换。在相互依赖的交换关系中,一方的行为会引致另一方的回应行动,如果一方提供了一个好处,接受好处的另一方也会回报以善意行动,相互依赖关系下,一方的行为取决于另一方的行为。因此,相互依赖交换是一系列连续的、较为稳定、自我驱动的循环(Cropanzano & Mitchell,2005)。交换循环起始于一方首先做出行动时,另一方给予互惠反馈,然后新一轮交换就会接着出现。

基于民俗信念的互惠(reciprocity as a folk belief)。基于民俗信念的互惠强调人们所在文化氛围赋予的期望(Gouldner,1960)。典型的文化信念如"公正世界"(Lerner,1980)和"因果报应"(Bies & Tripp,1996)。虽然这些信念原则缺少成立的实际证据,但会影响人们的行动选择。人们可能不会选择报复行动,因为他们相信坏人终会受到应有的惩罚。"善有善报,恶有恶报,不是不报,时候未到"等中国通俗谚语正表达了这种基于民俗信念的互惠观念。

基于原则与规范的互惠(reciprocity as a norm)。互惠也被视为具有一定强制性的规范与原则,不遵守互惠原则的人将受到惩罚。一方面,互惠原则因其强制性而具有普适意义(Gouldner,1960;Tsui & Wang,2002);另一方面,人们接受互惠原则的程度并不相同(Cropanzano & Mitchell,2005),个体与文化层面的互惠差异被广泛证明(Shore & Coyle-Shapiro,2003)。

(2)协商原则

除了互惠原则以外,交换双方也可以通过协商(negotiate)以达成一致性的有利安排。协商通常比互惠达成的内容更加具体,双方的职责与义务更为详细。协商交换往往是经济交易的一部分,例如员工在应聘时与企业关于工资的谈判遵循的就是协商原则。协商原则与互惠原则相比,互惠交换能够产生更佳的工作关系,能激发更多的信任与承诺(Molm et al.,2000),而协商交换则可能导致权力浪费与低质量交换（Molm et al., 1999）。

3.4.2 交换资源

互动双方通过资源的付出与获得完成社会交换过程。资源获得决定了各自的行为博弈，资源包括物质财富，也包括具有符号性质的心理财富与社会财富等。

Foa 和 Foa（1980）的资源理论提出了可交换资源的 6 种类型，分别是：爱、地位、信息、货币、商品和服务。这些资源可以通过两个维度进行分类：第一个维度是资源的专有属性（particularism），即资源的价值取决于资源的来源，例如，货币的专有属性很低，因为货币的价值恒定，而爱的专有属性则很高，因此爱的价值严重依赖于爱的来源；第二个维度是资源的具体属性（concreteness），即资源是不是有形的、具体的，大多数的货币、商品和服务具有较高具体属性，而爱、地位和信息的具体性略差。Foa 和 Foa（1980）进一步提出，这 6 种交换资源的交换方式存在差异，专有属性低而具体属性高的资源更可能发生在短期交换中，相反，那些专有属性高而具体属性低的资源更可能发生在长期的、开放的交换关系中。

学者们也通常把交换资源划分为两类：经济性资源和社会性资源。经济性资源通常指向物质、金融需要，是具体的、有形的资源；而社会性资源通常用以满足社会和自尊需要，大多是无形的、符号性的、高专有属性的。同样地，这两类资源的交换方式和交换原则也是不同的（Cropanzano & Mitchell, 2005）。

3.4.3 交换关系

社会交换理论认为，工作场所内某些因素和经历会促使个体之间（个人或者组织）建立相互的联系，这种主体联结就被称为社会交换关系。当组织关心员工并做出行动时，社会交换关系便由此发展，并进一步产生有益的员工回报行动。因此，社会交换关系承担了一个中介桥梁作用，公平、有利的交易行动有利于交换关系的产生，而交换关

第3章 战略人力资源管理对员工绩效影响的理论模型与假设

系能够进一步产生员工高效工作行为和积极工作态度（Cropanzano & Mitchell, 2005）。

Blau（1964）将交换关系区分为经济交换与社会交换。经济交换与社会交换最本质而关键的区别是社会交换会涉及未明确规定的义务，回报是无法通过协商和谈判确定的；只有社会交换能够形成员工的义务感、感激之情和信任，而纯粹的经济交换无法做到这一点；社会交换的交换资源在单次的交换行动中并没有一个确切的交易价格，社会交换会通过多次的、持久的交换模式进行平衡。

在管理研究中，员工会与多个主体形成不同的社会交换关系，例如，员工与直接主管形成的社会交换关系、员工与同事形成的社会交换关系、员工与组织形成的社会交换关系、员工与顾客形成的社会交换关系、员工与供应商形成的社会交换关系。学者们利用组织支持感、领导-成员交换、心理契约、主管支持、组织承诺、信任等构念反映这些社会交换关系，并开展研究。

3.4.4 社会交换理论对本研究的解释逻辑

以上通过对交换原则、交换资源和交换关系的梳理详细阐述了社会交换理论的内涵与观点。总体而言，社会交换的互动双方建立一定的社会交换关系，通过对有价值资源（经济性资源或社会性资源）的交易完成交换行动，交换过程中会遵循一定的交换原则（互惠原则或协商原则），需要注意的是，不同的交换关系、不同的交换资源遵守的交换原则存在差异。本研究利用社会交换理论解释战略人力资源管理、心理契约履行、员工绩效、上下级关系和传统性之间的作用链条，依据如下。

第一，组织层次战略人力资源管理体现了组织对员工的关心与投入，员工从人力资源管理实践中能够获得薪酬、福利等经济性资源，也能获得发展机会、尊重、培训与能力提升等社会性资源。员工绩效则反映了员工的付出，角色内绩效和组织公民行为对组织都是有价值的行动表现。员工与组织之间的这些付出行动相互依赖，二者共同决定了双方的回报。可见，组织与员工处于典型的社会交换关系中，战略人力资源管理与员工绩效便是双方可支配的交换资源，这表示利用社会交换理论解释战略人力资源管理与员工绩效的关系是恰当的。

第二，Cropanzano 和 Mitchell（2005）强调社会交换关系在交换行动中扮演中介角色，公平、有利的组织交易行动会产生交换关系，而交换关系能够进一步产生员工高效工作行为和积极工作态度。因此，员工与组织交换关系应该在战略人力资源管理（组织交换行动）与员工绩效（员工交换行动）之间发挥一定中介作用。源于社会交换理论的心理契约描述的便是组织与员工之间各取所需的社会交换关系，双方都承担一定的责任，也有希望获得的回报，并会根据对方的行为而调整自己的反应。由此，根据社会交换理论可以初步推断心理契约履行在战略人力资源管理与员工绩效间的中介作用。

第三，心理契约和上下级关系同样以社会交换理论为基础，关注了工作场所中非常重要的两个关系：一个是员工与组织的关系，另一个是员工与主管的关系。员工与组织的社会交换关系很有可能受到员工与领导关系的影响。特别是在中国文化背景下，员工与组织的交换过程很明显受到员工与领导关系的影响，领导可能会根据关系亲疏确定给予员工的交换资源，甚至影响交换原则（Cheng et al.，2002）。因此，本研究会探讨战略人力资源管理与上下级关系对心理契约履行的交互影响。

第四，员工主要依据互惠原则对心理契约做出回报反应。互惠原则虽然具有普适性（Gouldner，1960；Tsui & Wang，2002），但人们接受互惠原则的程度并不相同（Cropanzano & Mitchell，2005），个体与文化层面的互惠差异被广泛证明（Shore & Coyle-Shapiro，2003；Westwood et al.，2004）。研究表明，传统性会影响员工对互惠原则的理解接受程度，高传统性主体更强调社会角色赋予的责任和义务，而不十分在意交换资源的等价性，这表示高传统性价值观可能提高了互惠的民俗信念属性并降低了互惠的规范属性。由此，传统性可能会影响心理契约履行与员工绩效的关系。

第 3 章 战略人力资源管理对员工绩效影响的理论模型与假设

3.5 研究假设的提出

本研究对相关变量的逻辑关系在第 2 章文献综述部分进行了详尽的文献梳理与结论总结，本节结合现有文献研究结论与理论推演，提出理论假设。

3.5.1 战略人力资源管理与员工绩效

与单一或零散的人力资源实践项目相比，具有内部一致性的战略人力资源管理（SHRM）对企业绩效的影响更大（Subramony，2009；Chowhan，2016）。这种影响是通过激发和强化与企业战略相关的员工绩效而实现的（Katou & Budhwar，2012），这也是 SHRM 实施的目的（Wright & Mc Mahan，1992）。社会交换理论可以有效地解释战略人力资源管理与员工绩效的关系。根据社会交换理论，员工和企业处于相互依赖的交换关系中，一方的行为受到另一方的影响，双方通过有价值的资源交易完成社会交换，各自的利益获得便决定了交换双方的行为博弈（Blau，1964；Cropanzano & Mitchell，2005）。企业与员工处于典型的社会交换关系中，战略人力资源管理与员工绩效便是双方可使用的有价值交换资源。战略人力资源管理本质上传达了企业对员工的责任期望，以及组织对自身责任的理解，广泛培训、内部晋升与流动、员工参与等管理措施体现了企业对员工的付出。员工从中获得支持、信任、反馈、报酬、资源、机会等好处，基于互惠原则会产生回报的义务感，并通过调整角色内绩效和组织公民行为对企业进行回报。这些与战略实现相关的员工绩效体现了企业期望员工做出的贡献，是员工对其从 SHRM 中获得好处的回报。

从实证研究上看，国内外的相关文献也取得了类似的结论。

首先，多项研究证实 SHRM 对角色内绩效具有显著正向作用。Tabiu 和 Nura（2013）研究发现，招聘管理、培训管理、员工参与、雇员流动管理、员工留用管理五项人力资源管理实践对员工工作绩效具有积极的促进作用，而薪酬管理对员工绩效的影响不显著。Pak等（2017）研究发现，基于能力的和基于机会的人力资源管理实践都能够正向影响员工角色内绩效，而动机增强型的人力资源管理实践则与角色内绩效负相关。陈志霞与陈传红（2010）通过参与决策、上级支持、同事支持和组织公正四个实践活动表征战略人力资源管理，研究表明 SHRM 对角色内绩效具有显著促进作用，组织支持感扮演中介角色。刘善仕等（2012）研究发现，以员工福利与关怀、薪酬、工作环境改善和工作保障为代表的保健型人力资源管理实践对员工角色内绩效具有显著正向影响，组织吸引力是中介变量。仲理峰（2013）、苗仁涛等（2013）证实高绩效人力资源实践对员工角色内绩效有显著正向影响。颜爱民与陈丽（2016）发现战略人力资源管理通过心理授权正向影响员工角色内绩效。

其次，大量研究表明，战略人力资源管理能够提高 OCB。Sun 等（2007）以中国酒店行业为样本，研究发现，高绩效人力资源系统能够提升服务导向的组织公民行为，并进一步提高企业生产率、降低员工离职率。Kehoe 和 Wright（2013）研究发现，战略人力资源管理正向影响员工组织公民行为，情感承诺起到部分中介作用。Zhang 等（2014）认为高绩效工作系统与 OCB 的关系受到企业社会责任、情感承诺、员工对人力资源管理系统的满意度等多个权变因素的调节影响。Newman 等（2016）研究证明，基于社会责任的人力资源管理通过组织认同促进员工的组织公民行为。肖翔（2006）在其博士学位论文中验证了员工感知的人力资源管理实践对 OCB 的显著作用，并利用感知组织支持作为中介变量分析了二者的作用机制。陈志霞、陈传红（2010）研究发现支持性人力资源管理实践对情境绩效具有显著促进作用，其中感知组织支持扮演了中介角色。刘善仕等（2012）研究发现，员工福利与关怀、薪酬、工作环境改善、工作保障、员工培训和职业发展规划对员工周边绩效具有显著促进作用，组织吸引力在其中发挥了中介作用。仲理峰（2013）、苗仁涛等（2013）也证实了高绩效人力资源实践对 OCB 的显著促进作用。颜爱民与陈丽（2016）发现战略人力资源管

第3章 战略人力资源管理对员工绩效影响的理论模型与假设

理通过心理授权正向作用于员工组织公民行为。

综上所述,本研究提出如下假设。

H1:战略人力资源管理对员工绩效具有跨层次影响。

H1-1:战略人力资源管理对角色内绩效具有跨层次正向影响。

H1-2:战略人力资源管理对组织公民行为具有跨层次正向影响。

3.5.2 战略人力资源管理与心理契约履行

根据社会交换理论,组织交换行动能够影响员工与组织交换关系:当组织关心员工且做出行动时,交换关系便由此产生并发展(Cropanzano & Mitchell, 2005)。本研究借助心理契约履行描述员工与组织交换关系,而战略人力资源管理则是重要的组织交换行为。因此,战略人力资源管理对心理契约履行具有一定预测作用。

首先,战略人力资源管理被视为重要的组织交换行动。信号理论(Spence, 1973)认为,信息不对称时,拥有信息一方会采取某种行动发出信号,以减弱信息不对称带来的诸多困惑。信号的发送具有成本,并且不同主体发送同一个信号的成本具有差异,这也是决定信号是否有效的关键。根据信号理论,组织与员工在互动过程中,员工无法掌握关于组织交换行动的完备信息,员工与组织之间存在信息不对称,双方将战略人力资源管理作为行动信号。从组织角度来说,人力资源管理实践需要成本,不同企业在各个能力范畴内采用的人力资源管理不尽相同,这符合信号有效的充要条件,因此,组织通过人力资源管理向员工传递组织意图和行动,期望借助强调互惠原则以换取员工的积极行为,从而实现组织战略目标。从员工角度来说,员工期望掌握更多组织意图和交换行动,人力资源管理实践较容易感知与获得,是一个适宜的组织行动信号。总之,员工与组织双方都愿意将战略人力资源管理作为组织行动信号,通过它表达组织对员工的期望、组织责任与组织付出。

其次,作为组织交换行动信号,战略人力资源管理塑造了员工对于员工与组织间交换关系(如心理契约)的信念(Rousseau & Greller,

1994b)。心理契约伴随着员工与组织的互动过程而产生与发展,这一互动过程通常起始于招聘活动(Rousseau,1990),受到包括绩效考核、报酬、培训、职业发展和福利在内的一系列人力资源管理实践的影响(Rousseau & Greller,1994b;张楚筠、孙遇春,2010);人力资源管理实践能够创造积极的组织氛围从而影响员工感知心理契约履行(Suazo et al.,2009)。正如 Rousseau(1995)所述,人力资源管理实践通过塑造员工信念与日常行为而决定了心理契约,与企业战略保持一致的人力资源管理系统帮助组织给员工传达持续的信息,是心理契约的关键影响因素。郑雅琴、贾良定、尤树洋(2014)也认为心理契约履行本质上是员工对组织人力资源实践的认知过程。总之,战略人力资源管理会被员工作为组织意图与官方承诺(Tsui et al.,1997)的信号,这个信号有助于员工形成适当的心理契约,也能够让员工在持续的工作中考察心理契约的实际履行情况。

再次,战略人力资源管理对于不同类型心理契约履行的影响不尽相同。战略人力资源管理系统下组织为员工提供广泛而有效的培训、创建内部晋升机会、鼓励员工参与决策、提供稳定的雇佣保障、进行岗位描述并及时修改、重视人员甄选过程、根据客观结果评价员工绩效并关注长期绩效和团队绩效、根据绩效结果与公司利益为员工提供报酬。当员工认为组织承诺给予长期雇佣、持续培训与内部发展机会时,关系型心理契约与平衡型心理契约会得到提升(Rousseau,2000)。因此,战略人力资源管理增强员工对关系型心理契约履行与平衡型心理契约履行的感知。相反,如果员工认为组织只能保证短时间雇佣,并且仅能提供具体而有限的资源时,交易型心理契约会增强(Rousseau,2000),而战略人力资源管理暗示组织不仅关注短期收益,还关注员工的长期增长与发展,这说明,战略人力资源管理会降低员工对交易型心理契约履行的感知。

最后,实证研究也取得了类似结论。Katou 和 Budhwar(2012)利用在希腊服务行业取得的数据证实企业人力资源实践对心理契约履行具有显著的正向作用,并且心理契约履行在人力资源实践与组织绩效间起到中介作用。Scheel 等(2013)利用多层线性模型检验人力资源

第 3 章 战略人力资源管理对员工绩效影响的理论模型与假设

实践（包括绩效工资和培训）对固定员工和临时员工心理契约履行的影响，结果表明两类员工间的培训差异与心理契约履行存在显著的正向关系，而绩效工资差异与心理契约履行没有明确关系。Scholarios 等（2008）对英国中小企业信息通信技术供应商公司的经理进行访谈，研究结果证明雇佣能力管理实践对于心理契约具有积极影响。组织开展中等－高等参与度的职业生涯管理活动，能提供发展机会和专业化工作环境，提高雇员可雇佣能力，从而促进平衡型心理契约和关系型心理契约的建立与履行。Chien 和 Lin（2013）研究发现，基于培训与教育的发展型人力资源管理实践对关系型和平衡型心理契约具有显著的积极促进作用，对于交易型心理契约具有显著负向影响。Bal 等（2013）也证实，战略人力资源管理增强关系型心理契约，减弱交易型心理契约。Li 和 Yu（2017）研究证实战略人力资源管理正向影响关系型心理契约与平衡型心理契约，负向影响交易型心理契约。

综上所述，本研究提出如下假设。

H2：战略人力资源管理对心理契约履行具有跨层次影响。

H2－1：战略人力资源管理对关系型心理契约履行具有跨层次正向影响。

H2－2：战略人力资源管理对平衡型心理契约履行具有跨层次正向影响。

H2－3：战略人力资源管理对交易型心理契约履行具有跨层次负向影响。

3.5.3 心理契约履行在战略人力资源管理与员工绩效间的中介作用

社会交换理论认为，组织方面公平、有利的交易行动会产生交换关系，而交换关系能够进一步产生员工积极态度和高效行为，社会交换关系承担中介桥梁作用（Cropanzano & Mitchell，2005）。根据社会交换理论的这一观点，战略人力资源管理能够提升员工绩效的原因在于促进员工与组织进行了有益的社会交换，双方形成了社会交换关系。

一方面，战略人力资源管理有助于提高关系型心理契约履行与平衡型心理契约履行，并降低交易型心理契约履行（Chien & Lin，2013）；另一方面，感知到心理契约履行时，员工会根据交换关系类型和履行程度而调整自身绩效（Chien & Lin，2013；龙立荣等，2015；李洪英、于桂兰，2016；Li & Yu，2017）。总之，在社会交换理论的逻辑下，战略人力资源管理被员工视为企业付出的重要信号；心理契约履行是员工对信号的解码与理解，其实质反映了对员工与组织交换关系的感知；员工绩效代表员工的交换行动。因此，三者之间的作用机制正描述了组织交换行动、员工与组织交换关系、员工交换行动的社会交换过程。战略人力资源管理不仅会影响心理契约履行，更会通过心理契约履行影响员工绩效。

实证研究也得到了类似的结论。Stirling 等（2011）发现，管理实践（工作描述、支付保险、绩效评估、口碑招募、提供支持等）会影响心理契约的性质与状态，并进一步影响志愿者的稳定性与数量。Katou 和 Budhwar（2012）验证了心理契约履行（包括组织责任履行和员工责任履行）在高绩效人力资源实践与组织绩效间的中介作用，并强调：组织应该首先保证组织责任的履行，以确保员工更好地履行自身责任与承诺。Chien 和 Lin（2013）探讨了心理契约履行在发展型人力资源管理系统与员工角色行为（包括角色内行为与组织公民行为）之间的中介作用。研究发现：发展型人力资源管理系统通过关系型与平衡型心理契约履行增强员工利于组织的组织公民行为（OCBO）；发展型人力资源管理系统通过关系型心理契约履行增强员工利于他人的组织公民行为（OCBI）；而心理契约履行在发展型人力资源管理系统与角色内行为之间的中介作用没有得到支持。Bal 等（2013）也支持了关系型心理契约履行与交易型心理契约履行在发展型人力资源管理实践（层次2）和员工产出（层次1）之间的中介效应。张义明（2012）研究发现，招聘、培训、绩效考核等雇佣关系协调实践通过交易型心理契约履行、关系型心理契约履行与平衡型心理契约履行对员工工作绩效、工作满意度与情感承诺等雇佣关系质量产生一定影响。Li 和 Yu（2017）

研究了战略人力资源管理与员工组织公民行为的关系，研究发现二者显著正相关，并且心理契约履行的三种形式（关系型心理契约履行、交易型心理契约履行与平衡型心理契约履行）在二者之间发挥中介作用。

综上所述，本研究提出如下假设。

H3：心理契约履行在战略人力资源管理（SHRM）与员工绩效间起跨层次中介作用。

H3-1-1：关系型心理契约履行在SHRM与角色内绩效之间起跨层次中介作用。

H3-1-2：平衡型心理契约履行在SHRM与角色内绩效之间起跨层次中介作用。

H3-1-3：交易型心理契约履行在SHRM与角色内绩效之间起跨层次中介作用。

H3-2-1：关系型心理契约履行在SHRM与组织公民行为间起跨层次中介作用。

H3-2-2：平衡型心理契约履行在SHRM与组织公民行为间起跨层次中介作用。

H3-2-3：交易型心理契约履行在SHRM与组织公民行为间起跨层次中介作用。

3.5.4 上下级关系与战略人力资源管理的交互作用

心理契约和上下级关系（SSG）均以社会交换理论为基础，关注了工作场所中非常重要的两个关系：前者是员工与组织的关系，后者是员工与领导的关系。员工与组织的关系更有可能受到员工与领导关系的影响（韦慧民、龙立荣，2008）。上下级关系可能是心理契约理论的重要突破。领导者对员工心理契约形成与状态判断发挥重要的作用。具体来看，上下级关系对心理契约履行的影响表现为两个方面：上下级关系对心理契约履行的直接效应，以及上下级关系与战略人力资源管理对心理契约履行的交互效应。其中后者是本研究关注的重点。

首先，上下级关系对心理契约履行的直接效应。

根据信号理论，由于无法获得企业行动的完美信息，员工会将较容易获得的企业及代理人行为作为组织行动信号，如上所述战略人力资源管理便是重要信号，它是组织做出的正式的官方承诺（Tsui et al.，1997）。除此之外，员工也会将组织及代理人的其他行为作为信号，组织或组织代理人（HR 或主管）以任何形式实施的沟通行为都能够被员工感知为心理契约的承诺与责任（Rousseau，1995；Conway & Briner，2005）。员工对组织情境的知觉很大程度上来自上级领导，虽然员工眼中的组织代理人较多，但是管理者通常被下属员工视为关键的组织代理人，对员工心理契约履行的感知至关重要（Shore & Tetrick，1994；Rousseau，1995）。也有学者认为，心理契约中共性的、明确的、正式的交易条款通常由人力资源经理等组织代理人传达给员工，而那些特质的、模糊的关系条款则通常由直接领导通过持续不断的工作接触传达给员工（Guest，2004）。因此，上下级关系与战略人力资源管理同样都是员工可得的组织交换行动信号，与战略人力资源管理相比，上下级关系是一种非正式信号，代表的是员工与组织之间的非正式交换机制。

通常，高质量上下级关系能够提高心理契约履行（Shih & Lin，2012；Shih & Lin，2014；Li et al.，2014），因为高质量上下级关系意味着更多的资源分配、更多关怀与信任、更强烈的情感依赖。一方面，中国组织中的领导者会根据关系水平来区分下属（Cheng et al.，2002）。领导会与少部分下属建立起高水平关系，他们被看作圈内人，并获得更多的嵌入正式合法系统中的资源与利益，如晋升机会与报酬；与之相反，圈外人处于低质量关系中，这些员工只能享受符合规范的甚至较少的组织资源与组织支持（Law et al.，2000）。另一方面，高质量上下级关系意味着更强烈的信任与情感依赖。信任是员工对领导行为与意图的积极预期，是二元的、相互的，可以被看作一种心理状态，包括员工打算接受错误的可能性（Wong et al.，2003），情感联结也使得负面行为成为可原谅的错误（Kiong & Kee，1998）。因此，拥有高质量上下级关系的员工，对组织行为具有较高的理解与容忍，他们更有可能

第3章 战略人力资源管理对员工绩效影响的理论模型与假设

认为某项心理契约是被推迟,而不是被违背,或者心理契约违背行为并非本意,应该得到谅解(Shih & Lin, 2014)。

其次,上下级关系与战略人力资源管理对心理契约履行的交互效应。

战略人力资源管理是正式的、官方的企业交换行动信号,反映的是员工与组织间的正式交换机制;上下级关系是非正式的、私人的组织交换行动信号,反映的是员工与组织之间的非正式交换机制。作为组织意图与行动信号之一,上下级关系不但直接影响心理契约履行,还会与战略人力资源管理这个官方信号共同影响心理契约履行,即上下级关系与战略人力资源管理对心理契约履行会产生交互效应。这正是归因理论所讨论的内容。归因理论(Heider, 1958)认为员工试图解释企业及代理人的行为。上下级关系是员工归因过程中的一个重要人际互动机制,SSG质量影响下属对组织行为的判断:是支持和可信赖的,抑或是操纵和自私的(Lu et al., 2015)。一方面,SSG质量较好时,员工与上级的互动能够加强积极影响和关系纽带,从而形成对企业有利的归因,促使员工做出积极的信号解读:员工认为可以获得更多的资源分配,将战略人力资源管理视为企业持续的长期投入行为,员工对组织信任度更高,对组织的情感依赖更为强烈,对未来诱因抱有积极期待,促使战略人力资源管理产生更多的关系型心理契约履行、平衡型心理契约履行,并减弱交易型心理契约履行。另一方面,企业实施较高水平的战略人力资源管理能够提高员工从交换中可能获得的回报,并促进员工对组织与代理人的信任程度,从而强化上下级关系的积极归因,增强上下级关系与心理契约履行的联系。总之,上下级关系与战略人力资源管理共同对心理契约履行产生交互影响,但是关于二者交互作用的观点缺少直接的实证证据。本研究将上下级关系和战略人力资源管理同时纳入研究框架,考察二者对心理契约履行的交互影响,并通过数据分析提供实证检验。

综上所述,本研究提出如下假设。

H4:上下级关系与战略人力资源管理(SHRM)对心理契约履行具有跨层次交互作用。

H4-1：上下级关系与SHRM对关系型心理契约履行具有跨层次交互作用。

H4-2：上下级关系与SHRM对平衡型心理契约履行具有跨层次交互作用。

H4-3：上下级关系与SHRM对交易型心理契约履行具有跨层次交互作用。

3.5.5 心理契约履行与员工绩效

根据社会交换理论，员工与组织之间建立了交换关系，而交换关系能够进一步影响员工工作行为和工作态度（Cropanzano & Mitchell, 2005）。因此，作为员工与组织之间的交换关系，心理契约履行会影响员工绩效表现。在社会交换理论框架内，员工基于互惠和信任对不同类型心理契约履行做出应对性回报反应。一方面，心理契约通过强化互惠规范，使得明确或模糊的承诺履行时可以获得相应回报（Dabos & Rousseau, 2004），员工为组织做出贡献换取组织提供的诱因，员工试图保持贡献和诱因的平衡。另一方面，心理契约履行通过建立信任提升雇佣关系双方的合作（Malhotra & Murnighan, 2002），从而对员工绩效产生影响。除了包含对当前实际诱因的感知，心理契约还包含对未来诱因的期待，即员工对未来组织可能履行的责任及其履行程度的预期（Coyle-Shapiro & Kessler, 2002；林澜, 2012）。心理契约履行能够提高员工对组织的信任，使员工对未来诱因抱有更为积极的期待，从而使员工愿意采取事前主动的前瞻式回报，提供高水平员工绩效。

（1）心理契约履行对角色内绩效的影响

角色内绩效是员工掌握的重要交换资源，心理契约履行有助于提升角色内绩效。角色内绩效是指被正式报酬系统所认可的行为，属于岗位说明书所描述的要求范畴（Williams & Anderson, 1991）。根据Rousseau（2000）关于心理契约类型的界定，交易型心理契约的员工只会做出被奖赏的行为，由于角色内绩效被正式报酬系统所认可，所以交易型心理契约的员工会将角色内绩效作为回报焦点；关系型心理

第3章 战略人力资源管理对员工绩效影响的理论模型与假设

契约的员工是企业的好公民，他们会做出有益于企业的行为，而角色内绩效对企业有益，因此关系型心理契约履行也会提高角色内绩效；平衡型心理契约员工认为自己有责任完成被要求的、有助于提升企业竞争力的绩效目标，而角色内绩效便归属于这类绩效目标范畴，因此，平衡型心理契约履行也会提高角色内绩效。

以往实证研究也取得了类似结论。侯景亮（2011）、郝永敬与俞会新（2012）、Li 等（2014）、李洪英和于桂兰（2016）的研究均显示心理契约履行对员工角色内绩效存在显著正向影响。Maia 和 Bastos（2015）通过定量研究与定性研究相结合的方法，证实心理契约履行对组织承诺有正向影响，并通过组织承诺的四个阶段（学会爱、高度匹配、蜜月遗留、学会恨）对员工绩效产生不同影响。张宏（2014）区分了心理契约履行的三种形式，研究证实关系型心理契约履行、交易型心理契约履行和平衡型心理契约履行对员工工作绩效都具有显著的正向影响。龙立荣等（2015）研究发现，关系型心理契约正向影响员工角色内绩效；交易型心理契约对角色内绩效也具有正向影响，并且二者之间的关系受到绩效薪酬的调节，绩效薪酬强度越高，交易型心理契约对角色内绩效的正面效应越强。但是，张义明（2012）、Chien 和 Lin（2013）的研究中关系型心理契约履行、平衡型心理契约履行和交易型心理契约履行对角色内绩效的影响不显著。

（2）心理契约履行对组织公民行为的影响

不同形式的心理契约履行对组织公民行为的影响具有较大差异。组织公民行为不属于岗位角色的要求范畴，并且未得到组织正式报酬系统正式或直接的认可（Organ，1988）。因此，只有感受到包含尊重、承诺和支持的社会交换关系时，员工才会基于互惠原则选择将组织公民行为作为社会交换回报的手段（Chien & Lin，2013）。在平衡型心理契约履行或关系型心理契约履行之下，组织是可信赖的、有意愿维持长期关系、关注员工切身利益与未来发展（Rousseau，2000），此时员工更可能基于互惠原则做出利于组织绩效的公民行为作为回报。相反，具有交易型心理契约的员工认为组织只愿维持短期雇佣关系、仅承担财务义务、不关心员工未来发展，双方缺少信任，员工与组织只维持基本的经济交换（Rousseau，2000），那么员工将仅按照绩效要求提供被正式报酬系统认可的角色内绩效，而不会将组织公民行为作为回报手段，即交易型心理契约履行降低组织公民行为。

需要注意的是，关系型心理契约履行与平衡型心理契约履行对组织公民行为的影响程度存在差异，社会困境（Social Dilemma）观点可以解释这一差异。一些研究显示员工组织公民行为是有成本的，例如，组织公民行为较高的员工的角色负荷、工作压力、工作-家庭冲突问题更为明显（Bolino & Turnley，2005）；在给定期限内，将更多时间投入组织公民行为而不是角色内绩效上的员工，他们在薪酬与职业晋升方面的成就较低，而将主要时间放在角色内绩效上的员工则拥有更好的职业成就（Bergeron，2007）。这说明组织公民行为是有益于组织的，却不总是有益于员工的。因此，员工面临组织公民行为的社会困境：展现组织公民行为不能获得即刻的个人利益，却为组织长期福祉做出贡献（Joireman et al.，2006）。员工能否从组织公民行为中获得收益决定了社会困境的程度（Shih & Chen，2011）。平衡型心理契约不仅保证了契约的持续性，还提供了清晰具体的绩效与互惠系统，这使得员工可以像组织一样从组织公民行为中获得可能的回报，因此平衡型心理契约属于低水平困境。关系型心理契约保证了契约长期性，但是回报与绩效联结较为松散，组织公民行为不能确保得到补偿，组织公民行为主要有益于组织，因此，关系型心理契约属于中等程度的社会困境。员工感知困境的程度会影响他们做出组织公民行为的决策，社会困境越高，组织公民行为越低（Shih & Chen，2011）。因此，平衡型心理契约履行对组织公民行为的影响应该强于关系型心理契约履行的影响。

实证研究也较多探讨了不同形式心理契约履行与组织公民行为的关系。总体上看，心理契约履行与员工组织公民行为存在显著正向关系（Turnley et al.，2003；于桂兰等，2013；李洪英、于桂兰，2016）。Hui 等（2004a）、Shih 和 Chen（2011）、Chien 和 Lin（2013）、龙立荣等（2015）、Li 和 Yu（2017）等研究则区分了心理契约履行的类型，

第 3 章 战略人力资源管理对员工绩效影响的理论模型与假设

并检验其对组织公民行为的差异化影响。Hui 等（2004a）研究发现，关系型与平衡型心理契约履行通过工具性（instrumentality）正向影响组织公民行为，交易型心理契约履行直接对组织公民行为产生影响。Shih 和 Chen（2011）从社会困境视角分析了心理契约履行与组织公民行为之间的关系，研究发现，在不同形式心理契约履行状态下，员工组织公民行为发生变化，当平衡型心理契约得到履行时，员工组织公民水平最高。Chien 和 Lin（2013）研究发现，关系型心理契约履行对员工利于组织的组织公民行为（OCBO）和利于他人的组织公民行为（OCBI）的正向影响在 0.10 水平上显著；平衡型心理契约履行对员工利于组织的组织公民行为（OCBO）具有显著影响。龙立荣等（2015）研究显示，交易型心理契约对组织公民行为具有负面效应；关系型心理契约对组织公民行为呈现正向影响，并且上级支持感越强，关系型心理契约对组织公民行为的正向作用越大。Li 和 Yu（2017）证实了关系型和平衡型心理契约履行对组织公民行为的正向作用，也支持了交易型心理契约履行对组织公民行为的负向影响。

综上所述，本研究提出如下假设。

H5：心理契约履行对员工绩效具有影响。

H5-1-1：关系型心理契约履行对角色内绩效具有正向影响。

H5-1-2：平衡型心理契约履行对角色内绩效具有正向影响。

H5-1-3：交易型心理契约履行对角色内绩效具有正向影响。

H5-2-1：关系型心理契约履行对组织公民行为具有正向影响。

H5-2-2：平衡型心理契约履行对组织公民行为具有正向影响。

H5-2-3：交易型心理契约履行对组织公民行为具有负向影响。

3.5.6 传统性在心理契约履行与员工绩效间的调节作用

在社会交换过程中，员工主要基于互惠原则对心理契约履行做出反应，从而以员工绩效作为对组织的交换回报。互惠原则具有一定普适意义（Gouldner, 1960; Tsui & Wang, 2002），但仍然受到文化、价值观等情境因素的影响，人们接受互惠原则的程度并不相同（Cropanzano & Mitchell，2005），个体与文化层面的互惠差异被证明广泛存在（Shore & Coyle-Shapiro，2003；Westwood et al.，2004）。研究表明，传统性文化价值观会影响员工对互惠原则的理解与接受程度（Farh et al.，2007；Liu et al.，2012；Li & Yu，2017）。

传统性是指对传统社会中等级角色关系的认同程度，组织领域的传统性强调权威服从的程度（Farh et al.，1997）。尽管中国人文化价值观由于受到经济与社会变革的影响在不断发生变化，但是根植于传统社会的儒家思想仍然是中国人价值观的稳定基础，在中国社会依然是强大的（Hui et al.，2004b）。

传统性既可以作为个体层次变量，也可以作为组织层次变量（Farh et al.，2007）。不同个体对传统文化的接纳程度存在差异，但同一企业内的员工会表现出共享的传统性文化特征，例如有的企业整体上呈现高度遵从权威的高传统性文化特征，而有的企业整体上呈现平等、去权威化的低传统性文化特征。吸引-选择-损耗理论及组织社会化理论可以有效地解释企业内员工传统性价值观的共享特征。吸引-选择-损耗（Attraction-Selection-Attrition）理论认为，借由员工的自主选择和组织的筛选淘汰，那些与组织价值观相似的员工更容易被吸引、选择并留在企业，而与组织价值观相差较大的员工可能不会进入企业或退出企业，由此，同一企业内的员工会在价值观方面呈现趋同现象（Schneider，1987）。组织社会化（Organizational Socialization）是指员工认同组织的规范、文化并内化的持续过程（Vianen，2010）。在组织社会化过程中，员工会不断调整自身的态度、行为和价值观以适应组织的价值体系，因此员工的个人价值观会与组织价值观趋同。总之，同一企业内每个员工的传统性文化特征不是独立存在的，更多的是表现出企业内的共享性。因此，当研究对象包含企业主体时，将传统性作为组织层次文化变量更为适当，这一问题的探索也能为企业层次的文化与价值观管理提供一定启示。因此，本研究将传统性作为组织层次变量，关注的是企业层次的传统性文化。

组织层次传统性对心理契约履行与员工绩效关系的调节作用通过

第3章 战略人力资源管理对员工绩效影响的理论模型与假设

以下两种方式体现。第一,组织层次传统性会渗透到员工层次,从而影响员工对互惠原则的自主遵守程度。大多数情况下,传统性在企业内个体层次与组织层次上的趋势是一致的。组织层次传统性较高的企业内,员工普遍表现为高传统性个体。传统主义的中国人主要依据社会角色所要求的期望和责任指导自身行为,而较少考虑诱因与贡献的平衡关系(Farh et al.,2007)。因此,与低传统性员工相比较,高传统性员工的行为受互惠交换关系的影响较小,而受社会角色期待的影响较大。这说明,高传统性员工不十分在意交换资源的等价性,传统性提高了互惠的民俗信念属性而降低了互惠的规范属性。因此,传统性可能会影响心理契约履行与员工绩效的关系。第二,组织层次传统性文化会引发群体压力或领导压力,这些外界压力可能导致员工被迫做出一些互惠行为(DeZoort & Lord,1994)。当组织层次传统性较高时,组织领导者及大多数员工都推崇并遵守社会角色所赋予的责任与义务,而不十分计较交换付出与回报的平衡。对于那些数量不多的低传统性员工来说,由于感受到群体压力或者领导压力,他们可能出于功利性动机而被迫、非自愿地履行社会角色期待(张永军等,2010)。总之,在高传统性组织文化中,出于自愿或被动的原因,员工行为较少受到诱因与贡献平衡关系的影响,较少地出于等价互惠而提高工作绩效,因此,组织层次传统性会减弱心理契约履行与员工绩效的关系。

在实证研究方面,偶见的几篇研究文献证实传统性在心理契约履行与员工绩效间发挥一定调节作用:传统性能够减弱心理契约履行不佳与组织承诺、工作满意度、组织公民行为、工作绩效的消极关系(Chen et al.,2008;汪林、储小平,2008);对于低传统性员工,感知组织支持对组织情感承诺、工作绩效和组织公民行为的影响更为显著(Farh et al.,2007);传统性削弱了心理契约履行对组织公民行为的预测作用(Li & Yu,2017)。其中,只有Li和Yu(2017)的研究将传统性作为组织层次变量。传统性作为组织层次变量的调节作用尚缺少充足的实证证据,本研究将为此做出一定探索。

综上所述,本研究提出如下假设。

H6：传统性跨层次调节心理契约履行与员工绩效间的关系。

H6-1-1：传统性跨层次调节关系型心理契约履行与角色内绩效的关系，组织层次传统性弱化了关系型心理契约履行对角色内绩效的影响。

H6-1-2：传统性跨层次调节平衡型心理契约履行与角色内绩效的关系，组织层次传统性弱化了平衡型心理契约履行对角色内绩效的影响。

H6-1-3：传统性跨层次调节交易型心理契约履行与角色内绩效的关系，组织层次传统性弱化了交易型心理契约履行对角色内绩效的影响。

H6-2-1：传统性跨层次调节关系型心理契约履行与组织公民行为的关系，组织层次传统性弱化了关系型心理契约履行对组织公民行为的影响。

H6-2-2：传统性跨层次调节平衡型心理契约履行与组织公民行为的关系，组织层次传统性弱化了平衡型心理契约履行对组织公民行为的影响。

H6-2-3：传统性跨层次调节交易型心理契约履行与组织公民行为的关系，组织层次传统性弱化了交易型心理契约履行对组织公民行为的影响。

总体而言，本章完成了以下工作。首先，基于对现有文献的阅读与梳理，提出现有研究的不足所在：战略人力资源管理的实践项目和变量测量问题，战略人力资源管理对员工绩效的作用机制问题，心理契约履行的关注度与类型区辨问题，上下级关系的构念选择与研究角度问题，传统性调节作用的层次问题和研究方法问题。在此基础上提出研究初期框架。其次，通过对14位访谈对象的半结构化访谈，验证了初期框架的合理性，并进一步修正了研究模型。再次，从交换原则、交换资源和交换关系三个方面阐述了社会交换理论的内容，并论述了社会交换理论对本研究模型的适切性。最后，围绕研究模型和变量间关系提出了研究假设，共包含6个主假设、26个子假设。

第 4 章 实证研究设计与小样本预测

在第 3 章中,以文献述评和结构化访谈为基础,本研究依据社会交换理论确定了研究模型和研究假设。接下来,本章将详细介绍实证研究的设计,为后续数据调查与分析提供支撑。具体来看,本章首先为研究构念给出操作化定义并确定构念测量量表,然后说明调查问卷的设计思路和设计方法,最后借助小样本预测进一步确保调查问卷的有效性。

4.1 研究构念的操作化定义与测量工具

本研究全部使用已有量表对构念进行测量。沿用现有量表会存在三个方面的局限性:时间上的局限性、文化上的局限性和语言上的局限性(陈晓萍等,2012)。为了最大限度地保证测量量表的有效性,本研究做了如下工作。

第一,本研究所采用的量表皆是出自顶级期刊、在文献中占有显著地位、被反复使用、被证明具有较高信度与效度的量表。第二,对于具有较高文化情境特征的变量,如本研究中的组织公民行为、传统性、上下级关系,全部选择以华人为样本开发的量表。第三,使用外文量表的,通过双向翻译和小组讨论力求提高翻译的准确性。为了控制现有量表的语言局限性,减少语意差别和词汇外延对问卷有效性的影响,本研究中使用的构念量表原出处是英文文献的,一律采用双向翻译法,即直接翻译与回译结合(Brislin,1980)。在翻译过程中,首先请一位人力资源管理专业博士、副教授将原始量表译为中文,再请一位商务英语专业的副教授回译为英文，然后将原始英文量表、中文译文量表和回译英文量表呈现给一位人力资源管理方向的博士研究生，并组织集体讨论。参与讨论的人员包括以上3位译者、研究者本人、1位企业人力资源经理、1位人力资源管理专业的教授，重点讨论有歧义、有争议的部分，并最终确定中文题项。翻译和讨论中，研究者向他们说明翻译的目的和意义，肯定他们的帮助，所以翻译者和讨论者都很认真、负责，而不是应付了事（陈晓萍等，2012）。第四，根据陈晓萍等（2012）的建议，本研究选定量表之后尽量沿用量表中的所有题项，不做任意删改，以保证对变量进行全面准确的测量。第五，为了避免中国回答者普遍存在的中庸倾向（central tendency bias）（Hui et al., 2004a），本研究中问卷题项全部采用6点量表计分。

4.1.1 战略人力资源管理

本研究采用 Wright 和 Mc Mahan（1992）提出的综合导向战略人力资源管理概念，即战略人力资源管理（SHRM）是为了实现组织目标而进行的一系列有计划的人力资源管理配置和管理活动。这一概念强调两个方面：一是人力资源管理实践与组织战略管理流程的外部匹配；二是各种人力资源管理实践的内部匹配。

虽然战略人力资源管理具体的实践项目无法达成统一（Combs et al., 2006），但有一些核心的实践活动被学者们广泛认可并被多次纳入战略人力资源管理构成中，这些核心的实践活动包括员工招募与选拔、员工培训、工作分析与职位描述、激励性薪酬和福利、绩效管理和评估、晋升与内部流动、员工参与和沟通等（Posthuma et al., 2013）。在核心实践项目的覆盖性方面，Delery 和 Doty（1996）与 Sun 等（2007）的两个量表表现相当。其中，Delery 和 Doty（1996）的量表包含7个人力资源实践项目：内部晋升、雇佣保障、广泛培训、员工参与、工作分析、绩效考核、利润分享；Sun 等（2007）的量表包含8个人力资源实践项目：人员甄选、员工参与、内部流动、深度培训、职业安全、绩效考核、工作描述、激励回报。可见，两个量表都覆盖了主要核心实践活动，二者包含的实践项目基本相同,只是 Sun 等(2007)的量表多了人员甄选项目。考虑到心理契约受到员工招聘影响较大(Rousseau,1990),所以本研究选择使用 Sun 等(2007)开发的量表测量战略人力资源管理,原量表共 27 个题项(详见表 4-1)。该量表得到学者们的普遍认可和广泛使用,在华人情境中使用频率很高,各研究对该量表都汇报了较好的信度与效度,如姜泽许(2015)的研究中该量表各维度信度最低为 0.691,李燚和魏峰(2011)汇报量表各维度信度均超过 0.72。

表 4-1 战略人力资源管理测量量表

变量	编号	题项
内部流动	SHRM1	员工在公司内基本没有晋升的机会(R)
	SHRM2	员工在这个公司工作没有什么发展前途(R)
	SHRM3	公司内员工晋升以资历为基础(R)
	SHRM4	员工在公司内有清晰的职业发展路径
	SHRM5	员工在晋升中,公司可以有不止一个适合的职位来安排
职业安全	SHRM6	只要员工愿意,合格员工就可以留在公司工作
	SHRM7	公司向员工提供稳定的工作保障
深度培训	SHRM8	公司为员工提供了全面的培训
	SHRM9	公司的员工通常每隔一段时期就接受一次培训
	SHRM10	公司有正式的培训项目来教授新员工工作中需要的技能
	SHRM11	公司为员工提供正式的培训项目来为他们在公司内部的晋升创造条件
员工参与	SHRM12	管理人员经常邀请员工参与决策的制定
	SHRM13	在工作中,员工拥有一定的决定权
	SHRM14	员工有机会提出合理化建议
	SHRM15	管理人员与员工保持良好的沟通
工作描述	SHRM16	员工的工作职责有清晰的描述
	SHRM17	必要时公司会及时修订员工的岗位职责说明书
	SHRM18	员工的岗位职责说明书包括了需要员工承担的所有职责
绩效考核	SHRM19	员工业绩通常使用客观的、量化的结果来衡量
	SHRM20	员工绩效考核以客观的、量化的结果为基础
	SHRM21	员工绩效考核更强调长期绩效和团队绩效

续表

变量	编号	题项
激励回报	SHRM22	员工奖金的发放数额与公司效益紧密相关
	SHRM23	公司根据员工的绩效考核结果为其支付报酬
人员甄选	SHRM24	公司付出很大的努力去选择正确的人
	SHRM25	招聘时，公司很看重员工的长期潜力
	SHRM26	公司十分重视员工选拔过程
	SHRM27	公司在人员甄选中付出了大量的努力

在具体测量中，正式调研的战略人力资源管理量表由企业人力资源经理进行填写。组织层次构念可以分为三种类型：共享单位特性（shared unit properties）、总体单位特性（global unit properties）和形态单位特性（configural unit properties）。三种类型组织层次构念的数据处理方式不同（Klein et al., 2000；陈晓萍等，2012）。本研究关注的是组织层次实施的战略人力资源管理，这一构念取决于企业特性，而与员工的知觉、经验、态度无关，所以属于总体单位特性。总体单位特性的测量关键在于尽可能地向主题专家取得精确的信息（陈晓萍等，2012）。对于企业实施的战略人力资源管理实践来说，最恰当的主题专家就是企业人力资源管理负责人。虽然有学者质疑采用"单一反应组织测量"（Single Response Organizational Surveys，简称SROS）来测评组织层次变量SHRM的准确性（Gerhart et al., 2000），但Huselid和Becker（2000）提出了不同观点：SROS方法可以保证测量的信度与效度，并且多层次回归模型的运用，可避免单层次研究产生的系统误差。因此，本研究中战略人力资源管理的数据通过调查企业人力资源部门负责人（经理或总监）获得。这种测量方法也被其他实证研究广泛采用，例如Liao等（2009）、Chien和Lin（2013）、刘善仕等（2016）等。

人力资源管理实践的研究视角对其测量及检验具有决定作用：最佳实践视角下，一般探讨人力资源管理实践各个维度对结果变量的影响；而战略人力资源管理视角下，大多研究将人力资源管理实践作为一个系统，考察其整体水平的结果效应（李燚、魏峰，2011）。本研究关注的是战略人力资源管理,因此遵照 Sun 等(2007)的用法与建议,本研究采用维度均分来衡量企业战略人力资源管理。

4.1.2 心理契约履行

本研究立足员工视角,遵从 Rousseau 学派对心理契约内涵的界定。同时,本研究以社会交换理论为核心理论基础,强调员工与组织之间的社会交换关系与社会交换过程,所以采纳 Robinson(1996)对心理契约的概念界定,即心理契约是员工对自身与组织互惠交换关系的理解。心理契约履行则指心理契约内容中责任与承诺的履行情况,对感知责任与实际诱因的匹配情况的判断(Coyle-Shapiro & Conway,2005)。心理契约履行是对互惠关系实际履行情况的感知与判断。

依据持续时间(短期 vs 开放的)、绩效与奖励相关程度(高度相关 vs 低相关或不相关)两个维度,心理契约被划分为三种类型:关系型心理契约、平衡型心理契约与交易型心理契约(Rousseau,2000)。关系型心理契约强调长期的或开放性契约关系、不完整或者不明确的绩效要求,基于相互信任与忠诚建立关系,员工报酬与绩效表现连接松散,高员工参与,根据成员资格与参与程度决定员工报酬,员工通过提供高度忠诚取得企业的雇佣保障。在与组织的交换关系中,关系型心理契约更关注社会性资源的交换,超过对经济性资源的重视(Chien & Lin,2013)。交易型心理契约强调短期责任、固定的或明确的绩效要求、有限的员工参与,主要关注经济性资源交换,强调的是薪酬、福利等狭窄的财务义务,而不关注职业规划与发展、雇佣稳定等长期投资。平衡型心理契约是关系型心理契约与交易型心理契约的综合,以长期契约关系及随时间而变化的指定绩效要求为特征,不但能实现企业经济利益,也能满足员工个人职业发展需要,它强调动态、开放性关系,融合经济性资源交换与社会性资源交换。Hui 等(2004a)、Shih 和 Chen(2011)、Chien 和 Lin(2013)、张义明(2012)、张宏(2014)等研究均采用了三种类型的划分。

具体测量上,Rousseau(2000)提供了三种类型心理契约履行的测量量表（Psychological Contract Inventory，PCI），Hui 等（2004a）与 Shih 和 Chen（2011）在随后的研究中都使用了这一量表，并对量表题项进行了部分删减。Chien 和 Lin（2013）、张义明（2012）、张宏（2014）也使用了 Rousseau（2000）量表。在这些研究中，量表的信度和效度都较为理想。本研究借助 Shih 和 Chen（2011）对 PCI 问卷的修改，使用了包含 28 个题项的量表来测量关系型心理契约履行（8 个题项）、平衡型心理契约履行（14 个题项）与交易型心理契约履行（6 个题项），详见表 4 - 2。具体评价时采用"接收 - 承诺差距"表达心理契约履行程度，在"完全没有履行"到"完全履行"区间内取值。

表 4 - 2　心理契约履行测量量表

变量	编号	题项
交易型心理契约履行	PCFS1	跟我签订短期的劳动合同
	PCFS2	不保证继续我与公司的雇佣关系
	PCFS3	我与企业雇佣关系的时间是特定的或有限的
	PCFS4	只要求我完成劳动合同规定的工作职责
	PCFS5	仅根据我完成的特定工作职责而支付报酬
	PCFS6	不保证在未来继续雇用我
关系型心理契约履行	PCFR1	为我提供稳定的雇佣合同
	PCFR2	为我的家庭提供稳定的福利
	PCFR3	关心我的个人福利
	PCFR4	为了我们员工的利益，能够牺牲公司短期的利益
	PCFR5	提供令我满意的工资和福利待遇
	PCFR6	回应我们员工的意见和福利
	PCFR7	在做决策时会考虑我个人的意愿
	PCFR8	关心我们员工的长期福祉
平衡型心理契约履行	PCFB1	培训我的技能以增加我对企业的价值
	PCFB2	给我晋升的机会
	PCFB3	给我设定有难度和挑战性的绩效目标
	PCFB4	帮助我学习在公司以外同样适用的技能

续表

变量	编号	题项
平衡型心理契约履行	PCFB5	帮助我适应不断提高的同业标准
	PCFB6	支持我达到最高水平的绩效
	PCFB7	支持我达到不断提高的目标
	PCFB8	分配给我的工作能够增加我在外受聘的机会
	PCFB9	为我提供公司以外的潜在工作机会
	PCFB10	为我提供在公司内部发展的机会
	PCFB11	让我与外界接触，从而为我创造就业机会
	PCFB12	提高我在公司内部的曝光率和知名度
	PCFB13	提高我在公司外的曝光率
	PCFB14	让我在公司内晋升

4.1.3 员工绩效

整体来看，员工绩效二维结构在研究中应用较为广泛，以角色内绩效-角色外绩效（Katz & Kahn，1978）和任务绩效-情境绩效（Borman & Motowidlo，1993）为主流。任务绩效类似于角色内绩效概念，同时情境绩效近似于角色外绩效，而角色内绩效-角色外绩效的分类更为经典。另外，通过对几个主要角色外行为进行对比分析，Van Dyne 等（1995）指出组织公民行为是最具代表性的角色外行为，相关研究也较为成熟。因此，本研究通过角色内绩效和组织公民行为两个维度反映员工绩效。

（1）角色内绩效

根据 Williams 和 Anderson（1991）的观点，本研究将角色内绩效定义为"被正式报酬系统所认可的行为，属于岗位说明书所描述的要求范畴"。测量量表采用 Williams 和 Anderson（1991）开发的 7 题项量表，具体题项如表 4-3 所示，其中题项 6 和题项 7 反向计分。该量表被国内外学者广泛使用，并具有较理想的信效度。

表 4-3 角色内绩效测量量表

变量	编号	题项
角色内绩效	IRP1	我总是圆满地完成被分配的工作任务
	IRP2	我履行了岗位职责
	IRP3	我保质保量地完成了该做的工作
	IRP4	我的工作达到了绩效考核标准
	IRP5	我总是做好绩效考核范围内的那些工作
	IRP6	我忽略了本来应该完成的一部分工作（R）
	IRP7	我没能做好本职工作（R）

（2）组织公民行为

本研究采用 Organ（1988）对组织公民行为（OCB）的概念描述：OCB 是指未被组织正式报酬系统明确或直接地承认，但整体而言有益于组织运作绩效的各种员工自发性个体行为。

OCB 的维度与测量研究结果较为丰富（详见文献综述），由于 OCB 是具有明显文化情境特征的变量，西方关于 OCB 维度的研究未必适应中国情境，因此本书选取 Farh 等（2004）以大陆员工为对象开发的量表对 OCB 进行测量。原量表包括 33 个题项，划分为四个领域十个维度。为了控制问卷篇幅，本研究遵从 Farh 等（2007）的用法，采用包含三个维度（利他主义、建言行为和尽责意识）共 9 个题项的短型量表。这三个维度分别体现了利于他人绩效的组织公民行为、利于组织绩效的组织公民行为和利于工作绩效的组织公民行为（Coleman & Borman, 2012）。具体题项见表 4-4。依据李燕萍和涂乙冬（2012）的用法与建议，这 9 个题项能有效聚合为对组织公民行为的整体测量。

表 4-4 组织公民行为测量量表

变量	编号	题项
组织公民行为	OCB1	当同事忙不过来时，我会主动提供帮助
	OCB2	我会帮助新来的同事适应他的新工作环境
	OCB3	如果同事在工作上遇到问题，我很乐意提供帮助
	OCB4	积极地提供改善工作程序或工作进程的建议

续表

变量	编号	题项
组织公民行为	OCB5	主动提出对企业发展有利的合理化建议
	OCB6	即使干好干坏一个样,我依然会认真工作
	OCB7	即使不给额外报酬,我也愿意加班
	OCB8	如果有需要,我会主动加班把工作做完
	OCB9	我经常还没到上班时间就已经在单位开始工作了

4.1.4 上下级关系

本研究中,上下级关系(SSG)是指上下级双方为实现个人目标而建立的以工具目的为导向的人际关系(Law et al.,2000),并采用 Law 等(2000)开发的 6 题项量表对 SSG 进行测量,该量表是实证研究中使用频率最高的 SSG 量表,信效度较好(如于桂兰、付博,2015;李云、李锡元,2015),具体题项见表 4-5。

表 4-5 上下级关系测量量表

变量	编号	题项
上下级关系	SSG1	在假期或下班后,我会打电话给我的直线上司或者会拜访他/她
	SSG2	我的直线上司会邀请我到他/她家吃午餐或晚餐
	SSG3	在某些特殊的时候,如我的直线上司的生日,我一定会拜访他/她,并送礼物给他/她
	SSG4	我总是主动地与我的直线上司分享我的观点、问题、需要和感受
	SSG5	我关心并且能较好地理解我的直线上司的家庭和工作状况
	SSG6	当存在观点冲突的时候,我一定会支持我直线上司的观点

4.1.5 传统性

组织管理领域内,传统性强调对权威的服从,被界定为"人们对儒家社会伦理中传统等级角色关系的认同程度"(Farh et al.,2007)。构念测量采用 Farh 等(1997)提出的短型量表,具体题项见表 4-6。这一量表已经被成功地运用于以中国大陆(Hui et al.,2004b;Farh et al.,

2007；Liu et al., 2012)、台湾 (Farh et al., 1997) 和香港 (Farh et al., 1998a) 为样本的研究中。在这些研究中，量表的 α 系数普遍不高，分别为：0.74 (Hui et al., 2004b)、0.68 (Farh et al., 2007)、0.71 (Liu et al., 2012)、0.76 (Farh et al., 1997) 和 0.60 (Farh et al., 1998a)。这可能与传统性所覆盖的广泛权威领域有关。

表 4-6 传统性测量量表

变量	编号	题项
传统性	TR1	当人们发生争论时，他们应该请最有资历的前辈来判断对错
	TR2	孩子应该尊重那些他们父母所尊重的人
	TR3	避免错误的最好方法就是遵从有资历的前辈们的指示
	TR4	在结婚前，女性应当服从父亲；结婚后，应当服从丈夫
	TR5	管理者就像一家之主，员工应当服从其决策

在正式调研的具体测量中，先由员工填写传统性问卷，数据回收后检验数据聚合度，再将传统性从员工层次聚合到组织层次。根据 Klein 等 (2000)、陈晓萍等 (2012) 的划分，传统性属于共享单位特性 (shared unit properties) 的组织层次构念，即传统性源于组织内员工的态度、知觉、价值观与认知，在"吸引-选择-损耗"与组织社会化的作用下，最终形成组织层次的传统性构念。对于共享单位特性的测量，关键在于将相同组织内的个别员工的回答分数计算为平均分，以聚合为组织层次 (陈晓萍等, 2012)。同时，在以往的实证研究中，学者们也采用这种聚合方法测量组织层次传统性，如 Li 和 Yu (2017) 的研究采用这种向上聚合方法测量组织层次传统性。类似的，在与传统性相似构念权利距离的研究中，学者们也采用这种聚合方法测量群体层次权利距离 (Yang et al., 2004)。

4.1.6 控制变量

一些组织层次变量和个体层次变量可能会影响员工绩效水平。这些变量会对研究模型关系产生正向或负向的影响，因此有必要将其作为模型的控制变量。具体来看，本研究将员工性别、出生年份、文化程度、劳动关系类型与岗位职级作为个体层次的控制变量，同时将企业成立年限与企业类型作为组织层次的控制变量。其中，出生年份、企业成立年限为连续变量，性别、文化程度、劳动关系类型、岗位职级、企业类型为定类变量，将这些定类变量虚拟化，共形成11个虚拟变量，详细赋值情况见表4-7。

表4-7　控制变量赋值说明

连续变量		虚拟变量	
变量名称	变量赋值	变量名称	变量赋值
企业成立年限	5年以下=1 5~10年=2 11~20年=3 20年以上=4	岗位职级	以一般员工为参照组 R1：基层管理者=1，其他=0 R2：中层管理者=1，其他=0 R3：高层管理者=1，其他=0
出生年份	1990年及以后=1 1980~1989年=2 1970~1979年=3 1960~1969年=4 1959年及以前=5	文化程度	以高中及以下（含职高）为参照组 E1：专科=1，其他=0 E2：本科=1，其他=0 E3：研究生=1，其他=0
		劳动关系类型	以非正式员工为参照组 L：正式员工=1，非正式员工 （劳务派遣、实习等）=0
		性别	以女性为参照组 G：男性=1，女性=0
		企业类型	以国有企业为参照组 T1：民营企业=1，其他=0 T2：外资企业=1，其他=0 T3：合资企业=1，其他=0

4.2　问卷设计

确定研究构念的测量工具之后，接下来要完成问卷设计与编制，以支持后续的数据调研。考虑到同源偏差和社会赞许性是影响问卷测量质量的两个重要因素，本研究在问卷设计环节重点考虑对同源偏差和社会赞许性进行有效的事前控制与事后检验，从而最终完成问卷编辑。

4.2.1 同源偏差控制

同源偏差（Common Method Variance，CMV），是指由于测量方法（而非研究构念）所造成的系统误差，也称共同方法变异（Podsakoff et al.，2003）。当自变量、因变量、其他变量的数据都使用同样的数据来源、同样的测量环境、同样的项目语境时，CMV 便会产生，并显著降低研究结果的可信度（周浩、龙立荣，2004）。

CMV 在采用问卷法的研究中广泛存在，但 CMV 不是问卷法的天然缺陷（陈晓萍等，2012）。研究者可以通过事前程序控制与事后统计控制以降低甚至避免 CMV 的影响（周浩、龙立荣，2004）。程序控制是指在问卷设计与问卷调查过程中采取控制手段，例如隔离测量、保证测量匿名等；统计控制则是在问卷调查实施之后，利用统计方法进行检验，识别 CMV 程度。研究者应该首先考虑程序控制，以真正削弱 CMV 的影响，当受条件限制无法彻底通过事前程序控制消除 CMV 时，应该通过统计控制检测 CMV 对测量质量的干扰程度（Podsakoff et al.，2003；周浩、龙立荣，2004；彭台光等，2006）。本研究综合使用这两种方法，以最大限度避免 CMV 的干扰，具体做法如下。

①来源隔离法。根据彭台光等（2006）的观点，隔离法是避免 CMV 的最佳方法，其中学者最常使用的是来源隔离法，即研究者将研究变量资料区分成不同的收集来源（如员工、主管、同事、顾客等），回收之后依据研究问题配对成一份完整的问卷。本研究中，战略人力资源管理由企业人力资源经理汇报，员工本人汇报心理契约履行、上下级关系、传统性、员工绩效。

②分析单位隔离法。升高分析单位（escalating unit of analysis）不但能有效避免 CMV 的存在，还能以多层次的角度探讨组织现象，所以分析单位隔离法是非常值得鼓励的 CMV 处理方式（彭台光等，2006）。具体做法是：来自同源的个体层次数据资料，其中部分题项的数据被向上汇总（aggregate）成为团队或组织层次的数据资料，从而转化成高一层次的分析。例如，Kark 等（2003）将员工知觉的领导行为转换

成部门层次变量，进一步探讨其对员工依赖性和授权的影响，同源收集的数据经过局部转换形成了一个跨层次研究；徐振亭和罗瑾琏（2016）将员工汇报的创造力支持氛围与自我牺牲型领导聚合为团队层次构念，并开展后续跨层次研究。本研究中，员工填写传统性量表，收集数据后再汇总成为组织层次变量，并分析传统性对心理契约履行与员工绩效间关系的跨层次调节作用。

③问卷编排设计法。问卷编排设计法是指从测量工具的设计和问卷内容的编排方面着手，全力避免对填答者心理造成干扰，包括题项意义隐匿、题项随机配置、题项文字组织和反向题项设计等具体方法（彭台光等，2006）。本研究综合使用题项意义隐匿法、题项随机配置法和反向题项设计法，将全部题项随机排列，并尽量保留原始量表中的反向题项。

④第三因子测试法。考虑到社会赞许性通常是同源偏差的重要来源，本研究事先将社会赞许性量表（吴齐殷，1996）加入员工问卷，根据各研究构念与社会赞许性相关系数对同源偏差进行初步判断。

⑤潜因子测试法。为了更为严谨地考察同源偏差程度，本研究利用社会赞许性作为新的潜因子，通过已测潜因子测试法对同源偏差进行统计控制，详见第 5 章同源偏差检验的内容。

4.2.2 社会赞许性控制

社会赞许性（social desirability）是指人们在填答问卷或量表时，出于保护自己免于批评或者赢得他人赞许的目的，被调查者可能隐藏真实态度与意见，而依据他人期望和偏好做出反应（吴齐殷，1996）。每个社会都有被公众认可的道德标准和行为准则，每一个人或多或少会有取悦他人的动机和行为（陈晓萍等，2012），因此社会赞许性成为影响测量有效性的另一重要因素。本研究中涉及员工对自己所处上下级关系、自身工作绩效以及传统性的评价，这些都可能引致社会赞许性误差。研究者的任务就是力求问卷调查的参与者提供真实的答案，所以本研究也尽量对社会赞许性的影响进行控制。

与同源偏差的控制手段类似,对社会赞许性的控制也通过事前程序控制和事后统计控制完成。程序控制方面,隐匿题项意义、随机配置题项、反向题项、6点量表有助于降低被试的社会赞许倾向。统计控制方面,本研究将社会赞许性量表加入调研问卷,并检验社会赞许性与研究构念的相关系数,以此对社会赞许偏差进行评定。

在社会赞许性的测量方面,本研究依据吴齐殷(1996)对马洛-克罗恩社会赞许性量表的修订,采用修订后的7题项量表,具体题项见表4-8。陈明(2013)、李洪英和于桂兰(2016)等研究采用这一量表检验问卷社会赞许偏差,并汇报了较高的信效度。

表4-8 社会赞许性测量题项

编号	题项
ZX1	和任何人谈话时,我都是一个很好的听众
ZX2	我从来不想伤害别人
ZX3	我曾经装病以逃避某些事情(R)
ZX4	我会勇于承认我所不知道的事情
ZX5	我总是愿意承认自己所犯的错误
ZX6	只要有机会,我就会占别人便宜(R)
ZX7	我习惯以牙还牙,而非宽恕他人(R)

4.2.3 问卷编排

根据研究构念的测量工具及测量方式,本研究正式调研将包含两个问卷:一是人力资源经理问卷,包括战略人力资源管理量表与企业基本信息两个内容,由企业人力资源负责人填写;二是员工问卷,包括心理契约履行、传统性、上下级关系、组织公民行为、角色内绩效量表及员工基本信息,由企业内员工填写。为了尽可能减少同源偏差和社会赞许偏差,本研究在问卷编排方面尽可能考虑进行事前程序控制,主要控制措施如下。

①隐匿题项意义。在问卷调查中,很多学者倾向于向填答者详细告知并解释问卷对应的研究内容、研究构念名称及内涵,这种做法维

护了填答者的知情权,但很容易造成随后的同源偏差。为降低同源偏差,本研究使用题项意义隐匿法,不明确交代研究题目、研究内容,除对心理契约构念加以解释外,其他构念的名称和内涵均不做详细介绍。

②随机配置题项。部分研究在设计问卷时将测量同一构念的题项放在一起,这样有助于研究者整理数据;同时也有研究认为应该将测量题项混合并随机排列,或者将题项先区分为自变量题项、因变量题项,然后在各类内随机排列。虽然并没有直接实证证据表明随机排列题项可以有效降低同源偏差(Podsakoff et al., 2003),但是彭台光等(2006)认为该方法仍然值得考虑并使用。因此,除填答者基本信息、心理契约履行外,本研究将角色内绩效、组织公民行为、传统性、上下级关系和社会赞许性的全部题项混在一起,然后随机抽取并进行排列。

③使用反向题项。彭台光等(2006)提出使用反向题项(reversed items)是一个很好的问卷设计策略,因为反向题项能够降低问卷填答者回答问题的随意性和一致性动机,从而提高测量质量。因此,本研究在确定测量工具时,对各构念原始量表的反向题项全部保留。

④为了避免中国填答者普遍存在的中庸倾向(central tendency bias)(Hui et al., 2004a),本研究中问卷题项全部采用6点量表计分。

⑤员工在填写与自身绩效或表现相关的问卷时较容易受到社会赞许性的影响,所以本研究在员工问卷中加入社会赞许性量表,以进行后续的社会赞许偏差检验。

4.3 小样本预测与数据分析

在正式调研前,本研究进行了小样本预调研以确保调查问卷的有效性。预调研问卷包含了除社会赞许性之外其余所有本研究涉及的变量,以长春市某大学MBA学员,某汽车电子有限公司研发、生产与质量管理员工为调查对象(这些样本没有纳入正式调研样本中),全部采用自陈量表问卷方式,由调研人员采取现场问卷发放、现场指导与解答、现场回收的方式收集问卷。自 2016 年 3 月 3 日至 3 月 29 日，完成预调研问卷收集，总计发放问卷 250 份，回收 232 份，其中有效问卷 205 份，问卷有效率是 88.4%。

本研究对预调研数据进行以下三个方面的统计分析。首先，对预调研样本进行人口特征的描述性统计分析。其次，对本研究的各个构念进行信度检验，依据 CITC 和"项已删除的 α 值"两个指标对测量题项进行净化。最后，检验战略人力资源管理的效度。一方面，在正式调研中，战略人力资源管理作为组织层次变量由人力资源经理填答问卷，受到研究精力和研究成本的限制，样本数量无法支持有效的效度分析。另一方面，战略人力资源管理通常有两种测量方式，一种方式是直接由企业人力资源经理汇报，单一问卷结果即代表了企业战略人力资源管理情况；另一种方式是由多个企业员工填答，然后将员工数据聚合成企业层次战略人力资源管理（Liao et al., 2009）。可见，人力资源经理和员工都是可接受的问卷填答主体，填答主体本身并不影响问卷测量效度。因此，利用预调研中员工填答数据检验战略人力资源管理问卷效度是可接受的。孙瑜（2015）的研究也采用了同样的处理方式。

4.3.1 预测试样本特征

本研究以性别、婚姻状况、出生年份、受教育程度、岗位职级、本单位工作年限、企业性质、劳动关系类型作为统计变量，对预测样本做描述性统计，详见表 4-9。

表 4-9 预测试样本的基本特征

单位：人，%

统计变量	变量取值	人数	百分比	总数
性别	男	102	49.8	205
	女	103	50.2	
婚姻状况	已婚	151	73.7	205
	未婚	54	26.3	

第4章 实证研究设计与小样本预测

续表

统计变量	变量取值	人数	百分比	总数
年龄 （出生年份）	1990年及以后	29	14.1	205
	1980~1989年	142	69.3	
	1970~1979年	32	15.6	
	1960~1969年	2	1.0	
	1959年及以前	0	0	
受教育程度	高中及以下（含职高）	2	1.0	205
	大专	7	3.4	
	本科	110	53.7	
	硕士	71	34.6	
	博士（含）以上	15	7.3	
岗位职级	一般员工	129	62.9	205
	基层管理者	54	26.3	
	中层管理者	20	9.8	
	高层管理者	2	1.0	
劳动关系类型	非正式员工（劳务派遣等）	14	6.8	205
	正式员工	191	93.2	
本单位 工作年限	1（含）~3年	54	26.3	205
	3（含）~5年	33	16.1	
	5（含）~10年	88	42.9	
	10（含）~20年	26	12.7	
	20年（含）以上	4	2.0	
企业性质	国有企业	57	27.8	205
	合资企业	31	15.1	
	民营企业	36	17.6	
	外资企业	81	39.5	

预测样本分析结果表明，性别方面，女性为50.2%，男性为49.8%，性别比例相近；婚姻状况方面，73.7%的样本为已婚，未婚较少，占26.3%；年龄方面，1980~1989年出生的最多，占69.3%，此外1990年及以后出生的占14.1%，1970~1979年出生的为15.6%，另有1.0%出生于

1960～1969 年；受教育程度方面，高中及以下（含职高）为 1.0%，大专为 3.4%，本科为 53.7%，硕士为 34.6%，博士（含）以上为 7.3%，本科和硕士占样本绝大多数；岗位职级方面，一般员工为 62.9%，基层管理者为 26.3%，中层管理者为 9.8%，高层管理者为 1.0%；本单位工作年限方面，5（含）~10 年的最多（42.9%），其次是工作 1（含）~3 年的（26.3%），20 年（含）以上的样本最少（2.0%），3（含）~5 年、10（含）~20 年的样本数量相差不大；企业性质方面，由于参与调研的某汽车电子有限公司为外资企业，所以预调研样本整体上也表现为外资企业员工最多（39.5%），其次是国有企业员工（27.8%），合资企业和民营企业员工数量相当；在劳动关系类型上，绝大多数是企业的正式员工（93.2%），仅有 6.8% 的员工属于非正式员工（劳务派遣等）。综上所述，小样本预测的人口统计特征未见异常分布，后续信度与效度分析结果可信。

4.3.2　预测试样本信度与题项净化

信度是指测验或量表工具所测结果的稳定性（stability）及一致性（consistency）程度，量表信度越大，测量的标准误越小（吴明隆，2010）。最常使用的信度系数是 Cronbach's α 系数，α 值越大，内部一致性程度越高，量表信度越高。若 α 值低于 0.35 说明信度很低，大于等于 0.5 表示尚可接受，大于 0.7 则说明信度较高（Nunnally，1978，转自吴明隆，2010）。同时，吴明隆（2010）也指出，变量维度层面 α 系数要在 0.50 以上，最好高于 0.60；整体量表最低 α 系数为 0.70，高于 0.80 为佳。

本研究根据以下两个指标完成题项净化："校正的项总计相关性"（Corrected Item-Total Correlation，简称 CITC）和"项已删除的 α 值"（Cronbach's Alpha if Item Deleted）。"项已删除的 α 值"表示的是删除某个题项后，其余题项构成的量表的 α 系数；CITC 是指在同一构念下，每一题项与其他所有题项之和的相关系数。根据卢纹岱（2002）的标准，如果题项 CITC 值小于 0.3，并且"项已删除的 α 值"明显高于量表 α 系数，则应删除该题项。预测样本的 Cronbach's α 系数、CITC 值及"项已删除的 α 值"等信度分析具体结果见表 4－10 至表 4－13。

第4章 实证研究设计与小样本预测

表 4-10 上下级关系与传统性的信度分析

变量	题项编号	CITC	项已删除的 α 值	量表 α 系数
上下级关系	SSG1	0.425	0.699	0.726
	SSG2	0.557	0.656	
	SSG3	0.456	0.689	
	SSG4	0.497	0.678	
	SSG5	0.509	0.674	
	SSG6	0.320	0.723	
传统性	TR1	0.508	0.659	0.719
	TR2	0.443	0.686	
	TR3	0.582	0.633	
	TR4	0.373	0.715	
	TR5	0.499	0.663	

表 4-11 战略人力资源管理的信度分析

维度	题项编号	CITC	项已删除的 α 值	维度 α 系数	量表 α 系数
内部流动	SHRM1	0.660	0.519	$\alpha_1 = 0.677$ $\alpha_2 = 0.829$	$\alpha_1 = 0.931$ $\alpha_2 = 0.939$
	SHRM2	0.690	0.499		
	SHRM3	-0.044	0.829		
	SHRM4	0.431	0.627		
	SHRM5	0.598	0.552		
职业安全	SHRM6	0.651	—	0.789	
	SHRM7	0.651	—		
深度培训	SHRM8	0.719	0.783	0.843	
	SHRM9	0.699	0.792		
	SHRM10	0.628	0.823		
	SHRM11	0.671	0.805		
员工参与	SHRM12	0.661	0.815	0.846	
	SHRM13	0.691	0.800		
	SHRM14	0.718	0.789		
	SHRM15	0.661	0.813		

续表

维度	题项编号	CITC	项已删除的 α 值	维度 α 系数	量表 α 系数
工作描述	SHRM16	0.733	0.715	0.828	$\alpha_1 = 0.931$ $\alpha_2 = 0.939$
	SHRM17	0.649	0.804		
	SHRM18	0.681	0.768		
绩效考核	SHRM19	0.759	0.887	0.898	
	SHRM20	0.820	0.838		
	SHRM21	0.822	0.835		
激励回报	SHRM22	0.827	—	0.904	
	SHRM23	0.827	—		
人员甄选	SHRM24	0.758	0.862	0.892	
	SHRM25	0.707	0.882		
	SHRM26	0.794	0.851		
	SHRM27	0.794	0.848		

表 4-12 心理契约履行的信度分析

变量	题项编号	CITC	项已删除的 α 值	变量 α 系数
平衡型心理契约履行	PCFB1	0.770	0.947	0.952
	PCFB2	0.783	0.947	
	PCFB3	0.654	0.951	
	PCFB4	0.779	0.947	
	PCFB5	0.807	0.946	
	PCFB6	0.788	0.947	
	PCFB7	0.800	0.947	
	PCFB8	0.696	0.949	
	PCFB9	0.804	0.947	
	PCFB10	0.685	0.950	
	PCFB11	0.766	0.948	
	PCFB12	0.720	0.949	
	PCFB13	0.777	0.947	
	PCFB14	0.770	0.947	

续表

变量	题项编号	CITC	项已删除的α值	变量α系数
交易型心理契约履行	PCFS1	0.551	0.758	0.792
	PCFS2	0.633	0.738	
	PCFS3	0.632	0.738	
	PCFS4	0.494	0.772	
	PCFS5	0.481	0.774	
	PCFS6	0.474	0.777	
关系型心理契约履行	PCFR1	0.353	0.887	0.873
	PCFR2	0.618	0.859	
	PCFR3	0.780	0.841	
	PCFR4	0.544	0.867	
	PCFR5	0.633	0.857	
	PCFR6	0.766	0.843	
	PCFR7	0.711	0.849	
	PCFR8	0.679	0.852	

表4–13 员工绩效的信度分析

变量	题项编号	CITC	项已删除的α值	量表α系数
角色内绩效	IRP1	0.611	0.718	$\alpha_1 = 0.771$ $\alpha_2 = 0.825$
	IRP2	0.626	0.716	
	IRP3	0.682	0.707	
	IRP4	0.625	0.715	
	IRP5	0.534	0.734	
	IRP6	0.057	0.825	
	IRP7	0.409	0.762	
组织公民行为	OCB1	0.679	0.797	0.830
	OCB2	0.561	0.811	
	OCB3	0.627	0.803	
	OCB4	0.626	0.803	
	OCB5	0.609	0.805	
	OCB6	0.487	0.819	

续表

变量	题项编号	CITC	项已删除的α值	量表α系数
组织公民行为	OCB7	0.352	0.837	0.830
	OCB8	0.616	0.804	
	OCB9	0.344	0.836	

根据表4-11，战略人力资源管理量表内部流动维度的题项"公司内员工晋升以资历为基础"（SHRM3）的CITC系数为-0.044，没有达到阈值0.3（卢纹岱，2002），并且删除该题项后，内部流动维度的α值从0.677上升到0.829，信度水平明显提高，因此应将此题项予以删除。根据表4-13，角色内绩效第6个题项"我忽略了本来应该完成的一部分工作"CITC系数为0.057，远低于标准值0.3，并且项已删除的α值为0.825，高于原量表信度0.771，该题项为反向题项，删除后量表内仍有题项7"我没能做好本职工作"作为反向题项，因此题项6应删除。组织公民行为题项7和题项9的项已删除的α值（0.837与0.836）略高于量表α系数0.830，但是其CITC值（0.352与0.344）都大于标准值0.3，所以这两个题项予以保留。表4-12显示，关系型心理契约履行的第1个题项"为我提供稳定的雇佣合同"（PCFR1）项已删除的α值为0.887，大于变量α系数0.873，但CITC值0.353大于标准值0.3，所以该题项保留。

经过如上所述题项净化之后，战略人力资源管理各维度及整体α值最低为0.789，同时研究中的上下级关系、传统性、平衡型心理契约履行、关系型心理契约履行、交易型心理契约履行、角色内绩效、组织公民行为等量表信度均高于0.70，这表明本研究选取的测量工具具有良好的信度，可用于大样本调研。

4.3.3 战略人力资源管理的效度分析

一般情况下，预调研的主要目的是借助信度分析完成题项净化，以提高量表测量质量。除了达成这一主要目标，本研究中预调研数据

第4章 实证研究设计与小样本预测

还将用于检验战略人力资源管理的效度。这一做法的主要原因如下。基于本研究理论框架，战略人力资源管理为组织层次变量，由企业人力资源经理在正式调研中填答相应题项。一方面，受到研究精力和研究成本的限制，正式调研中战略人力资源管理样本量恐难以达到因子分析的最低标准，不能支持有效的效度检验。另一方面，战略人力资源管理通常有两种测量方式，一种方式是直接由企业人力资源经理汇报，单一问卷结果即代表了企业战略人力资源管理情况；另一种方式是由多个企业员工填答，然后将员工数据聚合成企业层次战略人力资源管理（Liao et al., 2009）。可见，人力资源经理和员工都是可接受的问卷填答主体，填答主体本身并不影响问卷测量效度。因此，利用预调研中员工填答数据检验战略人力资源管理问卷效度是可以接受的。孙瑜（2015）的研究也采用了同样的处理方式。所以，此处借助预调研数据预先对战略人力资源管理的效度进行分析讨论。

效度是指量表能够真的度量对应构念的程度，即该量表确实在测量想测量的构念（罗胜强、姜嬿，2014）。本研究使用探索性因子分析验证战略人力资源管理量表的效度。吴明隆（2010）综合各学者观点提出因子分析样本量标准：样本数最好为量表题项数的 5 倍，如果达到 10 倍则结果更为稳定；样本总数最好在 150 个以上。其中量表的题项数非问卷的总题数，而是问卷中包含题项数最多的一份量表的题项数。本研究中战略人力资源管理量表共 26 个题项，预调研有效样本数为 205 个，样本数约达到量表题项数的 8 倍，所以预调研样本量满足效度分析的样本数量标准。

进行探索性因子分析，首先要进行 KMO 值判定及 Bartlett 球形检验以判定因子分析是否适合。通常的判断标准如下：KMO 值大于 0.6 时勉强可进行因子分析，大于 0.7 表示"尚可"，大于 0.8 为"适合"，大于 0.9 则是"极适合"（Kaiser，1974）。表 4-14 显示了本研究中战略人力资源管理的相关检验结果，KMO 值为 0.912，Bartlett 球形检验在 0.001 水平上显著，这说明适合进行因子分析。

表 4-14　KMO 和 Bartlett 的检验

取样足够的 Kaiser-Meyer-Olkin 度量		0.912
Bartlett 球形度检验	近似卡方	3396.236
	df	325
	Sig.	0.000

利用主成分分析和方差最大正交旋转法提取的因子结构如表 4-15 所示，碎石图见图 4-1。共提取了 8 个因子：人员甄选、内部流动、深度培训、绩效考核、员工参与、工作描述、激励回报以及职业安全。特征值全部大于 1，累计解释方差 77.003%。各题项因子载荷全部大于 0.5（最低 0.553，最高 0.907），题项共同性全部高于 0.6。因子分析结果表明，本研究中战略人力资源管理量表具有良好效度。

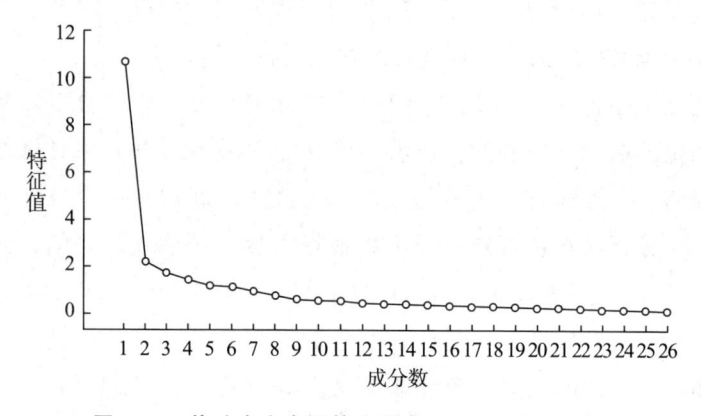

图 4-1　战略人力资源管理量表因子分析的碎石图

表 4-15　战略人力资源管理量表的因子分析结果

题项	成分								萃取共同性
	人员甄选	内部流动	深度培训	绩效考核	员工参与	工作描述	激励回报	职业安全	
SHRM27	0.778	0.197	0.170	0.141	0.177	0.260	0.064	0.112	0.808
SHRM26	0.775	0.183	0.258	0.154	0.138	0.177	0.039	0.171	0.805
SHRM25	0.766	0.113	0.211	0.123	0.109	-0.035	0.136	0.191	0.728
SHRM24	0.752	0.136	0.085	0.261	0.237	0.088	0.217	0.069	0.775
SHRM1	0.059	0.867	0.027	0.025	0.025	0.029	-0.047	0.039	0.762

续表

题项	成分								萃取共同性
	人员甄选	内部流动	深度培训	绩效考核	员工参与	工作描述	激励回报	职业安全	
SHRM2	0.114	0.818	0.091	0.090	0.155	0.073	0.114	0.087	0.749
SHRM5	0.201	0.783	0.020	-0.005	0.114	0.221	0.044	-0.129	0.735
SHRM4	0.222	0.601	0.153	0.309	0.234	-0.082	0.126	0.189	0.643
SHRM9	0.167	0.051	0.784	0.103	0.198	0.236	0.070	0.040	0.758
SHRM8	0.173	0.101	0.701	0.261	0.201	0.191	0.072	0.212	0.727
SHRM11	0.383	-0.005	0.653	0.090	0.297	0.186	0.089	0.085	0.720
SHRM10	0.184	0.189	0.603	0.368	0.010	0.199	0.219	0.165	0.684
SHRM19	0.137	0.008	0.124	0.824	0.197	0.216	0.097	0.082	0.815
SHRM20	0.207	0.148	0.246	0.778	0.191	0.166	0.081	0.217	0.848
SHRM21	0.332	0.147	0.234	0.748	0.205	0.177	0.118	0.097	0.843
SHRM12	0.258	0.164	0.166	0.197	0.760	0.188	-0.025	0.041	0.774
SHRM13	0.151	0.117	0.388	0.219	0.631	0.123	0.280	0.044	0.729
SHRM14	0.173	0.260	0.256	0.215	0.618	0.108	0.336	0.141	0.735
SHRM15	0.431	0.223	0.134	0.231	0.553	0.151	0.104	0.168	0.674
SHRM17	0.177	0.169	0.197	0.089	0.057	0.779	0.188	0.140	0.772
SHRM16	0.104	0.068	0.288	0.307	0.212	0.719	0.073	0.118	0.773
SHRM18	0.148	0.064	0.323	0.327	0.237	0.634	0.165	0.077	0.728
SHRM22	0.112	0.053	0.132	0.114	0.080	0.145	0.907	0.013	0.896
SHRM23	0.171	0.062	0.091	0.088	0.159	0.125	0.896	0.007	0.893
SHRM6	0.197	-0.031	0.079	0.107	0.077	0.099	-0.021	0.876	0.841
SHRM7	0.177	0.120	0.190	0.171	0.087	0.135	0.052	0.815	0.804
特征值	3.356	2.810	2.764	2.754	2.308	2.118	2.100	1.811	
方差（%）	12.907	10.807	10.630	10.591	8.879	8.148	8.076	6.966	
累计（%）	12.907	23.714	34.344	44.935	53.814	61.962	70.037	77.003	

注：提取方法为主成分分析。

旋转法：具有 Kaiser 标准化的正交旋转法。

a. 旋转在 6 次迭代后收敛。

总体来看，本章完成了以下工作。

首先，给研究构念做出了操作化定义，并选择了适当的测量量表。

具体来看,使用 Sun 等(2007)发展的包含 8 个人力资源实践项目共 27 个题项的量表测量战略人力资源管理;借助 Shih 和 Chen(2011)对 Rousseau(2000)问卷的修改,使用了包含 28 个题项的量表来测量关系型心理契约履行(8 个题项)、平衡型心理契约履行(14 个题项)与交易型心理契约履行(6 个题项);本研究通过角色内绩效和组织公民行为两个维度来反映员工绩效,并分别使用 Williams 和 Anderson(1991)开发的 7 题项角色内绩效量表和 Farh 等(2007)使用的 9 题项 OCB 量表;采用 Law 等(2000)开发的 6 题项量表对上下级关系进行测量;传统性构念测量采用 Farh 等(1997)提出的 5 题项量表;此外,确定了研究的控制变量,并将定类变量虚拟化形成 11 个虚拟变量。

其次,完成问卷设计与编排。问卷设计时重点考虑了可能存在的同源偏差及社会赞许倾向。本研究中,同源偏差主要通过来源隔离法、分析单位隔离法、问卷编排设计法、第三因子测试法和潜因子测试法五种方法进行综合控制;本研究将社会赞许性量表(吴齐殷,1996)加入员工问卷以完成对社会赞许偏差的统计检验。此外,在具体的问卷编排中,通过隐匿题项意义、随机配置题项、使用反向题项、使用 6 点量表计分等方法进一步减少测量偏差。

最后,介绍了小样本预测过程与数据分析。本研究依据 CITC 值和"项已删除的 α 值"两个指标对测量题项进行净化,共删除 2 个测量质量较低的题项,净化后最终量表 α 值均高于 0.70,这表明净化后的量表信度良好、可靠性较高,可据此展开大样本调查。同时,考虑到正式调研中人力资源经理汇报的战略人力资源管理样本量恐难以支持有效的效度检验,并且人力资源经理和员工都是可接受的问卷填答主体,填答主体本身并不影响问卷效度,因此本研究借助小样本数据分析了战略人力资源管理的效度。利用主成分分析和方差最大正交旋转法提取的 8 个因子与预设相符,累计解释方差变异 77.003%。题项因子载荷全部大于 0.5,题项共同性全部高于 0.6。这表示本研究中战略人力资源管理量表具有良好效度。

第5章　大样本调查、数据分析与讨论

本章主要介绍正式调研，并开展数据分析，验证假设。第一，描述正式调研过程和样本特征；第二，分析正式测量量表的信度和效度以确保数据质量；第三，检验正式测量样本的偏差程度，通过统计检验进一步控制偏差影响；第四，考虑到传统性需要从员工层次聚合为组织层次数据，因此进行传统性数据的聚合度检验；第五，进行假设检验，包括核心变量相关分析、战略人力资源管理对员工绩效的主效应检验、心理契约履行的中介效应检验、上下级关系与战略人力资源管理的交互作用检验、传统性的跨层次调节作用检验；第六，对假设检验结果进行分析与讨论。

5.1　正式调研过程与样本描述

5.1.1　正式调研

利用经过小样本预测修订后的问卷，本研究进行大规模正式调研。调查样本的确定以及数据收集方式的确定是研究数据采集工作的重要步骤，对之后的实证研究质量具有直接影响。因此，为了提高数据调研的有效性，本研究对调查对象及调查过程做出了如下限制。

首先，本研究围绕战略人力资源管理展开，所以样本企业必须拥有独立的人力资源部，企业领导层较重视人力资源管理工作，人力资源管理职能完整，人力资源管理主要模块全部开展工作，并且人力资源管理岗位由专职人员任职。

其次，本研究关注的是组织层次实施的战略人力资源管理，而非员工感知的战略人力资源管理，所以本研究中战略人力资源管理属于总体单位特性（global unit properties）的组织层次构念（Klein et al., 2000；陈晓萍等，2012）。总体单位特性的测量关键在于尽可能地向主题专家取得精确的信息（陈晓萍等，2012）。对于企业实施的战略人力资源管理实践来说，最恰当的主题专家就是企业人力资源管理负责人。因此，本研究中战略人力资源管理的数据通过调查企业人力资源部门负责人（经理或总监）获得。虽然亦有学者质疑经理人员评价分数可能过高（Gerhart et al., 2000），但是多层次回归模型分析可有效避免单层次研究产生的系统误差（Huseldi & Becker, 2000）。这种测量方法也被广泛采用，例如 Liao 等（2009）、Chien 和 Lin（2013）、刘善仕等（2016）等。

再次，员工层次的调研对象限定为在被调研企业工作 1 年以上的白领员工。考虑到白领员工常常是企业人力资源管理的主要对象，能更为全面地接触企业人力资源管理实践，所以本研究以白领员工为调研对象。同时，本研究关注的是心理契约的履行状态，而新员工在其入职一年以内常常处于心理契约频繁调整状态，员工心理契约履行状态变化较大（Payne et al., 2014）。因此，一年以上本单位工作经历能够有效保证心理契约履行感知的相对稳定，有助于提高测量的准确性。

最后，采用便利抽样的方式发放问卷，通过个人关系找到企业人力资源负责人或部门负责人作为企业联系人，请求他们协助联系员工完成问卷调查。研究者向企业联系人（人力资源负责人或部门负责人）详细解释调查的目的与发放要求。每家企业提供两种问卷，其中一种为企业人力资源负责人问卷，由企业人力资源管理工作负责人（经理或总监）填写评价战略人力资源管理问卷；另一种问卷为员工问卷，由员工根据实际情况填写其角色内绩效、组织公民行为、心理契约履行、上下级关系及传统性问卷。每家企业内员工问卷预期目标是 35 份。最终，企业联系人把该企业的完整问卷返还给研究者。研究者同时采用纸版问卷与电子问卷（问卷星链接）两种形式，根据企业具体情况酌情选择使用纸版问卷或者电子问卷。发放纸版问卷时，随问卷提供可密封信封，以确保问卷保密性。无论使用哪种形式问卷，研究者都与企业尽量沟通争取可以到工作场所进行填答说明与指导；研究者本人无法现场指导的则拜托企业联系人帮助说明问卷填写注意事项与填写要求，提高员工对问卷填写的重视程度。

正式问卷发放自2016年3月1日起，截至2016年10月30日，共对56家企业进行了问卷调查，共回收人力资源负责人问卷56份，员工问卷1568份。录入数据之前，本研究首先对问卷进行初步排查，依据以下标准剔除无效问卷：①员工基本信息缺失较为严重；②作答呈现明显规律，答案集中；③问卷中正向题项与反向题项的评价前后明显冲突；④同一企业内问卷答案大量雷同；⑤员工在本企业工作时间为1年以内；⑥问卷题项数据缺失值为2个或2个以上；⑦电子问卷的填答时间过短；⑧配对后，企业内有效员工问卷数量过少。

最终，本研究得到了51家企业样本，有效问卷为51份人力资源经理问卷与1015份员工问卷，同一企业内员工问卷数量最少为13份、最多为33份。Van der Leeden和Busing（1994）认为在检测跨层次交互作用时，为了达到0.9的检定力，应该有30个群体样本数，并且每个群体包含30个个体样本。陈晓萍等（2012）指出，考虑到组织管理研究中群体数通常较少，所以有较大的Level-2样本数可以弥补Level-1小样本数在检定力上的不足。Maas和Hox（2005）讨论了多层次分析中Level-1和Level-2样本数对回归系数、方差与标准误的影响，研究结果显示，Level-2样本数大于等于50时，回归系数、方差与标准误的估计均没有显著偏差。因此，本研究中Level-2样本数为51，平均每个企业内Level-1样本数为20，能够保证多层次分析中回归系数、方差与标准误的准确估计。

5.1.2 描述性统计分析

本研究中，企业样本主要包括德国大陆汽车电子有限公司、华润雪花啤酒、吉利汽车、平安银行、长安福特、博世热力技术上海有限公司、中国农业银行、海天塑机集团有限公司、吉林省金叶烟草有限责任公司、亚泰集团、中海油崖城作业公司、长春百克生物科技股份公司等,既包括汽车、医药、烟草、电力、石油、塑料制品等老牌制造型企业,又涵盖通信、金融、商贸、地产、互联网等新兴服务产业。被调查企业主要分布在长春、北京、宁波、重庆、深圳、上海、佛山、西安、杭州、天津等多个城市,具有较高的覆盖率和代表性。

企业样本的特征信息详见表 5-1。企业性质方面,外资企业最少,占总样本的 17.6%,民营企业最多,占总样本的 37.3%,国有企业和合资企业数量相当,总体来看,企业样本在所有制性质方面较为均衡;员工人数方面,500 人以上的大型企业最多,占到 64.7%,100 人以下的企业数量最少,只有 3 家,占总样本的 5.9%,100~300 人以及 301~500 人的企业共有 15 家,其中 301~500 人的企业为 10 家,可见,本研究企业样本普遍具有较大规模,较适合于战略人力资源管理的测量与研究;成立年限方面,24 家企业已成立 20 年以上,占总样本的 47.1%,成立 5 年以下的企业最少,仅占 7.8%,另外成立 5~10 年和 11~20 年的企业分别占 17.6% 和 27.5%,这说明本次调研成熟的企业居多,进一步保证了战略人力资源管理研究的适用性。

表 5-1 企业样本的基本特征 ($N=51$)

特征	特征值	频次(家)	频率(%)
企业性质	国有企业	12	23.5
	合资企业	11	21.6
	民营企业	19	37.3
	外资企业	9	17.6
员工人数	100 人以下	3	5.9
	100~300 人	5	9.8
	301~500 人	10	19.6
	500 人以上	33	64.7

第5章 大样本调查、数据分析与讨论

续表

特征	特征值	频次（家）	频率（%）
成立年限	5年以下	4	7.8
	5~10年	9	17.6
	11~20年	14	27.5
	20年以上	24	47.1

员工样本的特征信息详见表5-2。在性别方面，男性略多，占总样本的52.5%；在婚姻状况上，60.1%的员工为已婚状态；在出生年份方面，出生于1980~1989年的80后员工最多，占总样本的51.0%，出生于1990年及以后的90后员工数量次之，占总样本的31.5%；在本单位工作年限方面，1~3年最多，占46.8%，3（含）~5年和5（含）~10年数量接近，分别为23.3%和21.1%，由于已经剔除年资小于1年的样本，所以未满1年的为0；在受教育程度上，本科学历最多，占总样本的62.3%，其次是研究生（21.6%），高中及以下（含职高）学历的员工最少，仅占3.3%；在劳动关系类型上，绝大多数员工是企业正式员工（92.0%）；在岗位级别上，一般员工占73.5%，基层管理者次之，占19.1%。总体来看，样本分布没有呈现明显的异常，适合于后续的数据分析与研究。

表5-2 员工样本的基本特征（$N=1015$）

特征	特征值	频次（人）	频率（%）
性别	女性	482	47.5
	男性	533	52.5
婚姻状况	已婚	610	60.1
	未婚	405	39.9
出生年份	1990年及以后	320	31.5
	1980~1989年	518	51.0
	1970~1979年	145	14.3
	1960~1969年	29	2.9
	1959年及以前	3	0.3

续表

特征	特征值	频次（人）	频率（%）
本单位工作年限	未满1年	0	0
	1~3年	475	46.8
	3（含）~5年	237	23.3
	5（含）~10年	214	21.1
	10（含）~20年	79	7.8
	20年（含）以上	10	1.0
劳动关系类型	非正式员工（劳务派遣等）	81	8.0
	正式员工	934	92.0
受教育程度	高中及以下（含职高）	34	3.3
	大专	130	12.8
	本科	632	62.3
	研究生	219	21.6
岗位级别	一般员工	746	73.5
	基层管理者	194	19.1
	中层管理者	68	6.7
	高层管理者	7	0.7

5.2 信度与效度分析

5.2.1 信度分析

与预调研一致，本研究使用 Cronbach's α 系数评价正式调研的量表信度。通过 SPSS 19.0 对正式调研数据进行信度分析，结果见表 5-3。其中战略人力资源管理问卷为 51 份，Cronbach's α 系数为 0.893，高于 0.70 的最低阈值；其他变量的样本数为 1015，量表 Cronbach's α 系数在 0.798~0.913，均超过了 0.70 这一标准。这说明，调查工具的稳定性和一致性较好，测量所得数据具有较高的可信度。

第 5 章 大样本调查、数据分析与讨论

表 5 – 3 研究构念的内部一致性系数

构念	题项数	Cronbach's α 系数
战略人力资源管理	26	0.893
角色内绩效	6	0.842
组织公民行为	9	0.895
上下级关系	6	0.846
传统性	5	0.798
交易型心理契约履行	6	0.829
平衡型心理契约履行	14	0.913
关系型心理契约履行	8	0.871
社会赞许性	7	0.859

5.2.2 效度分析

效度是指能够测到所欲测（使用者所设计的）心理或行为特质到何种程度（吴明隆，2010）。研究中通常检验研究构念的内容效度（Content Validity）与构念效度（Coustruct Validity），本研究也从这两个方面进行效度分析。

另外，本研究中构念效度检验同时使用探索性因子分析（Exploratory Factor Analysis，EFA）与验证性因子分析（Confirmatory Factor Analysis，CFA）两种分析方法，具体做法是：将全部员工问卷分成两半，前一半包含 507 份问卷，使用 SPSS 19.0 进行 EFA 检验，后一半包含 508 个样本，用 AMOS 17.0 进行 CFA 检验。两部分样本数均大大超过量表题项数 10 倍的标准（吴明隆，2010），因此因子分析结果较为稳定。

需要说明的是，战略人力资源管理由人力资源经理汇报，样本数只有 51，不足以支持有效的效度检验。多层次研究中组织层次变量样本数量很少时，通常不进行因子分析，如刘善仕等（2016）中组织层次构念合作型人力资源实践样本量为 31 个，所以该变量未进行因子分析。另外，战略人力资源管理通常有两种测量方式，一种方式是直接由企业人力资源经理汇报，单一问卷结果即代表了企业战略人力资源管理情况；另一种方式是由多个企业员工填答，然后将员工数据聚合

成企业层次战略人力资源管理（Liao et al., 2009）。可见，人力资源经理和员工都是可接受的问卷填答主体，填答主体本身并不影响问卷测量效度。因此，本研究利用预调研员工填答数据检验了战略人力资源管理问卷的效度，详见本书4.3.3的具体内容。

（1）内容效度

内容效度是要确保量表中包含了能够测量该概念的适当的并有代表性的题项（祝道松、林家五，2005）。一般来说，多通过定性方法来证实内容效度，例如通过座谈小组由专家进行评估。

本研究通过以下三种手段确保内容效度。第一，量表选择阶段的控制。本研究全部采用出自顶级期刊、在文献中占有显著地位、被反复使用、被证明具有较高信度与效度的量表；同时，本研究中组织公民行为、传统性、上下级关系是具有较高文化情境特征的构念，全部选择以华人为调查对象开发的量表。第二，量表翻译阶段的控制。量表原出处是英文文献的，一律采用双向翻译法，并通过翻译小组进行座谈，对每个量表进行细致的分析，讨论题项与构念的相关性、题项对构念理论边界的界定、题项与维度的匹配性。第三，小样本预测阶段的控制。正式调研之前，本研究进行了小样本预测，根据预测阶段的数据分析完成题项净化，删除了2个不符合标准的垃圾题项。因此，本研究正式调研量表应该具有较好的内容效度。

（2）探索性因子分析

正式调研中员工问卷的一半（共507份问卷）用来进行探索性因子分析。本研究采用主成分分析与方差最大正交旋转法，以特征值大于1为标准提取因子，进而判断构念维度及因子载荷。表5-4显示了研究构念的KMO值、Bartlett球形检验结果、特征根值、累计解释方差百分比以及各量表题项的因子载荷。结果显示，各个构念的KMO值均超过0.8，Bartlett球形检验全部在0.001水平上显著，这说明507个样本的研究构念均适合进行因子分析。同时，本研究中各个构念皆提取出一个共同因子，量表题项的因子载荷全部在0.5以上（最低为0.556，最高为0.816），平衡型心理契约履行提取因子的累计解释方差比例为

48.750%，略低于50%，其他构念因子累计解释方差均超过50%，这表示各构念维度与量表的理论构想保持一致，研究构念效度较高。

表5-4 研究构念的 EFA 结果（$N=507$）

构念	题项	因子载荷	KMO	Bartlett 检验	特征根	累计解释方差（%）
角色内绩效	IRP1	0.741	0.860	0.000	3.220	53.670
	IRP2	0.716				
	IRP3	0.715				
	IRP4	0.720				
	IRP5	0.805				
	IRP7（R）	0.694				
组织公民行为	OCB1	0.679	0.923	0.000	4.503	50.035
	OCB2	0.741				
	OCB3	0.702				
	OCB4	0.691				
	OCB5	0.751				
	OCB6	0.752				
	OCB7	0.718				
	OCB8	0.652				
	OCB9	0.674				
上下级关系	SSG1	0.699	0.876	0.000	3.314	55.240
	SSG2	0.750				
	SSG3	0.791				
	SSG4	0.784				
	SSG5	0.754				
	SSG6	0.675				
平衡型心理契约履行	PCFB1	0.705	0.956	0.000	6.825	48.750
	PCFB2	0.697				
	PCFB3	0.679				
	PCFB4	0.724				

续表

构念	题项	因子载荷	KMO	Bartlett 检验	特征根	累计解释方差（%）
平衡型心理契约履行	PCFB5	0.659	0.956	0.000	6.825	48.750
	PCFB6	0.732				
	PCFB7	0.687				
	PCFB8	0.679				
	PCFB9	0.720				
	PCFB10	0.699				
	PCFB11	0.720				
	PCFB12	0.668				
	PCFB13	0.713				
	PCFB14	0.687				
交易型心理契约履行	PCFS1	0.683	0.840	0.000	3.009	50.144
	PCFS2	0.734				
	PCFS3	0.705				
	PCFS4	0.683				
	PCFS5	0.722				
	PCFS6	0.720				
关系型心理契约履行	PCFR1	0.708	0.905	0.000	4.004	50.048
	PCFR2	0.711				
	PCFR3	0.732				
	PCFR4	0.676				
	PCFR5	0.706				
	PCFR6	0.662				
	PCFR7	0.700				
	PCFR8	0.761				
传统性	TR1	0.760	0.845	0.000	2.884	57.680
	TR2	0.758				
	TR3	0.805				
	TR4	0.725				
	TR5	0.747				

第5章 大样本调查、数据分析与讨论

续表

构念	题项	因子载荷	KMO	Bartlett 检验	特征根	累计解释方差（%）
社会赞许性	ZX1	0.635	0.872	0.000	3.554	50.774
	ZX2	0.783				
	ZX3（R）	0.714				
	ZX4	0.556				
	ZX5	0.747				
	ZX6（R）	0.816				
	ZX7（R）	0.703				

（3）验证性因子分析

正式调研中员工问卷的另一半（508份问卷）用来进行验证性因子分析。本研究使用AMOS 17.0软件，利用结构方程技术对研究构念进行验证性因子分析，以检查每个构念的聚合效度（Covergent Validity）与判别效度（Discriminant Validity）。

① 聚合效度

分析过程中，本研究选取常使用的χ^2/df、GFI、CFI、IFI、NFI 及 RMSEA 六项指标判断模型拟合优度。通常，GFI、CFI、IFI、NFI 的值大于0.9表示适配度良好（Hu & Bentler, 1999）。χ^2/df 在1~3表示模型适配度良好（吴明隆，2009），Hu 和 Bentler（1998）认为小于4可以接受。RMSEA 数值越小表示模型适配度越好，若 RMSEA 大于0.10，模型适配度欠佳；在0.08~0.10代表普通适配；在0.05~0.08代表合理适配；小于0.05则说明适配度非常好（Browne & Cudeck, 1993）。表5-5列出了本研究各构念测量模型的拟合优度。

表5-5 测量模型的拟合优度（$N=508$）

变量	χ^2	df	χ^2/df	GFI	CFI	IFI	NFI	RMSEA
角色内绩效	22.163	9	2.463	0.986	0.989	0.989	0.982	0.054
组织公民行为	102.147	27	3.783	0.952	0.968	0.968	0.957	0.074
上下级关系	33.461	9	3.718	0.977	0.979	0.979	0.972	0.073
传统性	10.964	5	2.193	0.991	0.990	0.990	0.982	0.049

续表

变量	χ^2	df	χ^2/df	GFI	CFI	IFI	NFI	RMSEA
社会赞许性	31.759	11	2.887	0.983	0.988	0.988	0.982	0.061
平衡型心理契约履行	218.009	77	2.831	0.935	0.953	0.953	0.929	0.060
交易型心理契约履行	16.770	9	1.863	0.989	0.995	0.995	0.989	0.041
关系型心理契约履行	56.737	20	2.837	0.971	0.978	0.978	0.967	0.060

根据表5-5，各构念的卡方自由度比全部小于4，其中组织公民行为与上下级关系的 χ^2/df 值在3~4，其余构念均在1~3；GFI、CFI、IFI、NFI值全部大于0.9，除了平衡型心理契约履行的GFI与NFI小于0.95，其他值皆在0.95以上；RMSEA值全部在0.08以下（最小为0.041，最大为0.074），这说明本研究中各构念的拟合优度均较为理想。

进一步地，本研究利用标准化因子载荷、组合信度（CR）以及平均变异量抽取值（AVE）作为潜变量的聚合效度评价指标。一般认为，标准化因子载荷在0.50~0.95，组合信度（CR）大于0.6，平均变异量抽取值（AVE）大于0.5，个别观察变量的项目信度在0.5以上，说明聚合效度较好（吴明隆，2009）。Duckworth和Kern（2011）提出如果AVE在0.4~0.5，潜变量的聚合效度也是可接受的。各构念的聚合效度分析结果见表5-6。本研究中，各构念组合信度最低为0.783，其余全部超过0.8；各题项标准化因子载荷全部高于0.5，将近一半题项的信度系数超过0.5；同时，传统性、平衡型心理契约履行与关系型心理契约履行的AVE值在0.4~0.5，其余构念的AVE值均大于0.5。这说明本研究中各构念具有较高的聚合效度。

表5-6 研究构念的聚合效度分析（$N=508$）

变量	题项编号	标准载荷	信度系数	测量误差	CR	AVE
角色内绩效	IRP1	0.715	0.511	0.489	0.864	0.514
	IRP2	0.731	0.534	0.466		
	IRP3	0.693	0.480	0.520		

续表

变量	题项编号	标准载荷	信度系数	测量误差	CR	AVE
角色内绩效	IRP4	0.722	0.521	0.479	0.864	0.514
	IRP5	0.735	0.540	0.460		
	IRP7（R）	0.703	0.494	0.506		
组织公民行为	OCB1	0.715	0.511	0.489	0.911	0.532
	OCB2	0.701	0.491	0.509		
	OCB3	0.753	0.567	0.433		
	OCB4	0.698	0.487	0.513		
	OCB5	0.745	0.555	0.445		
	OCB6	0.720	0.518	0.482		
	OCB7	0.731	0.534	0.466		
	OCB8	0.766	0.587	0.413		
	OCB9	0.733	0.537	0.463		
上下级关系	SSG1	0.749	0.561	0.439	0.858	0.502
	SSG2	0.786	0.618	0.382		
	SSG3	0.704	0.496	0.504		
	SSG4	0.662	0.438	0.562		
	SSG5	0.636	0.404	0.596		
	SSG6	0.705	0.497	0.503		
传统性	TR1	0.542	0.294	0.706	0.783	0.421
	TR2	0.630	0.397	0.603		
	TR3	0.675	0.456	0.544		
	TR4	0.653	0.426	0.574		
	TR5	0.730	0.533	0.467		
平衡型心理契约履行	PCFB1	0.636	0.404	0.596	0.904	0.411
	PCFB2	0.595	0.354	0.646		
	PCFB3	0.898	0.806	0.194		
	PCFB4	0.557	0.310	0.690		
	PCFB5	0.565	0.319	0.681		
	PCFB6	0.591	0.349	0.651		
	PCFB7	0.575	0.331	0.669		

续表

变量	题项编号	标准载荷	信度系数	测量误差	CR	AVE
平衡型心理契约履行	PCFB8	0.561	0.315	0.685	0.904	0.411
	PCFB9	0.575	0.331	0.669		
	PCFB10	0.595	0.354	0.646		
	PCFB11	0.605	0.366	0.634		
	PCFB12	0.585	0.342	0.658		
	PCFB13	0.596	0.355	0.645		
	PCFB14	0.902	0.814	0.186		
交易型心理契约履行	PCFS1	0.967	0.935	0.065	0.875	0.544
	PCFS2	0.717	0.514	0.486		
	PCFS3	0.662	0.438	0.562		
	PCFS4	0.587	0.345	0.655		
	PCFS5	0.772	0.596	0.404		
	PCFS6	0.661	0.437	0.563		
关系型心理契约履行	PCFR1	0.725	0.526	0.474	0.883	0.487
	PCFR2	0.789	0.623	0.377		
	PCFR3	0.699	0.489	0.511		
	PCFR4	0.762	0.581	0.419		
	PCFR5	0.589	0.347	0.653		
	PCFR6	0.630	0.397	0.603		
	PCFR7	0.741	0.549	0.451		
	PCFR8	0.620	0.384	0.616		
社会赞许性	ZX1	0.758	0.575	0.425	0.893	0.545
	ZX2	0.757	0.573	0.427		
	ZX3（R）	0.722	0.521	0.479		
	ZX4	0.694	0.482	0.518		
	ZX5	0.810	0.656	0.344		
	ZX6（R）	0.751	0.564	0.436		
	ZX7（R）	0.669	0.448	0.552		

②判别效度

使用 AMOS 17.0 软件，通过模型比较的方法考察研究构念的判别效度。本研究理论框架中主要包含了 7 个研究变量：上下级关系、关系型心理契约履行、平衡型心理契约履行、交易型心理契约履行、传统性、角色内绩效与组织公民行为。因此，首先构建 7 因子模型，对其进行验证性因子分析，然后以 7 因子模型为基准进行因子合并，得到 6 因子模型、5 因子模型、4 因子模型、3 因子模型与单因子模型。其中，6 因子模型中，角色内绩效与组织公民行为合并；5 因子模型是将关系型心理契约履行、平衡型心理契约履行、交易型心理契约履行三个因子合并；4 因子模型是将角色内绩效与组织公民行为合并的同时，也将关系型心理契约履行、平衡型心理契约履行、交易型心理契约履行合并；3 因子模型是在 4 因子模型基础上将上下级关系与传统性合并；单因子模型则将全部变量合并为一个因子。竞比模型的 CFA 结果详见表 5-7。可见，7 因子模型拟合最为理想，优于其他模型，这表示本研究中各构念的判别效度良好。

表 5-7 研究构念的判别效度分析（$N=508$）

模型	χ^2	df	χ^2/df	GFI	NFI	IFI	CFI	RMSEA
7 因子	1851.181	1356	1.365	0.882	0.873	0.963	0.962	0.027
6 因子	2335.146	1363	1.713	0.838	0.840	0.926	0.926	0.038
5 因子	4275.791	1369	3.123	0.727	0.707	0.780	0.779	0.065
4 因子	4751.642	1374	3.458	0.696	0.674	0.744	0.743	0.070
3 因子	5426.677	1378	3.938	0.662	0.628	0.693	0.692	0.076
1 因子	6554.955	1383	4.740	0.592	0.550	0.608	0.607	0.086

5.3 样本的偏差检验

本研究除了采用来源隔离法和分析单位隔离法对同源偏差进行事前控制，还在正式调研中进行了问卷编排上的控制，综合使用题项意义隐匿法、题项随机配置法和反向题项设计法，以降低被试的一致性倾向和社会赞许倾向。即使做了如上努力，仍无法彻底消除系统误差。因此，本研究还对同源偏差及社会赞许偏差进行了事后的统计检验。

5.3.1 社会赞许偏差检验

本研究事先在员工问卷中加入社会赞许性量表,对数据做赞许性偏差检验。叶明华和杨国枢(1998)提供了社会赞许偏差的检验方法,即以社会赞许与量表题项的相关系数为依据,判断被试社会赞许程度的大小:如果相关系数大于0.2,表示社会赞许程度较高,则剔除该题项;相关系数小于0.2或无显著相关,说明没有明显社会赞许偏见。本研究借鉴此做法,检验员工问卷中各个研究构念与社会赞许性的相关性,同样以0.2为阈值评估社会赞许偏差程度。表5-8显示,员工问卷中各构念与社会赞许性的相关系数全部小于0.2,这表示本研究中正式调研样本的社会赞许偏差较小,也初步说明正式调研数据的同源偏差不严重。

表5-8 研究构念与社会赞许性的相关系数

构念	IRP	OCB	SSG	传统性	PCFS	PCFB	PCFR
相关系数	0.144**	0.162**	0.083*	0.001	-0.048	0.115**	0.059

注:IRP,角色内绩效;PCFS,交易型心理契约履行;PCFB,平衡型心理契约履行;PCFR,关系型心理契约履行。** 在0.01水平(双侧)上显著相关;* 在0.05水平(双侧)上显著相关。

5.3.2 同源偏差检验

本研究综合使用程序控制与统计控制,以求最大限度地降低甚至避免同源偏差(CMV)的影响。程序控制方面,除了采用来源隔离法和分析单位隔离法进行事前控制,还在单独测试中进行了问卷编排上的控制,综合使用题项意义隐匿法、题项随机配置法和反向题项设计法,以减少填答者的一致性倾向。统计控制方面,本研究首先检验了研究构念与社会赞许性的相关系数,数据显示,各构念与社会赞许性的相关系数均小于0.2,这初步表明同源偏差不严重(见表5-8)。以下将借助已测潜在变量测试法对正式调研问卷进行更为严谨的同源偏差检验。

第5章 大样本调查、数据分析与讨论

当样本量足够大以支持结构方程模型时，相比于偏相关法，单一方法潜因子法（Single Method-Factor Approaches）可以更有效地控制CMV（熊红星等，2012）。本研究中员工问卷为1015份，适合运用单一方法潜因子法。考虑到员工问卷测量变量较多涉及自身表现、组织表现、领导关系等较为敏感的内容，所以社会赞许性应是同源偏差的主要来源（彭台光等，2006）。因此，本研究在员工问卷中加入了社会赞许性量表，使用已测潜在变量测试法检验同源偏差程度，具体操作如下：构建有方法潜变量模型与无方法潜变量竞比模型，无方法潜变量竞比模型中将问卷题项分别载荷到各自潜变量上，无须考虑方法因子；有方法潜变量模型中，问卷全部题项不仅分别载荷到各自潜变量上，也要同时载荷到社会赞许性这个新增潜变量上，通过比较模型拟合指标差异对同源偏差影响进行判断（周浩、龙立荣，2004；熊红星等，2012）。

表5－9展示了本研究中有方法潜变量模型与无方法潜变量竞比模型的拟合指标。数据结果显示，本研究中无方法潜变量竞比模型的拟合优度更为理想，将社会赞许性作为主要变异来源后，有方法潜变量模型的拟合度有所降低。林文莺与侯杰泰（1995）提出，模型是否具有显著差异主要取决于$\Delta\chi^2$值，如果模型差异显著，以拟合优度高的模型为佳，若模型差异不显著，则以路径简洁的模型为佳。本研究中，有方法潜变量模型与无方法潜变量竞比模型Δdf值为338，$\Delta\chi^2$值为963.303。通过查询卡方分布表，自由度 $df=350$ 并且 $p=0.001$ 对应的χ^2值是437.488，小于本研究中的$\Delta\chi^2$，这说明本研究中有方法潜变量模型与无方法潜变量竞比模型差异显著，因此拟合优度较高的无方法潜变量竞比模型更佳。这表示，本研究中同源偏差控制效果较好，CMV对分析结果的干扰较小。

表5－9 已测潜在变量测试法模型比较结果

模型	χ^2	df	χ^2/df	GFI	NFI	IFI	CFI	RMSEA	$\Delta\chi^2$
无方法模型	1820.679	1356	1.343	0.938	0.925	0.980	0.980	0.018	—
有方法模型	2783.982	1694	1.643	0.921	0.898	0.957	0.957	0.025	963.303

5.4 数据的聚合度检验

本研究中传统性量表设计在员工问卷中，由员工根据自身情况填写评价。因此，传统性构念需要从个体层次聚合到组织层次，聚合之前应该对数据的一致性进行检验，通用的评分一致性指标有两个：组内评分者信度（winthin-group interrater reliability，Rwg）及组内相关系数（intra-class correlation coefficient，ICC）。James、Demaree 和 Wolf（1993）的建议是 Rwg 大于 0.7，说明一致性达到可以接受的标准。同时，使用 Rwg 还需要观察两个指标：第一，各小组 Rwg 值大于 0.7 的比例应超过 90%（罗胜强、姜嬿，2014）；第二，各小组 Rwg 值的中位数应大于 0.7，说明团队评分的一致性颇高（George & Bettenhausen，1990）。James（1982）提出 ICC（1）应该大于 0.12，Glick（1985）将 ICC（2）的临界值界定为 0.70。本研究根据以上标准判断传统性构念由个体层次聚合到组织层次的合理性。

数据分析结果显示，传统性的 Rwg 各组平均值为 0.85，最大值为 0.98，最小值为 0.57，中位数为 0.86，51 组数据中有 2 组数据的 Rwg 低于 0.7，小组的 Rwg 超过 0.7 的百分比为 96.1%，Rwg 值满足了一致性标准要求。同时，ICC（1）值为 0.29，ICC（2）值为 0.89，均达到了临界标准。这说明，个体层次的传统性数据可以聚合到组织层次，并用于后续的跨层次研究。

5.5 战略人力资源管理对员工绩效作用机制的假设检验

5.5.1 相关分析

本研究通过 SPSS 19.0 软件对主要研究构念的均值、标准差以及相关性进行分析，结果如表 5-10 所示。组织层次上，战略人力资源管理与传统性不存在显著相关关系。个体层次上,上下级关系与角色内绩效、组织公民行为、关系型心理契约履行、平衡型心理契约履行皆显著正相关,与交易型心理契约履行显著负相关;角色内绩效与组织公民行为、关系型心理契约履行、平衡型心理契约履行显著正相关,与交易型心理契约履行显著负相关;组织公民行为与关系型心理契约履行、平衡型心理契约履行显著正相关,与交易型心理契约履行显著负相关;关系型心理契约履行与平衡型心理契约履行显著正相关,与交易型心理契约履行显著负相关;平衡型心理契约履行与交易型心理契约履行显著负相关。

表 5-10 构念均值、标准差及相关系数

	构念	Mean	SD	1	2	3	4	5
组织层次 ($N=51$)	1 战略人力资源管理	4.725	0.533					
	2 传统性	3.642	0.464	-0.267				
个体层次 ($N=1015$)	1 上下级关系	3.846	0.671					
	2 角色内绩效	4.734	0.513	0.232**				
	3 组织公民行为	4.711	0.508	0.404**	0.529**			
	4 关系型心理契约履行	4.340	0.576	0.343**	0.495**	0.545**		
	5 交易型心理契约履行	2.648	0.715	-0.596**	-0.353**	-0.566**	-0.486**	
	6 平衡型心理契约履行	4.612	0.450	0.435**	0.505**	0.666**	0.558**	-0.592**

注:** 在 0.01 水平(双侧)上显著相关。

5.5.2 战略人力资源管理对员工绩效的主效应检验

使用 HLM 6.08 软件,分别建立零模型、控制模型和回归系数模型检验战略人力资源管理对角色内绩效及组织公民行为的跨层次影响。零模型是不包含任何预测变量的随机效应方差分析,以检验角色内绩效及组织公民行为的组间差异;控制模型加入控制变量,以检验各个控制变量对角色内绩效及组织公民行为的影响,本研究将组织层次的

企业成立年限、企业性质，以及个体层次的性别、出生年份、劳动关系类型、岗位级别、受教育程度作为控制变量，其中定类变量进行了虚拟化处理，具体赋值方法见第4章中表4-7；回归系数模型在控制模型基础上纳入战略人力资源管理，用以检验战略人力资源管理对角色内绩效及组织公民行为的影响。零模型、控制模型和回归系数模型方程呈现如下。

零模型——

Level-1 Model：$Y = \beta_0 + r$

Level-2 Model：$\beta_0 = \gamma_{00} + u_0$

Mixed Model：$Y = \gamma_{00} + u_0 + r$

控制模型——

Level-1 Model：

$Y = \beta_0 + \beta_1 \times (AGE) + \beta_2 \times (LABORSHI) + \beta_3 \times (GENDER) + \beta_4 \times (E1) + \beta_5 \times (E2) + \beta_6 \times (E3) + \beta_7 \times (R1) + \beta_8 \times (R2) + \beta_9 \times (R3) + r$

Level-2 Model：

$\beta_0 = \gamma_{00} + \gamma_{01} \times (FIRMAGE) + \gamma_{02} \times (T1) + \gamma_{03} \times (T2) + \gamma_{04} \times (T3) + u_0$

$\beta_1 = \gamma_{10}$

$\beta_2 = \gamma_{20}$

$\beta_3 = \gamma_{30}$

$\beta_4 = \gamma_{40}$

$\beta_5 = \gamma_{50}$

$\beta_6 = \gamma_{60}$

$\beta_7 = \gamma_{70}$

$\beta_8 = \gamma_{80}$

$\beta_9 = \gamma_{90}$

Mixed Model：

$Y = \gamma_{00} + \gamma_{01} \times (FIRMAGE) + \gamma_{02} \times (T1) + \gamma_{03} \times (T2) + \gamma_{04} \times (T3) + \gamma_{10} \times (AGE) + \gamma_{20} \times (LABORSHI) + \gamma_{30} \times (GENDER) + \gamma_{40} \times (E1) + \gamma_{50} \times (E2) + \gamma_{60} \times (E3) + \gamma_{70} \times (R1) + \gamma_{80} \times (R2) + \gamma_{90} \times (R3) + u_0 + r$

回归系数模型——

Level – 1 Model：

$$Y = \beta_0 + \beta_1 \times (AGE) + \beta_2 \times (LABORSHI) + \beta_3 \times (GENDER) + \beta_4 \times (E1) + \beta_5 \times (E2) + \beta_6 \times (E3) + \beta_7 \times (R1) + \beta_8 \times (R2) + \beta_9 \times (R3) + r$$

Level – 2 Model：

$$\beta_0 = \gamma_{00} + \gamma_{01} \times (FIRMAGE) + \gamma_{02} \times (T1) + \gamma_{03} \times (T2) + \gamma_{04} \times (T3) + \gamma_{05} \times (SHRM) + u_0$$

$$\beta_1 = \gamma_{10}$$

$$\beta_2 = \gamma_{20}$$

$$\beta_3 = \gamma_{30}$$

$$\beta_4 = \gamma_{40}$$

$$\beta_5 = \gamma_{50}$$

$$\beta_6 = \gamma_{60}$$

$$\beta_7 = \gamma_{70}$$

$$\beta_8 = \gamma_{80}$$

$$\beta_9 = \gamma_{90}$$

Mixed Model：

$$Y = \gamma_{00} + \gamma_{01} \times (FIRMAGE) + \gamma_{02} \times (T1) + \gamma_{03} \times (T2) + \gamma_{04} \times (T3) + \gamma_{05} \times (SHRM) + \gamma_{10} \times (AGE) + \gamma_{20} \times (LABORSHI) + \gamma_{30} \times (GENDER) + \gamma_{40} \times (E1) + \gamma_{50} \times (E2) + \gamma_{60} \times (E3) + \gamma_{70} \times (R1) + \gamma_{80} \times (R2) + \gamma_{90} \times (R3) + u_0 + r$$

其中 Y 是角色内绩效（IRP）和组织公民行为（OCB）。

模型的参数估计方法为默认的有约束的最大似然法（restricted maximum likelihood，REML）。个体层次预测变量采用组均值中心化（group centered）策略，组织层次预测变量采用总均值中心化（grand centered）策略。固定效应估计采取带有稳健性标准误差（with robust standard errors）的方法。战略人力资源管理对角色内绩效、组织公民行为影响的跨层次分析结果见表 5 – 11 和表 5 – 12。

（1）战略人力资源管理对角色内绩效的影响

零模型 1、控制模型 1 和回归系数模型 1 检验了战略人力资源管理对角色内绩效的跨层次影响，详见表 5 – 11。

表 5-11 战略人力资源管理对角色内绩效影响的跨层次分析

固定效应	零模型 1		控制模型 1		回归系数模型 1	
	回归系数	标准误	回归系数	标准误	回归系数	标准误
截距项 γ_{00}	4.756***	0.047	4.756***	0.044	4.756***	0.026
Level-1 预测因子						
出生年份			0.002	0.019	0.002	0.019
男性			-0.039	0.028	-0.039	0.028
正式员工			-0.010	0.072	-0.010	0.072
R1：基层管理者			0.015	0.031	0.015	0.031
R2：中层管理者			0.054	0.053	0.054	0.053
R3：高层管理者			0.058	0.091	0.058	0.091
E1：专科			-0.045	0.065	-0.045	0.065
E2：本科			-0.066	0.072	-0.066	0.072
E3：研究生			-0.022	0.071	-0.022	0.071
Level-2 预测因子						
成立年限			-0.045	0.045	-0.053	0.035
T1：民营企业			0.105	0.130	-0.153*	0.068
T2：外资企业			0.278*	0.106	-0.029	0.081
T3：合资企业			0.073	0.141	-0.080	0.091
战略人力资源管理					0.523***	0.056
随机效应	方差成分	χ^2 检验	方差成分	χ^2 检验	方差成分	χ^2 检验
第二层 τ_{00}	0.105	715.94***	0.102	633.91***	0.032	235.25***
第一层 σ^2	0.159		0.159		0.159	
$\Delta R^2_{Level-1}$						
$\Delta R^2_{Level-2}$			0.029		0.686	
离异数（-2LL）	1150.03		1187.50		1145.56	

注：*** 在 0.001 水平（双侧）上显著相关；** 在 0.01 水平（双侧）上显著相关；* 在 0.05 水平（双侧）上显著相关。下同。

零模型 1 的分析结果显示，角色内绩效的组间方差是显著的（τ_{00} = 0.105，Chi-square = 715.94，$p < 0.001$）。由于组别差异所造成的变异程度为 0.105，占总体变异数的 39.8%［τ_{00} = 0.105，σ^2 = 0.159，ICC（1）= 0.398］，余下的变异来自员工个体层次的差异。这表明可运用

多层次回归模型检验角色内绩效的预测变量。

控制模型 1 的分析结果显示，虚拟变量 T2（外资企业）对角色内绩效存在显著正向影响（$\beta = 0.278$，$p < 0.05$），其他控制变量对角色内绩效影响不显著。相较于零模型 1 而言，角色内绩效的组间方差由 0.105 减少至 0.102，减少 2.9%，说明有 2.9% 的角色内绩效组间方差可以被外资企业解释。

回归系数模型 1 的分析结果显示，战略人力资源管理对角色内绩效存在显著正向影响（$\beta = 0.523$，$p < 0.001$），相较于控制模型 1 而言，角色内绩效的组间方差由 0.102 减少至 0.032，减少 68.6%，说明有 68.6% 的角色内绩效组间方差可以被战略人力资源管理解释（$\sigma^2 = 0.159$，$\tau_{00} = 0.032$，Chi-square = 235.25，$p < 0.001$，$\Delta R^2_{Level-2} = 0.686$）。由此，H1-1 得到验证。

（2）战略人力资源管理对组织公民行为的影响

如表 5-12 所示，零模型 2、控制模型 2 和回归系数模型 2 检验了战略人力资源管理对组织公民行为的跨层次影响。零模型 2 显示，组织公民行为的组间变异显著（$\tau_{00} = 0.101$，Chi-square = 643.65，$p < 0.001$）。由于组别差异所造成的方差变异程度为 0.101，占总体变异数的 38.3% [$\tau_{00} = 0.101$，$\sigma^2 = 0.163$，ICC（1）= 0.383]。这说明适宜运用多层次回归模型对组织公民行为的影响因素展开研究。控制模型 2 的分析结果显示，基层管理者对组织公民行为产生正向影响（$\beta = 0.083$，$p < 0.05$），同时外资企业对组织公民行为存在显著正向影响（$\beta = 0.327$，$p < 0.01$），其他控制变量对组织公民行为未产生显著影响。相较于零模型 2 而言，组织公民行为的组间方差由 0.101 减少至 0.095，减少 5.9%，说明有 5.9% 的组织公民行为组间方差可以被外资企业解释（$\sigma^2 = 0.163$，$\tau_{00} = 0.095$，Chi-square = 558.64，$p < 0.001$，$\Delta R^2_{Level-2} = 0.059$）。回归系数模型 2 的分析结果显示，战略人力资源管理对员工组织公民行为存在显著正向影响（$\beta = 0.520$，$p < 0.001$），相较于控制模型 2 而言，组织公民行为的组间方差由 0.095 减少至 0.026，减少 72.6%，这表示战略人力资源管理额外解释了组织公民行为 72.6% 的组间变异（$\sigma^2 = 0.162$，$\tau_{00} = 0.026$，Chi-square $=188.86$,$p<0.001$,$\Delta R^2_{Level-2}=0.726$)。由此,H1-2 得到验证。

表 5-12 战略人力资源管理对组织公民行为影响的跨层次分析

固定效应	零模型 2		控制模型 2		回归系数模型 2	
	回归系数	标准误	回归系数	标准误	回归系数	标准误
截距项 γ_{00}	4.733***	0.046	4.733***	0.043	4.732***	0.024
Level-1 预测因子						
出生年份			0.009	0.022	0.009	0.022
男性			-0.010	0.027	-0.010	0.027
正式员工			0.012	0.044	0.012	0.044
R1:基层管理者			0.083*	0.036	0.083*	0.036
R2:中层管理者			0.083	0.068	0.083	0.068
R3:高层管理者			0.032	0.179	0.032	0.179
E1:专科			0.073	0.060	0.073	0.060
E2:本科			0.033	0.058	0.033	0.058
E3:研究生			0.071	0.070	0.071	0.070
Level-2 预测因子						
成立年限			-0.040	0.060	-0.048	0.029
T1:民营企业			0.149	0.144	-0.120	0.086
T2:外资企业			0.327**	0.116	0.018	0.068
T3:合资企业			0.180	0.124	0.025	0.063
战略人力资源管理					0.520***	0.049
随机效应	方差成分	χ^2 检验	方差成分	χ^2 检验	方差成分	χ^2 检验
第二层 τ_{00}	0.101	643.65***	0.095	558.64***	0.026	188.86***
第一层 σ^2	0.163		0.163		0.162	
$\Delta R^2_{Level-1}$					0.006	
$\Delta R^2_{Level-2}$			0.059		0.726	
离异数(-2LL)	1172.88		1203.49		1156.21	

5.5.3 心理契约履行的中介效应检验

(1)战略人力资源管理对心理契约履行的跨层次影响

本研究使用 HLM 6.08 软件,检验战略人力资源管理对心理契约履行的跨层次影响。检验同样通过建立零模型、控制模型和回归系数模型三个方程展开，利用预测变量回归系数的显著性以及模型方差变化程度判断战略人力资源管理对心理契约履行的跨层次影响。模型参数估计方法为默认的最大似然法。个体层次预测变量采用组均值中心化策略，组织层次预测变量采用总均值中心化策略。固定效应估计采取带有稳健性标准误差的方法。零模型、控制模型和回归系数模型呈现如下。

零模型——

Level - 1 Model：$PCF = \beta_0 + r$

Level - 2 Model：$\beta_0 = \gamma_{00} + u_0$

Mixed Model：$PCF = \gamma_{00} + u_0 + r$

控制模型——

Level - 1 Model：

$PCF = \beta_0 + \beta_1 \times (AGE) + \beta_2 \times (LABORSHI) + \beta_3 \times (GENDER) + \beta_4 \times (E1) + \beta_5 \times (E2) + \beta_6 \times (E3) + \beta_7 \times (R1) + \beta_8 \times (R2) + \beta_9 \times (R3) + r$

Level - 2 Model：

$\beta_0 = \gamma_{00} + \gamma_{01} \times (FIRMAGE) + \gamma_{02} \times (T1) + \gamma_{03} \times (T2) + \gamma_{04} \times (T3) + u_0$

$\beta_1 = \gamma_{10}$

$\beta_2 = \gamma_{20}$

$\beta_3 = \gamma_{30}$

$\beta_4 = \gamma_{40}$

$\beta_5 = \gamma_{50}$

$\beta_6 = \gamma_{60}$

$\beta_7 = \gamma_{70}$

$\beta_8 = \gamma_{80}$

$\beta_9 = \gamma_{90}$

Mixed Model：

$PCF = \gamma_{00} + \gamma_{01} \times (FIRMAGE) + \gamma_{02} \times (T1) + \gamma_{03} \times (T2) + \gamma_{04} \times (T3) + \gamma_{10} \times (AGE) + \gamma_{20} \times (LABORSHI) + \gamma_{30} \times (GENDER) + \gamma_{40} \times (E1) + \gamma_{50} \times (E2) + \gamma_{60} \times (E3) + \gamma_{70} \times (R1) + \gamma_{80} \times (R2) + \gamma_{90} \times (R3) + u_0 + r$

回归系数模型——

Level - 1 Model:

$PCF = \beta_0 + \beta_1 \times (AGE) + \beta_2 \times (LABORSHI) + \beta_3 \times (GENDER) + \beta_4 \times (E1) + \beta_5 \times (E2) + \beta_6 \times (E3) + \beta_7 \times (R1) + \beta_8 \times (R2) + \beta_9 \times (R3) + r$

Level - 2 Model:

$\beta_0 = \gamma_{00} + \gamma_{01} \times (FIRMAGE) + \gamma_{02} \times (T1) + \gamma_{03} \times (T2) + \gamma_{04} \times (T3) + \gamma_{05} \times (SHRM) + u_0$

$\beta_1 = \gamma_{10}$

$\beta_2 = \gamma_{20}$

$\beta_3 = \gamma_{30}$

$\beta_4 = \gamma_{40}$

$\beta_5 = \gamma_{50}$

$\beta_6 = \gamma_{60}$

$\beta_7 = \gamma_{70}$

$\beta_8 = \gamma_{80}$

$\beta_9 = \gamma_{90}$

Mixed Model:

$PCF = \gamma_{00} + \gamma_{01} \times (FIRMAGE) + \gamma_{02} \times (T1) + \gamma_{03} \times (T2) + \gamma_{04} \times (T3) + \gamma_{05} \times (SHRM) + \gamma_{10} \times (AGE) + \gamma_{20} \times (LABORSHI) + \gamma_{30} \times (GENDER) + \gamma_{40} \times (E1) + \gamma_{50} \times (E2) + \gamma_{60} \times (E3) + \gamma_{70} \times (R1) + \gamma_{80} \times (R2) + \gamma_{90} \times (R3) + u_0 + r$

战略人力资源管理与关系型心理契约履行关系的跨层次分析结果如表 5-13 所示。根据零模型 3，关系型心理契约履行呈现显著的组间方差（$\tau_{00} = 0.160$，Chi-square $= 927.35$，$p < 0.001$），占总体变异数的 47.3% [ICC（1）$= 0.473$]，超过 0.12 这一阈值，因此适宜使用多层次回归模型进行后续分析。根据控制模型 3，组织层次变量中外资企业对关系型心理契约履行产生显著正向影响（$\beta = 0.305$，$p < 0.05$），能够额外解释组间方差的 0.6%（$\Delta R^2_{Level-2} = 0.006$）；其他控制变量对关系型心理契约履行影响不显著。回归系数模型 3 的结果显示，战略人力资源管理显著正向影响关系型心理契约履行（$\beta = 0.701$，$p < 0.001$）。加入战略人力资源管理这一组织层次变量以后，关系型心理契约履行的组间方差由 0.159 减少至 0.029，81.8% 的组间变异被战略人力资源管理有效解释（$\sigma^2 = 0.178$，$\tau_{00} = 0.029$，Chi-square $= 180.85$，$p < 0.001$，$\Delta R^2_{Level-2} =$

0.818)。由此，假设 H2-1 被支持。

表5-13 战略人力资源管理对关系型心理契约履行影响的跨层次分析

固定效应	零模型3		控制模型3		回归系数模型3	
	回归系数	标准误	回归系数	标准误	回归系数	标准误
截距项 γ_{00}	4.352***	0.057	4.352***	0.054	4.355***	0.025
Level-1 预测因子						
出生年份			-0.006	0.020	-0.006	0.020
男性			0.010	0.021	0.010	0.021
正式员工			0.061	0.062	0.061	0.062
R1：基层管理者			-0.001	0.042	-0.001	0.042
R2：中层管理者			-0.073	0.049	-0.073	0.049
R3：高层管理者			0.204	0.105	0.204	0.105
E1：专科			0.106	0.067	0.106	0.067
E2：本科			0.032	0.071	0.032	0.071
E3：研究生			0.058	0.072	0.058	0.072
Level-2 预测因子						
成立年限			0.080	0.065	0.071*	0.028
T1：民营企业			0.281	0.146	-0.056	0.067
T2：外资企业			0.305*	0.142	-0.102	0.080
T3：合资企业			0.134	0.170	-0.072	0.093
战略人力资源管理					0.701***	0.061
随机效应	方差成分	χ^2 检验	方差成分	χ^2 检验	方差成分	χ^2 检验
第二层 τ_{00}	0.160	927.35***	0.159	824.93***	0.029	180.85***
第一层 σ^2	0.178		0.178		0.178	
$\Delta R^2_{Level-1}$						
$\Delta R^2_{Level-2}$			0.006		0.818	
离异数（-2LL）	1278.37		1311.54		1248.49	

战略人力资源管理对平衡型心理契约履行影响的跨层次分析结果如表5-14所示。其中，零模型4结果显示，平衡型心理契约履行的组间差异显著（$\tau_{00}=0.081$，Chi-square $=756.27$，$p<0.001$），计算可

得 ICC（1）值为 0.403，超过 0.12 的最低标准，说明运用多层次回归模型分析平衡型心理契约履行的前因变量较为适宜。

根据控制模型 4，个体层次变量中基层管理者对平衡型心理契约履行具有显著正向影响（$\beta = 0.055$，$p < 0.05$），能够解释组内差异的 1.7%（$\Delta R^2_{Level-1} = 0.017$）。同时，组织层次变量中外资企业对平衡型心理契约履行具有显著正向影响（$\beta = 0.280$，$p < 0.01$），能够解释组间差异的 4.9%（$\Delta R^2_{Level-2} = 0.049$）。

回归系数模型 4 的结果显示，战略人力资源管理显著影响平衡型心理契约履行（$\beta = 0.528$，$p < 0.001$）。与控制模型 4 相比，平衡型心理契约履行的组间方差由 0.077 减少至 0.005，这说明有 93.5% 的组间变异可以被战略人力资源管理解释（$\sigma^2 = 0.118$，$\tau_{00} = 0.005$，Chi-square = 79.81，$p < 0.01$，$\Delta R^2_{Level-2} = 0.935$）。由此，假设 H2-2 成立。

表 5-14　战略人力资源管理对平衡型心理契约履行影响的跨层次分析

固定效应	零模型 4		控制模型 4		回归系数模型 4	
	回归系数	标准误	回归系数	标准误	回归系数	标准误
截距项 γ_{00}	4.628***	0.041	4.627***	0.038	4.629***	0.014
Level-1 预测因子						
出生年份			0.026	0.018	0.026	0.018
男性			0.009	0.026	0.009	0.026
正式员工			0.106	0.055	0.106	0.055
R1：基层管理者			0.055*	0.026	0.055*	0.026
R2：中层管理者			0.081	0.047	0.081	0.047
R3：高层管理者			0.098	0.094	0.098	0.094
E1：专科			0.006	0.049	0.006	0.049
E2：本科			0.014	0.049	0.014	0.049
E3：研究生			0.039	0.056	0.039	0.056
Level-2 预测因子						
成立年限			-0.003	0.053	-0.010	0.013
T1：民营企业			0.221	0.117	-0.041	0.042
T2：外资企业			0.280**	0.103	-0.040	0.044

续表

固定效应	零模型4		控制模型4		回归系数模型4	
	回归系数	标准误	回归系数	标准误	回归系数	标准误
T3：合资企业			0.207	0.122	0.053	0.045
战略人力资源管理					0.528***	0.026
随机效应	方差成分	χ^2检验	方差成分	χ^2检验	方差成分	χ^2检验
第二层 τ_{00}	0.081	756.27***	0.077	671.11***	0.005	79.81**
第一层 σ^2	0.120		0.118		0.118	
$\Delta R^2_{Level-1}$			0.017			
$\Delta R^2_{Level-2}$			0.049		0.935	
离异数（-2LL）	863.82		889.60		800.75	

战略人力资源管理对交易型心理契约履行影响的跨层次分析结果如表5-15所示。根据零模型5，交易型心理契约履行的组间方差显著，ICC（1）值为0.184，可见组别差异所造成的变异程度占总体变异数的18.4%（$\sigma^2 = 0.418$，$\tau_{00} = 0.094$，Chi-square = 276.61，$p < 0.001$），其余方差来自员工个体层次的差异。这表示可以运用多层次回归模型分析交易型心理契约履行的前因变量。

控制模型5的分析结果显示，企业所有制性质对交易型心理契约履行具有显著影响，外资企业、合资企业和民营企业皆负向影响交易型心理契约履行（$\beta = -0.357$，$p < 0.01$；$\beta = -0.275$，$p < 0.05$；$\beta = -0.373$，$p < 0.01$）。其他控制变量未见显著影响。与零模型5相比，交易型心理契约履行的组间方差减少16.0%，可见有16.0%的组间方差能够被企业性质解释。

回归系数模型5的结果显示，战略人力资源管理对交易型心理契约履行存在显著负向影响（$\beta = -0.458$，$p < 0.001$）。与控制模型5相比，交易型心理契约履行的组间方差由0.079减少至0.025，有68.4%的组间变异可以被战略人力资源管理解释（$\sigma^2 = 0.414$，$\tau_{00} = 0.025$，Chi-square = 98.88，$p < 0.001$，$\Delta R^2_{Level-2} = 0.684$）。由此，假设H2-3得以成立。

表 5-15 战略人力资源管理对交易型心理契约履行影响的跨层次分析

固定效应	零模型 5		控制模型 5		回归系数模型 5	
	回归系数	标准误	回归系数	标准误	回归系数	标准误
截距项 γ_{00}	2.629***	0.047	2.630***	0.042	2.629***	0.029
Level-1 预测因子						
出生年份			-0.034	0.028	-0.034	0.028
男性			0.032	0.041	0.032	0.041
正式员工			-0.024	0.090	-0.024	0.090
R1：基层管理者			-0.065	0.053	-0.065	0.053
R2：中层管理者			-0.067	0.088	-0.067	0.088
R3：高层管理者			-0.026	0.306	-0.026	0.306
E1：专科			0.052	0.128	0.052	0.128
E2：本科			0.232	0.143	0.232	0.143
E3：研究生			0.174	0.153	0.174	0.153
Level-2 预测因子						
成立年限			0.004	0.066	0.009	0.039
T1：民营企业			-0.373**	0.131	-0.146	0.099
T2：外资企业			-0.357**	0.122	-0.080	0.083
T3：合资企业			-0.275*	0.105	-0.134*	0.059
战略人力资源管理					-0.458***	0.068
随机效应	方差成分	χ^2 检验	方差成分	χ^2 检验	方差成分	χ^2 检验
第二层 τ_{00}	0.094	276.61***	0.079	222.70***	0.025	98.88***
第一层 σ^2	0.418		0.414		0.414	
$\Delta R^2_{Level-1}$			0.010			
$\Delta R^2_{Level-2}$			0.160		0.684	
离异数（-2LL）	2083.12		2096.31		2064.82	

（2）心理契约履行的中介作用

Baron 和 Kenny（1986）提出经典的三步法检验中介作用：第一步，检验自变量对因变量的影响，回归系数应显著；第二步，检验自变量对中介变量的影响，回归系数亦应显著；第三步，同时检验自变量、中介变量对因变量的影响，通过自变量回归系数的变化判断中介

第5章 大样本调查、数据分析与讨论

作用是否存在。温福星和邱皓政（2009）及罗胜强和姜嬿（2014）阐述了三步法在多层次分析模型中的运用，徐振亭和罗瑾琏（2016）等多项研究使用三步法检验多层次模型内的中介作用。因此，本研究也采用三步法检验心理契约履行在战略人力资源管理与员工绩效间的中介作用，建立"2-1-1"模型。

由于前文已经完成战略人力资源管理对员工绩效的主效应检验（第一步），并且战略人力资源管理对心理契约履行的跨层次影响分析也已完成（第二步），由此这里主要建立并运行三步法的第三步模型检验。但是，为了更为清楚地说明模型拟合度以及方差变化情况，战略人力资源管理对员工绩效影响的回归系数模型分析结果也同样呈现在表5-16和表5-17内。

具体操作上，使用HLM 6.08软件进行多层次模型分析。模型参数估计方法为默认的REML法。固定效应估计采取带有稳健性标准误差的方法。个体层次的平衡型心理契约履行、关系型心理契约履行与交易型心理契约履行在充当中介变量时，采用总均值中心化（grand centered）策略，其他个体层次预测变量采用组均值中心化（group centered）策略；组织层次预测变量全部采用总均值中心化策略。

第三步的中介作用模型呈现如下。

Level-1 Model：

$Y = \beta_0 + \beta_1 \times (PCF) + \beta_2 \times (LABORSHI) + \beta_3 \times (GENDER) + \beta_4 \times (E1) + \beta_5 \times (E2) + \beta_6 \times (E3) + \beta_7 \times (R1) + \beta_8 \times (R2) + \beta_9 \times (R3) + \beta_{10} \times (AGE) + r$

Level-2 Model：

$\beta_0 = \gamma_{00} + \gamma_{01} \times (FIRMAGE) + \gamma_{02} \times (T1) + \gamma_{03} \times (T2) + \gamma_{04} \times (T3) + \gamma_{05} \times (SHRM) + u_0$

$\beta_1 = \gamma_{10}$

$\beta_2 = \gamma_{20}$

$\beta_3 = \gamma_{30}$

$\beta_4 = \gamma_{40}$

$\beta_5 = \gamma_{50}$

$\beta_6 = \gamma_{60}$

$\beta_7 = \gamma_{70}$

$\beta_8 = \gamma_{80}$

$\beta_9 = \gamma_{90}$

$\beta_{10} = \gamma_{100}$

Mixed Model：

$Y = \gamma_{00} + \gamma_{01} \times (FIRMAGE) + \gamma_{02} \times (T1) + \gamma_{03} \times (T2) + \gamma_{04} \times (T3) + \gamma_{05} \times (SHRM) + \gamma_{10} \times (PCF) + \gamma_{20} \times (LABORSHI) + \gamma_{30} \times (GENDER) + \gamma_{40} \times (E1) + \gamma_{50} \times (E2) + \gamma_{60} \times (E3) + \gamma_{70} \times (R1) + \gamma_{80} \times (R2) + \gamma_{90} \times (R3) + \gamma_{100} \times (AGE) + u_0 + r$

其中，Y 是指角色内绩效（IRP）与组织公民行为（OCB）；PCF 包括三个变量：平衡型心理契约履行（PCFB）、关系型心理契约履行（PCFR）以及交易型心理契约履行（PCFS）。

心理契约履行在战略人力资源管理与角色内绩效间中介作用的分析结果见表 5–16。回归系数模型 1 检验战略人力资源管理对角色内绩效的影响，其分析结果在前文 5.5.2 小节中进行了详细论述，结果显示战略人力资源管理对角色内绩效正向影响显著（$\beta = 0.523$，$p < 0.001$），中介作用检验的第一步得以满足。同时中介作用检验第二步（战略人力资源管理与心理契约履行的关系检验）也已完成（详见表 5–13、表 5–14 和表 5–15），中介模型 1、中介模型 2、中介模型 3 分别用来完成不同类型心理契约履行中介作用检验的第三步。

表 5–16　心理契约履行中介作用的跨层次分析（因变量：角色内绩效）

固定效应	回归系数模型 1		中介模型 1		中介模型 2		中介模型 3	
	回归系数	标准误	回归系数	标准误	回归系数	标准误	回归系数	标准误
截距项 γ_{00}	4.756***	0.026	4.751***	0.027	4.750***	0.026	4.753***	0.026
Level–1 预测因子								
出生年份	0.002	0.019	0.004	0.018	–0.007	0.019	–0.003	0.019
男性	–0.039	0.028	–0.042	0.027	–0.042	0.026	–0.035	0.027
正式员工	–0.010	0.072	–0.028	0.061	–0.046	0.066	–0.013	0.067
基层管理者	0.015	0.031	0.015	0.030	–0.003	0.030	0.006	0.030
中层管理者	0.054	0.053	0.075	0.053	0.026	0.049	0.045	0.049
高层管理者	0.058	0.091	–0.001	0.079	0.025	0.070	0.055	0.089

续表

固定效应	回归系数模型1		中介模型1		中介模型2		中介模型3	
	回归系数	标准误	回归系数	标准误	回归系数	标准误	回归系数	标准误
专科	-0.045	0.065	-0.076	0.063	-0.047	0.065	-0.038	0.058
本科	-0.066	0.072	-0.075	0.068	-0.071	0.072	-0.035	0.061
研究生	-0.022	0.071	-0.039	0.068	-0.036	0.071	0.001	0.062
平衡型心理契约履行					0.343***	0.038		
关系型心理契约履行			0.291***	0.038				
交易型心理契约履行							-0.135***	0.022
Level-2 预测因子								
成立年限	-0.053	0.035	-0.073*	0.034	-0.049	0.034	-0.051	0.035
民营企业	-0.153*	0.068	-0.136	0.071	-0.140*	0.066	-0.172*	0.066
外资企业	-0.029	0.081	0.001	0.072	-0.018	0.077	-0.040	0.084
合资企业	-0.080	0.091	-0.059	0.087	-0.098	0.089	-0.098	0.091
战略人力资源管理	0.523***	0.056	0.319***	0.052	0.342***	0.053	0.460***	0.057
随机效应	方差成分	χ^2检验	方差成分	χ^2检验	方差成分	χ^2检验	方差成分	χ^2检验
第二层 τ_{00}	0.032	235.25***	0.033	257.95***	0.031	249.40***	0.031	238.54***
第一层 σ^2	0.159		0.144		0.146		0.152	
$\Delta R^2_{Level-1}$			0.094		0.082		0.044	
$\Delta R^2_{Level-2}$								
离异数（-2LL）	1145.56		1050.70		1060.01		1102.29	

中介模型1用以评价关系型心理契约履行在战略人力资源管理与角色内绩效间的中介作用。由表5-13中回归系数模型3可知，战略人力资源管理对关系型心理契约履行存在显著正向影响（$\beta = 0.701$，$p < 0.001$）。至此，验证关系型心理契约履行中介作用的前两步得以完成并满足条件，中介模型1则是对最后一步的检验。分析结果显示，将战略人力资源管理与关系型心理契约履行同时纳入方程后，战略人力

资源管理回归系数从 0.523（p<0.001）降为 0.319（p<0.001），同时关系型心理契约履行回归系数显著（$\beta=0.291$，p<0.001），组内方差由 0.159 降低为 0.144，关系型心理契约履行解释了角色内绩效组内变异的 9.4%（$\Delta R^2_{Level-1}=0.094$）。这说明关系型心理契约履行在战略人力资源管理与角色内绩效间起到了部分中介作用，假设 H3-1-1 得到证实。

中介模型 2 用以评价平衡型心理契约履行在战略人力资源管理与角色内绩效间的中介作用。由表 5-14 中回归系数模型 4 可知，战略人力资源管理对平衡型心理契约履行存在显著正向影响（$\beta=0.528$，p<0.001），中介作用检验的第二步得以完成并满足条件，中介模型 2 是最后一步的检验。分析结果显示，与回归系数模型 1 相较而言，中介模型 2 中战略人力资源管理回归系数从 0.523 降为 0.342，在 p<0.001 水平上显著；同时平衡型心理契约履行回归系数为 0.343，在 p<0.001 水平上显著；组内方差由 0.159 降低为 0.146，平衡型心理契约履行解释了角色内绩效组内变异的 8.2%（$\Delta R^2_{Level-1}=0.082$）。这说明平衡型心理契约履行在战略人力资源管理与角色内绩效间起到了部分中介作用，假设 H3-1-2 得到证实。

中介模型 3 用以评价交易型心理契约履行在战略人力资源管理与角色内绩效间的中介作用。由表 5-15 回归系数模型 5 可知，战略人力资源管理对交易型心理契约履行存在显著负向影响（$\beta=-0.458$，p<0.001），至此，中介作用检验只差最后一步。中介模型 3 分析结果显示，与回归系数模型 1 相比，战略人力资源管理回归系数从 0.523（p<0.001）降为 0.460（p<0.001），同时交易型心理契约履行影响显著（$\beta=-0.135$，p<0.001），组内方差由 0.159 降低为 0.152，交易型心理契约履行解释了角色内绩效组内变异的 4.4%（$\Delta R^2_{Level-1}=0.044$），离异数降低，模型适配性增强（-2LL 值为 1102.29）。这说明交易型心理契约履行在战略人力资源管理与角色内绩效间起到了部分中介作用，假设 H3-1-3 证实成立。

表 5-17 心理契约履行中介作用的跨层次分析（因变量：组织公民行为）

固定效应	回归系数模型 2		中介模型 4		中介模型 5		中介模型 6	
	回归系数	标准误	回归系数	标准误	回归系数	标准误	回归系数	标准误
截距项 γ_{00}	4.732***	0.024	4.727***	0.025	4.722***	0.023	4.726***	0.025
Level-1 预测因子								
出生年份	0.009	0.022	0.011	0.019	-0.008	0.015	-0.002	0.017
男性	-0.010	0.027	-0.014	0.024	-0.016	0.022	0.000	0.024
正式员工	0.012	0.044	-0.012	0.034	-0.056	0.034	0.004	0.032
基层管理者	0.083*	0.036	0.083*	0.032	0.048	0.032	0.062*	0.028
中层管理者	0.083	0.068	0.110	0.061	0.031	0.050	0.061	0.050
高层管理者	0.032	0.179	-0.044	0.161	-0.030	0.143	0.024	0.101
专科	0.073	0.060	0.033	0.055	0.070	0.055	0.090	0.065
本科	0.033	0.058	0.021	0.048	0.024	0.052	0.109	0.057
研究生	0.071	0.070	0.050	0.059	0.046	0.060	0.128*	0.066
平衡型心理契约履行					0.640***	0.047		
关系型心理契约履行			0.377***	0.031				
交易型心理契约履行							-0.329***	0.026
Level-2 预测因子								
成立年限	-0.048	0.029	-0.074*	0.033	-0.041	0.026	-0.044	0.026
民营企业	-0.120	0.086	-0.087	0.090	-0.085	0.077	-0.156	0.078
外资企业	0.018	0.068	0.057	0.069	0.039	0.054	-0.009	0.075
合资企业	0.025	0.063	0.052	0.053	-0.008	0.061	-0.019	0.069
战略人力资源管理	0.520***	0.049	0.257***	0.052	0.184**	0.053	0.371***	0.059
随机效应	方差成分	χ^2 检验	方差成分	χ^2 检验	方差成分	χ^2 检验	方差成分	χ^2 检验
第二层 τ_{00}	0.026	188.86***	0.029	238.90***	0.025	253.74***	0.029	276.34***
第一层 σ^2	0.162		0.136		0.114		0.117	
$\Delta R^2_{Level-1}$			0.160		0.296		0.278	
$\Delta R^2_{Level-2}$			-0.115		0.038		-0.115	
离异数 (-2LL)	1156.21		991.70		814.92		845.62	

心理契约履行在战略人力资源管理与组织公民行为之间中介作用的跨层次分析结果如表 5 – 17 所示。回归系数模型 2 显示战略人力资源管理对组织公民行为具有显著正向影响（$\beta = 0.520$，$p < 0.001$），其结果在前文 5.5.2 小节中进行了详细论述（详见表 5 – 12），此处不再赘述。

中介模型 4 用以评价关系型心理契约履行在战略人力资源管理与组织公民行为间的中介作用。分析结果显示，同时考察战略人力资源管理与关系型心理契约履行对组织公民行为的影响时，与回归系数模型 2 相比，战略人力资源管理回归系数从 0.520（$p < 0.001$）降为 0.257（$p < 0.001$），同时关系型心理契约履行回归系数显著（$\beta = 0.377$，$p < 0.001$）；组内方差由 0.162 降低为 0.136，关系型心理契约履行额外解释了组织公民行为组内变异的 16.0%（$\Delta R^2_{Level-1} = 0.160$），组间方差成分则提高了 11.5%（$\Delta R^2_{Level-2} = -0.115$），模型离异数降低，适配性增强（$-2LL = 991.70$）。这表明关系型心理契约履行在战略人力资源管理与组织公民行为间起到了部分中介作用，假设 H3 – 2 – 1 得到支持。

中介模型 5 用以检验平衡型心理契约履行在战略人力资源管理与组织公民行为间的中介作用。根据分析结果，相较回归系数模型 2 而言，战略人力资源管理回归系数从 0.520 降为 0.184，并且显著性有所降低（$\beta = 0.184$，$p < 0.01$）；同时平衡型心理契约履行回归系数为 0.640，在 $p < 0.001$ 水平上显著；组内方差由 0.162 降低为 0.114，平衡型心理契约履行解释了组内变异的 29.6%（$\Delta R^2_{Level-1} = 0.296$），模型离异数降低，适配性增强（$-2LL = 814.92$）。这说明平衡型心理契约履行起到了部分中介作用，假设 H3 – 2 – 2 成立。

中介模型 6 用以考察交易型心理契约履行的中介作用。分析结果显示，与回归系数模型 2 相比，战略人力资源管理回归系数有所降低（$\beta = 0.371$，$p < 0.001$），同时交易型心理契约履行回归系数为 -0.329，在 $p < 0.001$ 水平上显著；组内方差由 0.162 降低为 0.117，交易型心理契约履行额外解释了组内变异的 27.8%（$\Delta R^2_{Level-1} = 0.278$），组间方差成分则提高了 11.5%（$\Delta R^2_{Level-2} = -0.115$），模型离异数降低，（$-2LL = $

845.62）。这说明交易型心理契约履行在战略人力资源管理与组织公民行为间起到了部分中介作用，假设 H3-2-3 成立。

5.5.4 上下级关系与战略人力资源管理的跨层次交互作用检验

温福星（2009）阐述了多层次分析模型中跨层次交互作用的检验方法：第一步，零模型检验，计算 ICC（1），判断组间差异程度，是否需要考虑组间差异特性；第二步，将控制变量纳入模型中，建立控制模型；第三步，建立随机回归系数模型，将个体层次预测变量加入模型，并且将第一层回归模型的回归系数，包含截距项和所有的斜率项在第二层的回归模型中都设定为随机效应，以此检验个体层次预测变量对因变量的影响，以及观察组间方差与组内方差构成；第四步，建立情境模型（截距预测模型），在随机回归系数模型基础上，将组织层次预测变量加入第一层回归模型的截距项方程中，以判定组织层次预测变量对因变量的影响；第五步，建立完整模型（斜率预测模型），将组织层次变量纳入第一层回归模型的回归系数方程中，使得第一层和第二层均成为完整模型，混合模型中将产生跨层次的交互作用。

本研究使用 HLM 6.08 软件，依据以上步骤检验上下级关系与战略人力资源管理对心理契约履行的跨层次交互作用。由于心理契约履行的零模型及控制模型检验在 5.5.3 中已经完成，方差分析显示心理契约履行的组间差异不可忽略，不能只用一般的回归模型进行分析，多层次模型分析是必要的，具体数据此处不再赘述。以下主要设定随机回归系数模型、情境模型和完整模型，各阶段方程设定如下。

随机回归系数模型的方程呈现如下。

Level-1 Model：

$PCF = \beta_0 + \beta_1 \times (SSG) + \beta_2 \times (LABORSHI) + \beta_3 \times (GENDER) + \beta_4 \times (E1) + \beta_5 \times (E2) + \beta_6 \times (E3) + \beta_7 \times (R1) + \beta_8 \times (R2) + \beta_9 \times (R3) + \beta_{10} \times (AGE) + r$

Level-2 Model：

$\beta_0 = \gamma_{00} + \gamma_{01} \times (FIRMAGE) + \gamma_{02} \times (T1) + \gamma_{03} \times (T2) + \gamma_{04} \times (T3) + u_0$

$\beta_1 = \gamma_{10} + u_1$

$\beta_2 = \gamma_{20}$

$\beta_3 = \gamma_{30}$

$\beta_4 = \gamma_{40}$

$\beta_5 = \gamma_{50}$

$\beta_6 = \gamma_{60}$

$\beta_7 = \gamma_{70}$

$\beta_8 = \gamma_{80}$

$\beta_9 = \gamma_{90}$

$\beta_{10} = \gamma_{100}$

Mixed Model：

$PCF = \gamma_{00} + \gamma_{01} \times (FIRMAGE) + \gamma_{02} \times (T1) + \gamma_{03} \times (T2) + \gamma_{04} \times (T3) + \gamma_{10} \times (SSG) + \gamma_{20} \times (LABORSHI) + \gamma_{30} \times (GENDER) + \gamma_{40} \times (E1) + \gamma_{50} \times (E2) + \gamma_{60} \times (E3) + \gamma_{70} \times (R1) + \gamma_{80} \times (R2) + \gamma_{90} \times (R3) + \gamma_{100} \times (AGE) + u_0 + u_1 \times (SSG) + r$

情境模型（截距预测模型）的方程呈现如下。

Level – 1 Model：

$PCF = \beta_0 + \beta_1 \times (SSG) + \beta_2 \times (LABORSHI) + \beta_3 \times (GENDER) + \beta_4 \times (E1) + \beta_5 \times (E2) + \beta_6 \times (E3) + \beta_7 \times (R1) + \beta_8 \times (R2) + \beta_9 \times (R3) + \beta_{10} \times (AGE) + r$

Level – 2 Model：

$\beta_0 = \gamma_{00} + \gamma_{01} \times (FIRMAGE) + \gamma_{02} \times (T1) + \gamma_{03} \times (T2) + \gamma_{04} \times (T3) + \gamma_{05} \times (SHRM) + u_0$

$\beta_1 = \gamma_{10} + u_1$

$\beta_2 = \gamma_{20}$

$\beta_3 = \gamma_{30}$

$\beta_4 = \gamma_{40}$

$\beta_5 = \gamma_{50}$

$\beta_6 = \gamma_{60}$

$\beta_7 = \gamma_{70}$

$\beta_8 = \gamma_{80}$

$\beta_9 = \gamma_{90}$

$\beta_{10} = \gamma_{100}$

第5章 大样本调查、数据分析与讨论

Mixed Model：

$PCF = \gamma_{00} + \gamma_{01} \times (FIRMAGE) + \gamma_{02} \times (T1) + \gamma_{03} \times (T2) + \gamma_{04} \times (T3) + \gamma_{05} \times (SHRM) + \gamma_{10} \times (SSG) + \gamma_{20} \times (LABORSHI) + \gamma_{30} \times (GENDER) + \gamma_{40} \times (E1) + \gamma_{50} \times (E2) + \gamma_{60} \times (E3) + \gamma_{70} \times (R1) + \gamma_{80} \times (R2) + \gamma_{90} \times (R3) + \gamma_{100} \times (AGE) + u_0 + u_1 \times (SSG) + r$

完整模型（斜率预测模型）的方程呈现如下。

Level-1 Model：

$PCF = \beta_0 + \beta_1 \times (SSG) + \beta_2 \times (LABORSHI) + \beta_3 \times (GENDER) + \beta_4 \times (E1) + \beta_5 \times (E2) + \beta_6 \times (E3) + \beta_7 \times (R1) + \beta_8 \times (R2) + \beta_9 \times (R3) + \beta_{10} \times (AGE) + r$

Level-2 Model：

$\beta_0 = \gamma_{00} + \gamma_{01} \times (FIRMAGE) + \gamma_{02} \times (T1) + \gamma_{03} \times (T2) + \gamma_{04} \times (T3) + \gamma_{05} \times (SHRM) + u_0$

$\beta_1 = \gamma_{10} + \gamma_{11} \times (SHRM) + u_1$

$\beta_2 = \gamma_{20}$

$\beta_3 = \gamma_{30}$

$\beta_4 = \gamma_{40}$

$\beta_5 = \gamma_{50}$

$\beta_6 = \gamma_{60}$

$\beta_7 = \gamma_{70}$

$\beta_8 = \gamma_{80}$

$\beta_9 = \gamma_{90}$

$\beta_{10} = \gamma_{100}$

Mixed Model：

$PCF = \gamma_{00} + \gamma_{01} \times (FIRMAGE) + \gamma_{02} \times (T1) + \gamma_{03} \times (T2) + \gamma_{04} \times (T3) + \gamma_{05} \times (SHRM) + \gamma_{10} \times (SSG) + \gamma_{11} \times (SSG) \times (SHRM) + \gamma_{20} \times (LABORSHI) + \gamma_{30} \times (GENDER) + \gamma_{40} \times (E1) + \gamma_{50} \times (E2) + \gamma_{60} \times (E3) + \gamma_{70} \times (R1) + \gamma_{80} \times (R2) + \gamma_{90} \times (R3) + \gamma_{100} \times (AGE) + u_0 + u_1 \times (SSG) + r$

为了精确估计模型，预测变量进行了数据中心化，个体层次预测变量采用组均值中心化策略，组织层次预测变量全部采用总均值中心化策略。模型参数估计方法为默认的REML法。固定效应估计采取带有稳健性标准误差的方法。

(1) 以关系型心理契约履行为结果变量

上下级关系与战略人力资源管理（SHRM）对关系型心理契约履行的跨层次交互作用，分析结果详见表 5-18。根据随机回归系数模型 1，上下级关系对关系型心理契约履行具有显著正向影响（$\beta = 0.348$，$p < 0.001$），额外解释了组内差异的 34.3%（$\sigma^2 = 0.117$，$\Delta R^2_{Level-1} = 0.343$），组间方差成分 τ_{00} 为 0.161（Chi-square = 1261.85，$p < 0.001$），说明不同组间确实存在不同的截距，组织层次变量对员工关系型心理契约履行的影响可能存在。根据情境模型 1，战略人力资源管理对关系型心理契约履行正向影响显著（$\beta = 0.690$，$p < 0.001$），与随机回归系数模型 1 相比，组间方差成分 τ_{00} 由 0.161 降为 0.032，组间方差的 80.1% 可以被战略人力资源管理解释（$\tau_{00} = 0.032$，$\Delta R^2_{Level-2} = 0.801$）。组间方差成分 τ_{11} 为 0.013（Chi-square = 94.47，$p < 0.001$），说明随机效应显著，表明上下级关系对关系型心理契约履行的影响在各群组间存在显著的变异。

表 5-18 上下级关系与 SHRM 的跨层次交互作用
（因变量：关系型心理契约履行）

固定效应	随机回归系数模型 1		情境模型 1		完整模型 1	
	回归系数	标准误	回归系数	标准误	回归系数	标准误
截距项 γ_{00}	4.352***	0.055	4.354***	0.026	4.354***	0.024
Level-1 预测因子						
出生年份	-0.021	0.014	-0.020	0.014	-0.022	0.014
男性	0.005	0.018	0.004	0.018	0.005	0.018
正式员工	0.021	0.039	0.022	0.040	0.024	0.039
R1：基层管理者	-0.031	0.034	-0.032	0.034	-0.030	0.034
R2：中层管理者	-0.116**	0.042	-0.118**	0.043	-0.112**	0.042
R3：高层管理者	0.172*	0.081	0.171*	0.083	0.174*	0.081
E1：专科	0.115*	0.049	0.110*	0.049	0.116*	0.049
E2：本科	0.076	0.049	0.068	0.047	0.078	0.050
E3：研究生	0.087	0.052	0.079	0.050	0.087	0.053
上下级关系 SSG	0.348***	0.024	0.347***	0.023	0.349***	0.021

续表

固定效应	随机回归系数模型1		情境模型1		完整模型1	
	回归系数	标准误	回归系数	标准误	回归系数	标准误
Level-2 预测因子						
成立年限	0.065	0.061	0.070*	0.029	0.070*	0.029
T1：民营企业	0.255	0.138	-0.055	0.067	-0.055	0.067
T2：外资企业	0.247	0.130	-0.104	0.078	-0.104	0.078
T3：合资企业	0.121	0.171	-0.070	0.094	-0.071	0.093
战略人力资源管理 SHRM			0.690***	0.059	0.704***	0.061
交互项						
SHRM×SSG					0.128**	0.043
随机效应	方差成分	χ^2检验	方差成分	χ^2检验	方差成分	χ^2检验
第二层 τ_{00}	0.161	1261.85***	0.032	273.69***	0.032	275.38***
第二层 τ_{11}	0.014	94.81***	0.013	94.47***	0.010	81.62**
第一层 σ^2	0.117		0.117		0.117	
$\Delta R^2_{Level-1}$	0.343					
$\Delta R^2_{Level-2}$			0.801			
$\Delta R^2_{Level-2交互作用项}$					0.231	
离异数（-2LL）	943.78		885.27		882.39	

根据完整模型1，战略人力资源管理与上下级关系的交互项对关系型心理契约履行的回归系数为0.128，在 $p<0.01$ 水平上显著；与情境模型1相比，组间斜率项方差成分 τ_{11} 降为0.010，卡方检验显著性水平降低（Chi-square = 81.62，$p<0.01$），表明引入战略人力资源管理后降低了第二层斜率项23.1%的变异程度（$\tau_{11}=0.010$，$\Delta R^2_{Level-2交互作用项}=0.231$）。由此，战略人力资源管理与上下级关系对关系型心理契约履行的跨层次交互作用成立。

本研究遵照温福星（2009）的做法，利用回归系数关系图来呈现战略人力资源管理与上下级关系的跨层次交互作用，详见图5-1和表5-19。

战略人力资源管理与员工绩效

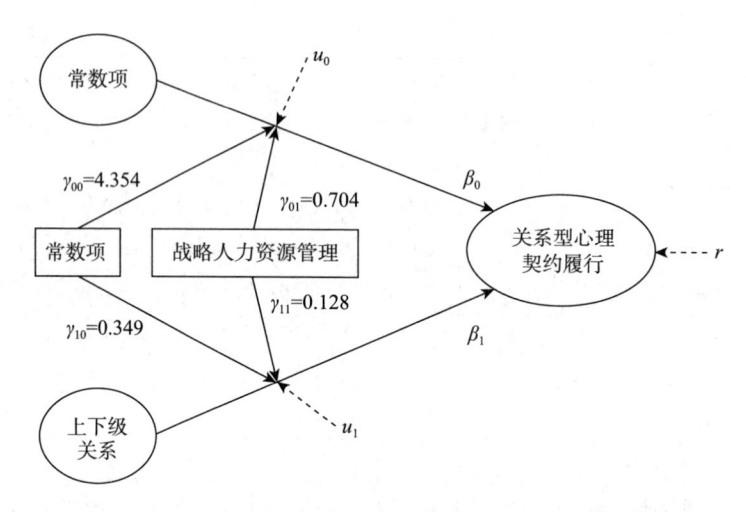

图 5-1 跨层次交互作用的调节效应（以关系型心理契约履行为结果变量）

图中标注：常数项，$\gamma_{00}=4.354$，$\gamma_{01}=0.704$，u_0，β_0，关系型心理契约履行，r，常数项，战略人力资源管理，$\gamma_{11}=0.128$，$\gamma_{10}=0.349$，上下级关系，u_1，β_1

表 5-19 跨层次交互作用的调节效应（以关系型心理契约履行为结果变量）

企业	j_1	j_2	j_3
战略人力资源管理（标准化后分数）	-1	0	+1
上下级关系（标准化后分数）	+1	+1	+1
γ_{11} × 战略人力资源管理	-0.128	0	+0.128
γ_{10} × 上下级关系	+0.349	+0.349	+0.349
其他条件不变，上下级关系皆为 +1 时，其对关系型心理契约履行的影响	0.221	0.349	0.477

根据图 5-1 和表 5-19 的回归系数，在其他条件不变的情况下，每增加一个单位的战略人力资源管理得分，会比平均战略人力资源管理得分的企业多增加 0.128 的斜率，因此在这样的企业内，员工的上下级关系每增加一个单位得分，则会增加其 0.477（0.128 + 0.349）个单位的关系型心理契约履行。这说明，战略人力资源管理增强了上下级关系对心理契约履行的正向影响，战略人力资源管理与上下级关系对关系型心理契约履行具有交互作用。至此，假设 H4-1 得以验证成立。

第5章 大样本调查、数据分析与讨论

(2) 以平衡型心理契约履行为结果变量

遵循同样的思路,检验上下级关系与战略人力资源管理对平衡型心理契约履行的跨层次交互作用,分析结果详见表5-20。

根据随机回归系数模型2,上下级关系回归系数为0.330,在$p<0.001$水平上显著,上下级关系额外解释了平衡型心理契约履行组内变异的44.9%($\sigma^2=0.065$,$\Delta R^2_{Level-1}=0.449$),组间截距项方差成分$\tau_{00}$为0.081(Chi-square = 1270.65,$p<0.001$),这表示不同企业数据间截距差异显著存在,应该考虑组织层次预测变量对员工平衡型心理契约履行的影响。

根据情境模型2,战略人力资源管理对平衡型心理契约履行正向影响显著($\beta=0.537$,$p<0.001$),与随机回归系数模型2相比,组间截距项方差成分τ_{00}由0.081降为0.007,战略人力资源管理可以解释截距项组间变异的91.4%($\tau_{00}=0.007$,$\Delta R^2_{Level-2}=0.914$)。组间斜率项方差成分$\tau_{11}$为0.015(Chi-square = 137.98,$p<0.001$),说明随机效应显著,表明上下级关系对平衡型心理契约履行的影响在各群组间存在显著变异,因此有必要进一步检验交互项作用。

根据完整模型2,交互项对平衡型心理契约履行的回归系数为0.163,在$p<0.001$水平上显著;与情境模型2相比,组间斜率项方差成分τ_{11}降为0.008,额外解释了第二层斜率项46.7%的变异程度($\tau_{11}=0.008$,$\Delta R^2_{Level-2交互作用项}=0.467$)。因此,战略人力资源管理与上下级关系对平衡型心理契约履行的跨层次交互作用成立。

表5-20 上下级关系与SHRM的跨层次交互作用
(因变量:平衡型心理契约履行)

固定效应	随机回归系数模型2		情境模型2		完整模型2	
	回归系数	标准误	回归系数	标准误	回归系数	标准误
截距项γ_{00}	4.627***	0.039	4.629***	0.013	4.628***	0.013
Level-1 预测因子						
出生年份	0.010	0.012	0.011	0.012	0.010	0.012
男性	0.005	0.020	0.004	0.020	0.005	0.020

续表

固定效应	随机回归系数模型2		情境模型2		完整模型2	
	回归系数	标准误	回归系数	标准误	回归系数	标准误
正式员工	0.080*	0.036	0.083*	0.036	0.083*	0.035
R1：基层管理者	0.028	0.025	0.026	0.025	0.028	0.025
R2：中层管理者	0.051	0.030	0.052	0.031	0.055	0.030
R3：高层管理者	0.081	0.081	0.085	0.082	0.084	0.081
E1：专科	0.025	0.043	0.026	0.043	0.029	0.042
E2：本科	0.069	0.038	0.068	0.039	0.074*	0.037
E3：研究生	0.073	0.042	0.072	0.043	0.078	0.041
上下级关系SSG	0.330***	0.021	0.330***	0.021	0.331***	0.017
Level-2 预测因子						
成立年限	0.006	0.044	-0.010	0.013	-0.010	0.013
T1：民营企业	0.103	0.111	-0.036	0.041	-0.036	0.042
T2：外资企业	0.152	0.101	-0.032	0.043	-0.033	0.044
T3：合资企业	0.100	0.116	0.056	0.045	0.055	0.045
战略人力资源管理SHRM			0.537***	0.027	0.527***	0.027
交互项						
SHRM × SSG					0.163***	0.029
随机效应	方差成分	χ^2检验	方差成分	χ^2检验	方差成分	χ^2检验
第二层 τ_{00}	0.081	1270.65***	0.007	145.97***	0.007	145.49***
第二层 τ_{11}	0.015	138.15***	0.015	137.98***	0.008	98.59***
第一层 σ^2	0.065		0.065		0.065	
$\Delta R^2_{Level-1}$	0.449					
$\Delta R^2_{Level-2}$			0.914			
$\Delta R^2_{Level-2交互作用项}$					0.467	
离异数（-2LL）	365.93		284.49		270.67	

同样，遵照温福星（2009）的做法，利用回归系数关系图呈现战略人力资源管理与上下级关系对平衡型心理契约履行的跨层次交互作用，详见图5-2和表5-21。

第 5 章 大样本调查、数据分析与讨论

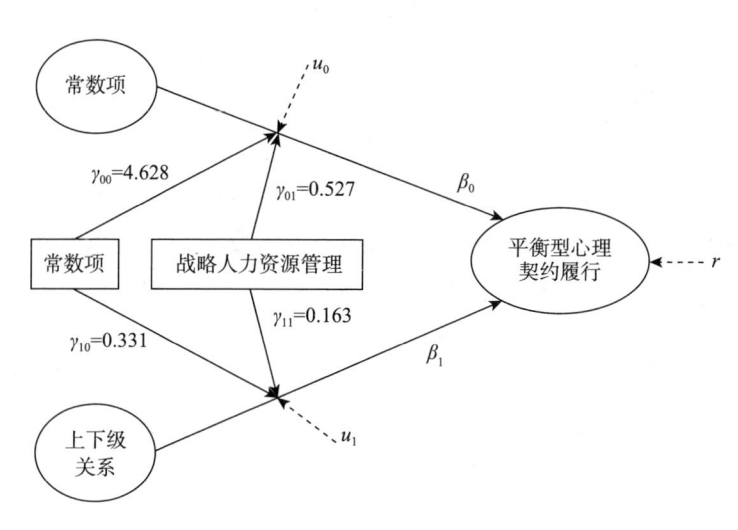

图 5-2 跨层次交互作用的调节效应（以平衡型心理契约履行为结果变量）

表 5-21 跨层次交互作用的调节效应（以平衡型心理契约履行为结果变量）

企业	j_1	j_2	j_3
战略人力资源管理（标准化后分数）	-1	0	+1
上下级关系（标准化后分数）	+1	+1	+1
γ_{11} × 战略人力资源管理	-0.163	0	+0.163
γ_{10} × 上下级关系	+0.331	+0.331	+0.331
其他条件不变，上下级关系皆为 +1 时，其对平衡型心理契约履行的影响	0.168	0.331	0.494

根据图 5-2 和表 5-21 的回归系数，若其他条件不变，战略人力资源管理每增加一个单位，斜率多增加 0.163 个单位，在这样的企业内，员工上下级关系每增加一个单位得分，因变量平衡型心理契约履行则会增加 0.494（0.163 + 0.331）个单位。这意味着，战略人力资源管理与上下级关系对平衡型心理契约履行产生交互影响。至此，假设 H4-2 证实成立。

(3) 以交易型心理契约履行为结果变量

按照以上相同的步骤,以交易型心理契约履行为因变量,检验上下级关系与战略人力资源管理对其的跨层次交互影响,分析结果详见表 5-22。

随机回归系数模型 3 结果显示,上下级关系的回归系数为 -0.677,在 $p<0.001$ 水平上显著,上下级关系负向影响交易型心理契约履行,组内方差的 51.1% 可以被上下级关系解释($\sigma^2 = 0.203$,$\Delta R^2_{Level-1} = 0.511$),组间截距差异显著存在($\tau_{00} = 0.090$,Chi-square = 464.99,$p<0.001$),有必要进一步检验战略人力资源管理对交易型心理契约履行的影响。

情境模型 3 结果显示,将战略人力资源管理纳入截距预测方程后,其回归系数为 -0.542,在 $p<0.001$ 水平上显著,相较随机回归系数模型 3 而言,组间截距项方差成分 τ_{00} 降低,额外解释了组间变异的 58.9%($\tau_{00} = 0.037$,$\Delta R^2_{Level-2} = 0.589$)。组间斜率项方差成分 τ_{11} 为 0.048(Chi-square = 144.70,$p<0.001$),说明随机效应显著,因此有必要进一步检验交互效应的影响。

完整模型 3 结果显示,交互项对交易型心理契约履行负向影响显著($\beta = -0.310$,$p<0.001$),与情境模型 3 相比,组间斜率项方差成分 τ_{11} 降为 0.020,额外解释了第二层斜率项 58.3% 的变异程度($\tau_{11} = 0.020$,Chi-square = 89.25,$p<0.01$,$\Delta R^2_{Level-2交互作用项} = 0.583$)。这说明,战略人力资源管理与上下级关系对交易型心理契约履行的跨层次交互作用成立。

表 5-22 上下级关系与 SHRM 的跨层次交互作用
(因变量:交易型心理契约履行)

固定效应	随机回归系数模型 3		情境模型 3		完整模型 3	
	回归系数	标准误	回归系数	标准误	回归系数	标准误
截距项 γ_{00}	2.628***	0.049	2.627***	0.029	2.627***	0.028
Level-1 预测因子						
出生年份	-0.004	0.017	-0.001	0.018	0.000	0.019
男性	0.031	0.028	0.030	0.028	0.031	0.028

续表

固定效应	随机回归系数模型 3		情境模型 3		完整模型 3	
	回归系数	标准误	回归系数	标准误	回归系数	标准误
正式员工	0.042	0.049	0.036	0.048	0.031	0.046
R1：基层管理者	-0.015	0.035	-0.016	0.036	-0.017	0.035
R2：中层管理者	-0.031	0.053	-0.043	0.052	-0.038	0.053
R3：高层管理者	0.020	0.251	0.011	0.253	0.011	0.245
E1：专科	0.007	0.094	0.013	0.093	0.011	0.096
E2：本科	0.117	0.101	0.123	0.100	0.114	0.106
E3：研究生	0.101	0.110	0.107	0.109	0.097	0.114
上下级关系 SSG	-0.677***	0.038	-0.680***	0.038	-0.679***	0.029
Level-2 预测因子						
成立年限	0.029	0.059	-0.006	0.038	-0.008	0.038
T1：民营企业	-0.279*	0.121	-0.172	0.093	-0.176	0.093
T2：外资企业	-0.297*	0.110	-0.076	0.078	-0.075	0.078
T3：合资企业	-0.232*	0.097	-0.136*	0.057	-0.135*	0.057
战略人力资源管理 SHRM			-0.542***	0.065	-0.461***	0.065
交互项						
SHRM×SSG					-0.310***	0.042
随机效应	方差成分	χ^2 检验	方差成分	χ^2 检验	方差成分	χ^2 检验
第二层 τ_{00}	0.090	464.99***	0.037	215.25***	0.035	202.78***
第二层 τ_{11}	0.046	143.78***	0.048	144.70***	0.020	89.25**
第一层 σ^2	0.203		0.202		0.203	
$\Delta R^2_{Level-1}$	0.511					
$\Delta R^2_{Level-2}$			0.589			
$\Delta R^2_{Level-2 交互作用项}$					0.583	
离异数（-2LL）	1466.24		1432.46		1414.08	

同样，遵照温福星（2009）的做法，利用回归系数关系图呈现战略人力资源管理与上下级关系对交易型心理契约履行的跨层次交互作用，详见图 5-3 和表 5-23。

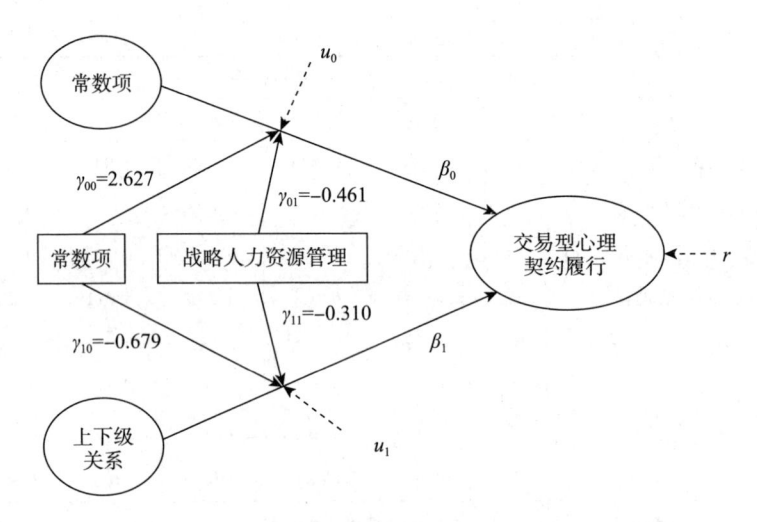

图 5-3 跨层次交互作用的调节效应（以交易型心理契约履行为结果变量）

表 5-23 跨层次交互作用的调节效应（以交易型心理契约履行为结果变量）

企业	j_1	j_2	j_3
战略人力资源管理（标准化后分数）	-1	0	+1
上下级关系（标准化后分数）	+1	+1	+1
$\gamma_{11}\times$战略人力资源管理	+0.310	0	-0.310
$\gamma_{10}\times$上下级关系	-0.679	-0.679	-0.679
其他条件不变，上下级关系皆为 +1 时，其对交易型心理契约履行的影响	-0.369	-0.679	-0.989

根据图 5-3 和表 5-23 的回归系数，当其他条件不变时，战略人力资源管理每增加一个单位，斜率减少 0.310 个单位，在这样的企业内，员工上下级关系每增加一个单位得分，交易型心理契约履行则会减少 0.989（-0.310-0.679）个单位。这说明，战略人力资源管理与上下级关系对交易型心理契约履行产生了交互影响。至此，假设 H4-3 得到支持。

5.5.5 传统性的跨层次调节作用检验

温福星（2009）提供了跨层次调节作用的检验方法：方程1，零模型，计算ICC（1），判断组间差异程度，以决定是否需要考虑组间差异特性；方程2，将控制变量纳入模型中，建立控制模型；方程3，将自变量加入模型，建立随机回归系数模型，检验自变量对因变量的影响，以及观察组间方差与组内方差构成；方程4，进一步将调节变量加入第一层回归模型的截距项方程中，建立情境模型，以判定调节变量对因变量的影响，观察斜率项方差的显著性以确定是否进入下一步检验；方程5，再次将调节变量纳入第一层回归模型的回归系数方程中，建立完整模型，混合模型中将产生跨层次的交互项，通过交互项显著性以及 $\Delta R^2_{Level-2 交互作用项}$ 的变化判定调节作用是否存在。

本研究使用 HLM 6.08 软件，依据以上步骤检验假设5心理契约履行对员工绩效的影响，以及假设6中传统性对心理契约履行与员工绩效关系的跨层次调节作用。员工绩效的零模型及控制模型检验在5.5.2中已经完成，方差成分分析显示组间变异不可忽略，多层次模型分析十分必要，具体数据此处不再赘述。以下主要设定随机回归系数模型、情境模型和完整模型。以下为本部分检验中各阶段方程设定。

随机回归系数模型的方程呈现如下。

Level-1 Model：

$Y = \beta_0 + \beta_1 \times (PCF) + \beta_2 \times (LABORSHI) + \beta_3 \times (GENDER) + \beta_4 \times (E1) + \beta_5 \times (E2) + \beta_6 \times (E3) + \beta_7 \times (R1) + \beta_8 \times (R2) + \beta_9 \times (R3) + \beta_{10} \times (AGE) + r$

Level-2 Model：

$\beta_0 = \gamma_{00} + \gamma_{01} \times (FIRMAGE) + \gamma_{02} \times (T1) + \gamma_{03} \times (T2) + \gamma_{04} \times (T3) + u_0$

$\beta_1 = \gamma_{10} + u_1$

$\beta_2 = \gamma_{20}$

$\beta_3 = \gamma_{30}$

$\beta_4 = \gamma_{40}$

$\beta_5 = \gamma_{50}$

$\beta_6 = \gamma_{60}$

$\beta_7 = \gamma_{70}$

$\beta_8 = \gamma_{80}$

$\beta_9 = \gamma_{90}$

$\beta_{10} = \gamma_{100}$

Mixed Model：

$Y = \gamma_{00} + \gamma_{01} \times (FIRMAGE) + \gamma_{02} \times (T1) + \gamma_{03} \times (T2) + \gamma_{04} \times (T3) + \gamma_{10} \times (PCF) + \gamma_{20} \times (LABORSHI) + \gamma_{30} \times (GENDER) + \gamma_{40} \times (E1) + \gamma_{50} \times (E2) + \gamma_{60} \times (E3) + \gamma_{70} \times (R1) + \gamma_{80} \times (R2) + \gamma_{90} \times (R3) + \gamma_{100} \times (AGE) + u_0 + u_1 \times (PCF) + r$

情境模型的方程呈现如下。

Level – 1 Model：

$Y = \beta_0 + \beta_1 \times (PCF) + \beta_2 \times (LABORSHI) + \beta_3 \times (GENDER) + \beta_4 \times (E1) + \beta_5 \times (E2) + \beta_6 \times (E3) + \beta_7 \times (R1) + \beta_8 \times (R2) + \beta_9 \times (R3) + \beta_{10} \times (AGE) + r$

Level – 2 Model：

$\beta_0 = \gamma_{00} + \gamma_{01} \times (FIRMAGE) + \gamma_{02} \times (T1) + \gamma_{03} \times (T2) + \gamma_{04} \times (T3) + \gamma_{05} \times (TRA) + u_0$

$\beta_1 = \gamma_{10} + u_1$

$\beta_2 = \gamma_{20}$

$\beta_3 = \gamma_{30}$

$\beta_4 = \gamma_{40}$

$\beta_5 = \gamma_{50}$

$\beta_6 = \gamma_{60}$

$\beta_7 = \gamma_{70}$

$\beta_8 = \gamma_{80}$

$\beta_9 = \gamma_{90}$

$\beta_{10} = \gamma_{100}$

Mixed Model：

$Y = \gamma_{00} + \gamma_{01} \times (FIRMAGE) + \gamma_{02} \times (T1) + \gamma_{03} \times (T2) + \gamma_{04} \times (T3) + \gamma_{05} \times (TRA) + \gamma_{10} \times (PCF) + \gamma_{20} \times (LABORSHI) + \gamma_{30} \times (GENDER) + \gamma_{40} \times (E1) + \gamma_{50} \times (E2) + \gamma_{60} \times (E3) + \gamma_{70} \times (R1) + \gamma_{80} \times (R2) + \gamma_{90} \times (R3) + \gamma_{100} \times (AGE) + u_0 + u_1 \times (PCF) + r$

完整模型的方程呈现如下。

Level – 1 Model：

$$Y = \beta_0 + \beta_1 \times (PCF) + \beta_2 \times (LABORSHI) + \beta_3 \times (GENDER) + \beta_4 \times (E1) + \beta_5 \times (E2) + \beta_6 \times (E3) + \beta_7 \times (R1) + \beta_8 \times (R2) + \beta_9 \times (R3) + \beta_{10} \times (AGE) + r$$

Level – 2 Model：

$$\beta_0 = \gamma_{00} + \gamma_{01} \times (FIRMAGE) + \gamma_{02} \times (T1) + \gamma_{03} \times (T2) + \gamma_{04} \times (T3) + \gamma_{05} \times (TRA) + u_0$$

$$\beta_1 = \gamma_{10} + \gamma_{11} \times (TRA) + u_1$$

$$\beta_2 = \gamma_{20}$$

$$\beta_3 = \gamma_{30}$$

$$\beta_4 = \gamma_{40}$$

$$\beta_5 = \gamma_{50}$$

$$\beta_6 = \gamma_{60}$$

$$\beta_7 = \gamma_{70}$$

$$\beta_8 = \gamma_{80}$$

$$\beta_9 = \gamma_{90}$$

$$\beta_{10} = \gamma_{100}$$

Mixed Model：

$$Y = \gamma_{00} + \gamma_{01} \times (FIRMAGE) + \gamma_{02} \times (T1) + \gamma_{03} \times (T2) + \gamma_{04} \times (T3) + \gamma_{05} \times (TRA) + \gamma_{10} \times (PCF) + \gamma_{11} \times (PCF) \times (TRA) + \gamma_{20} \times (LABORSHI) + \gamma_{30} \times (GENDER) + \gamma_{40} \times (E1) + \gamma_{50} \times (E2) + \gamma_{60} \times (E3) + \gamma_{70} \times (R1) + \gamma_{80} \times (R2) + \gamma_{90} \times (R3) + \gamma_{100} \times (AGE) + u_0 + u_1 \times (PCF) + r$$

为了精确估计模型，预测变量进行了数据中心化，个体层次预测变量采用组均值中心化（group centered）策略，组织层次预测变量采用总均值中心化（grand centered）策略。模型参数估计方法为默认的REML法。固定效应估计采取带有稳健性标准误差的方法。

（1）传统性对心理契约履行与角色内绩效关系的跨层次调节作用分析

按照上述的步骤，分别对传统性对关系型心理契约履行、平衡型心理契约履行、交易型心理契约履行与角色内绩效关系的跨层次调节作用进行检验，数据分析结果详见表5–24、表5–25和表5–26。

①传统性对关系型心理契约履行与角色内绩效关系的跨层次调节作用

表5–24中随机回归系数模型4、情境模型4和完整模型4用来检验关系型心理契约履行与角色内绩效的关系，以及传统性对二者关系的跨层次调节作用。

表 5-24 传统性对关系型心理契约履行与角色内绩效的跨层次调节作用

固定效应	随机回归系数模型 4		情境模型 4		完整模型 4	
	回归系数	标准误	回归系数	标准误	回归系数	标准误
截距项 γ_{00}	4.756***	0.045	4.756***	0.045	4.756***	0.045
Level-1 预测因子						
出生年份	0.006	0.018	0.005	0.018	0.002	0.017
男性	-0.043	0.027	-0.043	0.027	-0.045	0.027
正式员工	-0.027	0.061	-0.025	0.060	-0.018	0.057
R1：基层管理者	0.018	0.029	0.017	0.029	0.018	0.030
R2：中层管理者	0.078	0.053	0.079	0.053	0.084	0.052
R3：高层管理者	-0.018	0.080	-0.018	0.080	-0.017	0.078
E1：专科	-0.082	0.063	-0.084	0.063	-0.080	0.066
E2：本科	-0.083	0.066	-0.085	0.066	-0.080	0.072
E3：研究生	-0.044	0.067	-0.046	0.068	-0.042	0.073
关系型心理契约履行	0.311***	0.036	0.310***	0.036	0.299***	0.030
Level-2 预测因子						
成立年限	-0.030	0.043	-0.018	0.043	-0.019	0.043
T1：民营企业	0.162	0.124	0.136	0.133	0.124	0.134
T2：外资企业	0.324**	0.109	0.272*	0.117	0.267*	0.113
T3：合资企业	0.154	0.145	0.130	0.151	0.113	0.153
传统性			-0.164	0.124	-0.030	0.137
交互项						
传统性 × 关系型心理契约履行					-0.257***	0.064
随机效应	方差成分	χ^2 检验	方差成分	χ^2 检验	方差成分	χ^2 检验
第二层 τ_{00}	0.104	720.40***	0.110	742.78***	0.106	723.13***
第二层 τ_{11}	0.022	72.62*	0.023	72.61*	0.008	50.93
第一层 σ^2	0.140		0.140		0.140	
$\Delta R^2_{Level-1}$	0.119					
$\Delta R^2_{Level-2}$			-0.058			
$\Delta R^2_{Level-2交互作用项}$					0.652	
离异数（-2LL）	1086.11		1084.97		1077.38	

第 5 章　大样本调查、数据分析与讨论

根据随机回归系数模型 4，关系型心理契约履行正向影响角色内绩效（$\beta = 0.311$，$p < 0.001$），解释组内方差的 11.9%（$\sigma^2 = 0.140$，$\Delta R^2_{Level-1} = 0.119$），假设 H5-1-1 成立。

根据情境模型 4，情境效应不显著，传统性对第一层回归模式截距项的变异没有解释力（$\beta = -0.164$，$p > 0.05$，$\Delta R^2_{Level-2} = -0.058$），但是第二层斜率项的组间方差为 0.023，在 $p < 0.05$ 水平上显著，斜率项组间变异不能忽略，因此有必要建立完整模型检验交互项的调节作用。根据完整模型 4，交互项回归系数显著（$\beta = -0.257$，$p < 0.001$），并且斜率项组间差异被额外解释 65.2%（$\tau_{11} = 0.008$，Chi-square $= 50.93$，$p > 0.05$，$\Delta R^2_{Level-2\text{交互作用项}} = 0.652$），这说明，虽然传统性对角色内绩效没有显著影响力，但是会调节关系型心理契约履行对角色内绩效的影响，调节作用存在。

为更好地反映调节效应的作用，本研究通过简单斜率法直观展示传统性的调节作用，根据传统性均值各加减一个标准差将样本分成高低两组（Aiken & West，1991），并绘制了调节效应图，见图 5-4。由图可知，组织层次传统性较低时，关系型心理契约履行对角色内绩效的影响较强，组织层次传统性弱化了关系型心理契约履行对角色内绩效的正向影响。因此，假设 H6-1-1 得到证实。

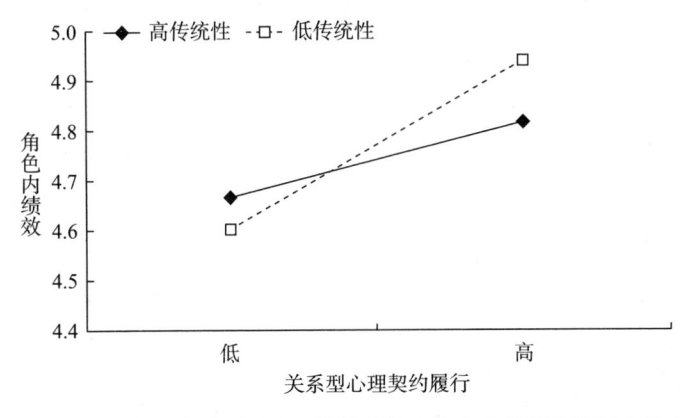

图 5-4　传统性在关系型心理契约履行与角色内绩效间的调节效应

②传统性对平衡型心理契约履行与角色内绩效关系的跨层次调节

作用

表 5-25 中随机回归系数模型 5、情境模型 5 和完整模型 5 用来检验平衡型心理契约履行与角色内绩效的关系，以及传统性对二者关系的跨层次调节作用。

表 5-25 传统性对平衡型心理契约履行与角色内绩效的跨层次调节作用

固定效应	随机回归系数模型 5		情境模型 5		完整模型 5	
	回归系数	标准误	回归系数	标准误	回归系数	标准误
截距项 γ_{00}	4.756***	0.044	4.756***	0.044	4.756***	0.044
Level-1 预测因子						
出生年份	-0.007	0.018	-0.007	0.018	-0.008	0.018
男性	-0.040	0.026	-0.040	0.026	-0.040	0.026
正式员工	-0.040	0.026	-0.044	0.067	-0.040	0.066
R1：基层管理者	-0.005	0.030	-0.005	0.030	-0.004	0.030
R2：中层管理者	0.029	0.049	0.029	0.049	0.031	0.049
R3：高层管理者	0.027	0.066	0.027	0.066	0.021	0.068
E1：专科	-0.051	0.064	-0.051	0.064	-0.054	0.064
E2：本科	-0.078	0.071	-0.078	0.071	-0.074	0.072
E3：研究生	-0.040	0.070	-0.041	0.070	-0.039	0.070
平衡型心理契约履行	0.347***	0.039	0.347***	0.039	0.346***	0.037
Level-2 预测因子						
成立年限	-0.040	0.047	-0.037	0.047	-0.038	0.047
T1：民营企业	0.113	0.131	0.101	0.143	0.098	0.143
T2：外资企业	0.283*	0.106	0.265*	0.119	0.266*	0.119
T3：合资企业	0.088	0.142	0.077	0.150	0.075	0.151
传统性			-0.044	0.136	-0.030	0.139
交互项						
传统性×平衡型心理契约履行					-0.130	0.069
随机效应	方差成分	χ^2 检验	方差成分	χ^2 检验	方差成分	χ^2 检验
第二层 τ_{00}	0.104	698.77***	0.106	696.59***	0.106	695.94***
第二层 τ_{11}	0.012	58.93	0.012	58.92	0.007	55.97

续表

固定效应	随机回归系数模型5		情境模型5		完整模型5	
	回归系数	标准误	回归系数	标准误	回归系数	标准误
第一层 σ^2	0.144		0.144		0.145	
$\Delta R^2_{Level-1}$	0.094					
$\Delta R^2_{Level-2}$			-0.019			
$\Delta R^2_{Level-2交互作用项}$					0.417	
离异数(-2LL)	1106.60		1107.22		1109.91	

根据随机回归系数模型5，平衡型心理契约履行正向影响员工角色内绩效（$\beta = 0.347$，$p < 0.001$），可以解释角色内绩效组内变异的9.4%（$\sigma^2 = 0.144$，$\Delta R^2_{Level-1} = 0.094$），因此，假设H5-1-2成立。

根据情境模型5，传统性回归系数为-0.044（$p > 0.05$），传统性对角色内绩效影响不显著，同时第二层斜率项组间方差不显著（$\tau_{11} = 0.012$，Chi-square = 58.92，$p > 0.05$），初步显示调节作用不显著。根据完整模型5可知，交互项回归系数不显著（$\beta = -0.130$，$p > 0.05$），进一步说明调节作用不成立。因此，假设H6-1-2不成立。

③传统性对交易型心理契约履行与角色内绩效关系的跨层次调节作用

表5-26中随机回归系数模型6、情境模型6和完整模型6用来检验交易型心理契约履行与角色内绩效的关系，以及传统性对二者关系的跨层次调节作用。

随机回归系数模型6结果显示，交易型心理契约履行负向影响角色内绩效（$\beta = -0.133$，$p < 0.001$），角色内绩效组内差异的6.9%可以被交易型心理契约履行解释（$\sigma^2 = 0.148$，$\Delta R^2_{Level-1} = 0.069$），假设H5-1-3不成立。

情境模型6显示，传统性回归系数不显著，对第一层回归模型截距项的变异没有解释力（$\beta = -0.033$，$p > 0.05$，$\Delta R^2_{Level-2} = -0.029$），但是第二层斜率项的组间差异显著存在（$\tau_{11} = 0.0093$，Chi-square = 74.36，$p < 0.05$），调节作用可能存在。完整模型6显示，交互项回归

系数 0.119 在 p<0.05 水平上显著，斜率项组间差异被额外解释 7.5%（τ_{11} = 0.0086，Chi-square = 69.37，p < 0.05，$\Delta R^2_{\text{Level}-2\text{交互作用项}}$ = 0.075），这表示，传统性对角色内绩效没有显著影响力，但是会调节交易型心理契约履行对角色内绩效的影响，跨层次调节作用显著。

表 5-26 传统性对交易型心理契约履行与角色内绩效的跨层次调节作用

固定效应	随机回归系数模型6		情境模型6		完整模型6	
	回归系数	标准误	回归系数	标准误	回归系数	标准误
截距项 γ_{00}	4.756***	0.044	4.756***	0.044	4.756***	0.044
Level-1 预测因子						
出生年份	-0.001	0.019	-0.001	0.019	-0.002	0.019
男性	-0.034	0.027	-0.034	0.027	-0.035	0.027
正式员工	-0.002	0.067	-0.002	0.068	0.002	0.066
R1：基层管理者	0.008	0.030	0.008	0.030	0.007	0.030
R2：中层管理者	0.043	0.048	0.043	0.048	0.048	0.048
R3：高层管理者	0.025	0.082	0.025	0.082	0.025	0.082
E1：专科	-0.041	0.060	-0.041	0.060	-0.045	0.063
E2：本科	-0.036	0.062	-0.036	0.062	-0.039	0.065
E3：研究生	0.001	0.062	0.001	0.062	-0.002	0.066
交易型心理契约履行	-0.133***	0.023	-0.133***	0.023	-0.130***	0.023
Level-2 预测因子						
成立年限	-0.044	0.046	-0.042	0.045	-0.044	0.045
T1：民营企业	0.108	0.129	0.101	0.141	0.096	0.141
T2：外资企业	0.281*	0.106	0.271*	0.119	0.265*	0.119
T3：合资企业	0.076	0.142	0.068	0.150	0.062	0.150
传统性			-0.033	0.138	-0.029	0.138
交互项						
传统性×交易型心理契约履行					0.119*	0.054
随机效应	方差成分	χ^2 检验	方差成分	χ^2 检验	方差成分	χ^2 检验
第二层 τ_{00}	0.103	680.38***	0.106	678.28***	0.106	680.69***
第二层 τ_{11}	0.0092	74.36*	0.0093	74.36*	0.0086	69.37*

续表

固定效应	随机回归系数模型6		情境模型6		完整模型6	
	回归系数	标准误	回归系数	标准误	回归系数	标准误
第一层 σ^2	0.148		0.148		0.148	
$\Delta R^2_{Level-1}$	0.069					
$\Delta R^2_{Level-2}$			-0.029			
$\Delta R^2_{Level-2交互作用项}$					0.075	
离异数（-2LL）	1145.54		1146.22		1147.43	

通过简单斜率法直观展示传统性对交易型心理契约履行与角色内绩效关系的调节作用，调节效应见图5-5。可见，与高传统性企业相比，低传统性企业中交易型心理契约履行对角色内绩效的负向影响较强。组织层次传统性减弱了交易型心理契约履行对角色内绩效的影响。因此，假设H6-1-3成立。

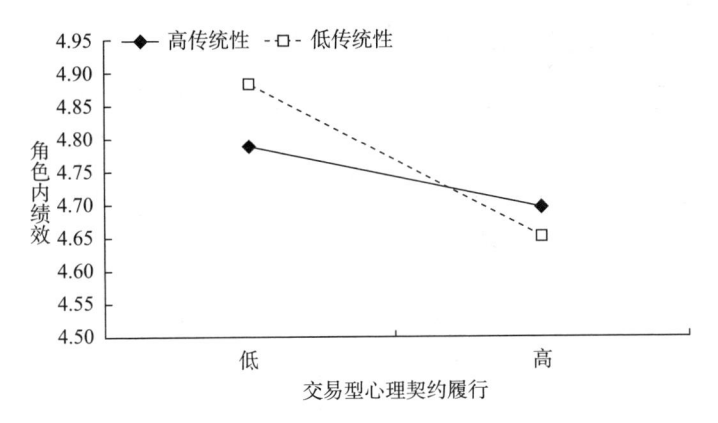

图5-5 传统性在交易型心理契约履行与角色内绩效间的调节效应

（2）传统性对心理契约履行与组织公民行为关系的跨层次调节作用分析

遵循同样的步骤，分别检验传统性对关系型心理契约履行、平衡型心理契约履行、交易型心理契约履行与组织公民行为关系的跨层次调节作用，数据分析结果详见表5-27、表5-28和表5-29。

①传统性对关系型心理契约履行与组织公民行为关系的跨层次调

节作用

随机回归系数模型 7、情境模型 7 和完整模型 7 用来检验关系型心理契约履行与组织公民行为的关系,以及传统性对二者关系的跨层次调节作用,详见表 5-27。

表 5-27 传统性对关系型心理契约履行与组织公民行为关系的跨层次调节作用

固定效应	随机回归系数模型 7		情境模型 7		完整模型 7	
	回归系数	标准误	回归系数	标准误	回归系数	标准误
截距项 γ_{00}	4.733***	0.043	4.733***	0.044	4.733***	0.043
Level-1 预测因子						
出生年份	0.011	0.019	0.011	0.019	0.008	0.019
男性	-0.014	0.024	-0.015	0.024	-0.016	0.024
正式员工	-0.012	0.032	-0.012	0.032	-0.001	0.031
R1:基层管理者	0.088**	0.032	0.088**	0.032	0.087**	0.033
R2:中层管理者	0.115	0.062	0.115	0.062	0.121*	0.061
R3:高层管理者	-0.057	0.160	-0.058	0.160	-0.060	0.158
E1:专科	0.033	0.055	0.032	0.055	0.034	0.054
E2:本科	0.022	0.047	0.020	0.047	0.024	0.047
E3:研究生	0.049	0.058	0.046	0.059	0.053	0.059
关系型心理契约履行	0.396***	0.033	0.396***	0.033	0.385***	0.022
Level-2 预测因子						
成立年限	-0.041	0.060	-0.042	0.060	-0.040	0.060
T1:民营企业	0.161	0.144	0.174	0.147	0.150	0.147
T2:外资企业	0.339**	0.117	0.337*	0.126	0.323*	0.126
T3:合资企业	0.192	0.125	0.205	0.133	0.180	0.133
传统性			-0.120	0.123	-0.028	0.126
交互项						
传统性×关系型心理契约履行					-0.337***	0.048
随机效应	方差成分	χ^2 检验	方差成分	χ^2 检验	方差成分	χ^2 检验
第二层 τ_{00}	0.098	679.68***	0.102	688.49***	0.100	689.21***
第二层 τ_{11}	0.014	67.5*	0.015	67.5*	0.002	33.55

续表

固定效应	随机回归系数模型7		情境模型7		完整模型7	
	回归系数	标准误	回归系数	标准误	回归系数	标准误
第一层 σ^2	0.134		0.134		0.131	
$\Delta R^2_{Level-1}$	0.178					
$\Delta R^2_{Level-2}$			-0.071			
$\Delta R^2_{Level-2交互作用项}$					0.867	
离异数（-2LL）	1036.65		1036.94		1011.10	

分析结果显示，关系型心理契约履行正向影响组织公民行为（$\beta = 0.396$，$p < 0.001$），能够额外解释其组内方差的17.8%（随机回归系数模型7，$\sigma^2 = 0.134$，$\Delta R^2_{Level-1} = 0.178$），因此，假设H5-2-1成立。

根据情境模型7，传统性情境效应不显著，对截距项组间变异没有解释力（$\beta = -0.120$，$p > 0.05$，$\Delta R^2_{Level-2} = -0.071$），但是斜率项组间方差为0.015，卡方检验在$p < 0.05$水平上显著，因此有必要进一步检验调节作用。根据完整模型7，交互项回归系数显著（$\beta = -0.337$，$p < 0.001$），额外解释了斜率项组间变异的86.7%（$\tau_{11} = 0.002$，Chi-square = 33.55，$p > 0.05$，$\Delta R^2_{Level-2交互作用项} = 0.867$），这说明，虽然传统性对组织公民行为没有显著影响，但是会调节关系型心理契约履行对组织公民行为的影响，调节作用存在。

通过简单斜率法直观展示传统性的调节作用，调节效应见图5-6。可见，与低传统性相比，高传统性下关系型心理契约履行对组织公民行为的正向影响较弱，组织层次传统性弱化了关系型心理契约履行对组织公民行为的正向影响。因此，假设H6-2-1证实成立。

②传统性对平衡型心理契约履行与组织公民行为关系的跨层次调节作用

随机回归系数模型8、情境模型8和完整模型8用来检验平衡型心理契约履行与组织公民行为的关系，以及传统性对二者关系的跨层次调节作用，详见表5-28。

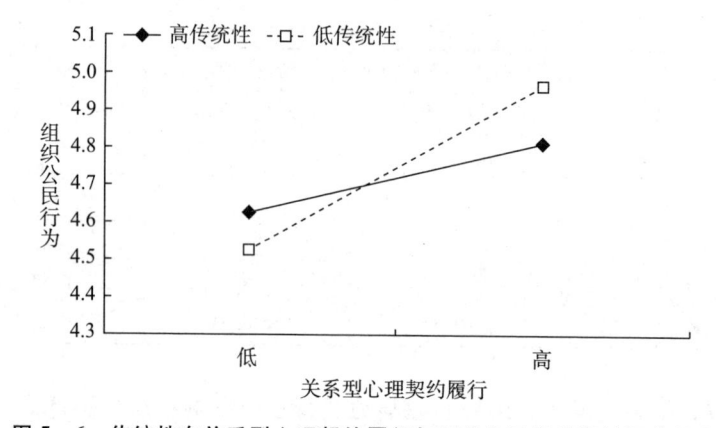

图 5-6 传统性在关系型心理契约履行与组织公民行为间的调节效应

表 5-28 传统性对平衡型心理契约履行与组织公民行为关系的跨层次调节作用

固定效应	随机回归系数模型 8		情境模型 8		完整模型 8	
	回归系数	标准误	回归系数	标准误	回归系数	标准误
截距项 γ_{00}	4.733***	0.043	4.733***	0.043	4.733***	0.043
Level-1 预测因子						
出生年份	-0.008	0.015	-0.008	0.015	-0.011	0.015
男性	-0.011	0.021	-0.011	0.021	-0.009	0.022
正式员工	-0.045	0.033	-0.045	0.033	-0.035	0.032
R1：基层管理者	0.044	0.031	0.044	0.031	0.048	0.031
R2：中层管理者	0.028	0.051	0.029	0.051	0.040	0.052
R3：高层管理者	-0.047	0.142	-0.044	0.142	-0.056	0.145
E1：专科	0.067	0.055	0.066	0.055	0.051	0.054
E2：本科	0.028	0.053	0.026	0.053	0.028	0.052
E3：研究生	0.054	0.062	0.052	0.062	0.048	0.062
平衡型心理契约履行	0.659***	0.043	0.659***	0.043	0.649***	0.028
Level-2 预测因子						
成立年限	-0.040	0.060	-0.040	0.060	-0.040	0.059
T1：民营企业	0.148	0.144	0.140	0.148	0.133	0.147
T2：外资企业	0.326**	0.116	0.313*	0.128	0.314*	0.128
T3：合资企业	0.179	0.124	0.175	0.134	0.173	0.134
传统性			-0.070	0.127	-0.031	0.127

第 5 章　大样本调查、数据分析与讨论

续表

固定效应	随机回归系数模型 8		情境模型 8		完整模型 8	
	回归系数	标准误	回归系数	标准误	回归系数	标准误
交互项						
传统性×平衡型心理契约履行					-0.499***	0.068
随机效应	方差成分	χ^2 检验	方差成分	χ^2 检验	方差成分	χ^2 检验
第二层 τ_{00}	0.099	829.88***	0.101	826.37***	0.101	836.47***
第二层 τ_{11}	0.036	86.44**	0.036	86.38**	0.000	34.75
第一层 σ^2	0.109		0.109		0.108	
$\Delta R^2_{Level-1}$	0.331					
$\Delta R^2_{Level-2}$			-0.020			
$\Delta R^2_{Level-2交互作用项}$					1.000	
离异数（-2LL）	857.84		858.47		825.33	

随机回归系数模型 8 的分析表明，平衡型心理契约履行对组织公民行为具有显著正向作用（$\beta = 0.659$，$p < 0.001$），额外解释组织公民行为组内方差的 33.1%（$\sigma^2 = 0.109$，$\Delta R^2_{Level-1} = 0.331$），假设 H5-2-2 成立。

根据情境模型 8，传统性对组织公民行为未见显著影响（$\beta = -0.070$，$p > 0.05$，$\Delta R^2_{Level-2} = -0.020$），但模型斜率项组间变异显著存在（$\tau_{11} = 0.036$，Chi-square = 86.38，$p < 0.01$），传统性调节作用可能存在。进一步分析可见，交互项回归系数显著（$\beta = -0.499$，$p < 0.001$），对斜率项组间变异具有很高解释力（完整模型 8，$\tau_{11} = 0.000$，Chi-square = 34.75，$p > 0.05$，$\Delta R^2_{Level-2交互作用项} = 1.000$），这说明，传统性调节了平衡型心理契约履行对组织公民行为的影响。

通过简单斜率法绘制调节效应图，如图 5-7 所示，与低传统性相比，高传统性下平衡型心理契约履行对组织公民行为的正向影响较小，组织层次传统性减弱了平衡型心理契约履行对组织公民行为的正向影响。因此，假设 H6-2-2 证实成立。

③传统性对交易型心理契约履行与组织公民行为关系的跨层次调节作用

战略人力资源管理与员工绩效

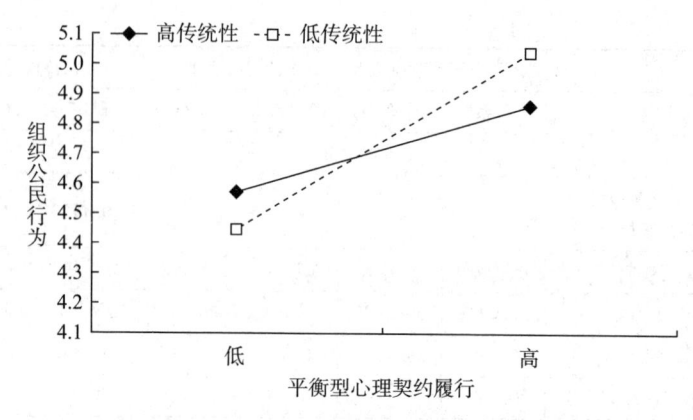

图 5-7 传统性在平衡型心理契约履行与组织公民行为间的调节效应

随机回归系数模型 9、情境模型 9 和完整模型 9 用来检验交易型心理契约履行与组织公民行为的关系,以及传统性对二者关系的跨层次调节作用,详见表 5-29。

表 5-29 传统性对交易型心理契约履行与组织公民行为关系的跨层次调节作用

固定效应	随机回归系数模型 9		情境模型 9		完整模型 9	
	回归系数	标准误	回归系数	标准误	回归系数	标准误
截距项 γ_{00}	4.733***	0.043	4.733***	0.043	4.733***	0.043
Level-1 预测因子						
出生年份	-0.000	0.017	-0.000	0.017	-0.004	0.017
男性	-0.001	0.023	-0.001	0.023	-0.001	0.023
正式员工	0.015	0.033	0.015	0.033	0.019	0.029
R1:基层管理者	0.058*	0.028	0.058*	0.028	0.057*	0.028
R2:中层管理者	0.057	0.049	0.057	0.049	0.072	0.050
R3:高层管理者	0.017	0.093	0.017	0.093	0.022	0.095
E1:专科	0.083	0.060	0.083	0.060	0.077	0.059
E2:本科	0.099	0.052	0.099	0.052	0.097	0.050
E3:研究生	0.126*	0.062	0.126*	0.062	0.122*	0.060
交易型心理契约履行	-0.329***	0.025	-0.329***	0.025	-0.321***	0.017
Level-2 预测因子						
成立年限	-0.042	0.060	-0.041	0.060	-0.041	0.060

续表

固定效应	随机回归系数模型9		情境模型9		完整模型9	
	回归系数	标准误	回归系数	标准误	回归系数	标准误
T1：民营企业	0.133	0.146	0.133	0.149	0.135	0.148
T2：外资企业	0.308*	0.114	0.307*	0.127	0.308*	0.128
T3：合资企业	0.158	0.122	0.158	0.133	0.159	0.133
传统性			0.003	0.126	−0.032	0.127
交互项						
传统性×交易型心理契约履行					0.304***	0.043
随机效应	方差成分	χ^2检验	方差成分	χ^2检验	方差成分	χ^2检验
第二层 τ_{00}	0.099	829.97***	0.101	829.35***	0.101	831.71***
第二层 τ_{11}	0.017	111.52***	0.017	111.51***	0.003	52.25
第一层 σ^2	0.110		0.110		0.109	
$\Delta R^2_{Level-1}$	0.325					
$\Delta R^2_{Level-2}$			−0.020			
$\Delta R^2_{Level-2交互作用项}$					0.824	
离异数（−2LL）	872.84		873.66		843.08	

根据随机回归系数模型9，交易型心理契约履行显著负向影响组织公民行为（$\beta = -0.329$，$p < 0.001$），能够解释组织公民行为组内方差32.5%的变异（$\sigma^2 = 0.110$，$\Delta R^2_{Level-1} = 0.325$），假设H5-2-3成立。

情境模型9结果显示，传统性不能解释企业间截距项变异情况（$\beta = 0.003$，$p > 0.05$，$\Delta R^2_{Level-2} = -0.020$），但模型斜率项组间变异显著存在（$\tau_{11} = 0.017$，Chi-square $= 111.51$，$p < 0.001$），传统性的调节作用可能成立。进一步分析发现，交互项回归系数显著（$\beta = 0.304$，$p < 0.001$），能够解释组间斜率项82.4%的变异（完整模型9，$\tau_{11} = 0.003$，Chi-square $= 52.25$，$p > 0.05$，$\Delta R^2_{Level-2交互作用项} = 0.824$），这说明，传统性跨层次调节了交易型心理契约履行对组织公民行为的影响。

用简单斜率法直观展示调节作用，见图5-8。与低传统性相比，高传统性下交易型心理契约履行对组织公民行为的负向影响较弱，组织层次传统性削弱了交易型心理契约履行对组织公民行为的影响。因此，假设 H6-2-3 证实成立。

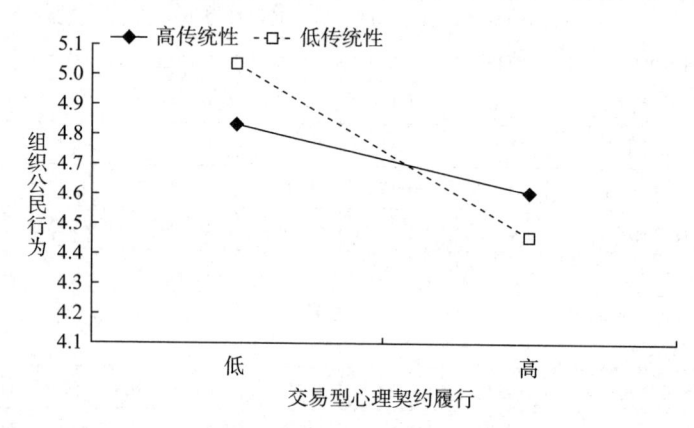

图 5-8 传统性在交易型心理契约履行与组织公民行为间的调节效应

5.6 假设检验结果的分析与讨论

根据以上假设检验的数据分析，本研究的大部分假设都得到了支持，主要检验结果如表 5-30 所示。

表 5-30 假设检验结果总结

假设	内容	结果
H1-1	战略人力资源管理（SHRM）对角色内绩效具有显著的跨层次正向影响	支持
H1-2	SHRM 对组织公民行为具有显著的跨层次正向影响	支持
H2-1	SHRM 对关系型心理契约履行具有显著的跨层次正向影响	支持
H2-2	SHRM 对平衡型心理契约履行具有显著的跨层次正向影响	支持
H2-3	SHRM 对交易型心理契约履行具有显著的跨层次负向影响	支持
H3-1-1	关系型心理契约履行在 SHRM 与角色内绩效之间起跨层次中介作用	支持
H3-1-2	平衡型心理契约履行在 SHRM 与角色内绩效之间起跨层次中介作用	支持
H3-1-3	交易型心理契约履行在 SHRM 与角色内绩效之间起跨层次中介作用	支持
H3-2-1	关系型心理契约履行在 SHRM 与组织公民行为之间起跨层次中介作用	支持
H3-2-2	平衡型心理契约履行在 SHRM 与组织公民行为之间起跨层次中介作用	支持
H3-2-3	交易型心理契约履行在 SHRM 与组织公民行为之间起跨层次中介作用	支持

续表

假设	内容	结果
H4-1	上下级关系与 SHRM 对关系型心理契约履行具有跨层次交互作用	支持
H4-2	上下级关系与 SHRM 对平衡型心理契约履行具有跨层次交互作用	支持
H4-3	上下级关系与 SHRM 对交易型心理契约履行具有跨层次交互作用	支持
H5-1-1	关系型心理契约履行对角色内绩效具有显著正向影响	支持
H5-1-2	平衡型心理契约履行对角色内绩效具有显著正向影响	支持
H5-1-3	交易型心理契约履行对角色内绩效具有显著正向影响	不支持
H5-2-1	关系型心理契约履行对组织公民行为具有显著正向影响	支持
H5-2-2	平衡型心理契约履行对组织公民行为具有显著正向影响	支持
H5-2-3	交易型心理契约履行对组织公民行为具有显著负向影响	支持
H6-1-1	传统性跨层次调节关系型心理契约履行与角色内绩效的关系	支持
H6-1-2	传统性跨层次调节平衡型心理契约履行与角色内绩效的关系	不支持
H6-1-3	传统性跨层次调节交易型心理契约履行与角色内绩效的关系	支持
H6-2-1	传统性跨层次调节关系型心理契约履行与组织公民行为的关系	支持
H6-2-2	传统性跨层次调节平衡型心理契约履行与组织公民行为的关系	支持
H6-2-3	传统性跨层次调节交易型心理契约履行与组织公民行为的关系	支持

5.6.1 战略人力资源管理对员工绩效的主效应分析

本研究支持了假设 1 的两个子假设（H1-1 与 H1-2），研究表明企业层面战略人力资源管理对员工角色内绩效与组织公民行为均具有显著的跨层次正向影响。企业战略人力资源管理实践程度越高，企业内员工平均的角色内绩效与组织公民行为水平越高。这一结果与 Tabiu 和 Nura (2013)、苗仁涛等 (2013)、Zhang 等 (2014)、孙瑜 (2015)、颜爱民与陈丽 (2016)、Newman 等 (2016)、Pak 等 (2017) 等实证研究结果相符。除了作用于宏观层面的企业绩效，战略人力资源管理对于微观层面的员工绩效也具有重要影响，实际上这正是战略人力资源管理得以发挥战略作用的重要途径。正如 Purcell 和 Hutchinson (2007) 所述，战略人力资源管理对员工绩效产生何种影响，这是战略人力资源管理"黑箱"中的关键链条。

同时，这一结果也佐证了社会交换理论对战略人力资源管理与员工绩效关系的解释。根据社会交换理论（Blau，1964；Cropanzano & Mitchell，2005），员工和企业处于相互依赖的交换关系中，一方的行为受到另一方行为的影响，双方通过有价值的资源交易完成社会交换，当员工从企业获得各种有形或无形的好处时，会产生进行回报的义务感并做出相应的行动。战略人力资源管理与员工绩效是双方可使用的有价值交换资源。战略人力资源管理提供支持员工发展的深度培训，提供多种晋升通道，增加员工参与的机会，为员工提供激励性薪酬，并给予持续雇佣保障，这些实践措施为员工提供了资源、机会、支持与信任等好处，基于互惠和回报考虑，员工将提供高水平角色内绩效与组织公民行为。总之，企业与员工正是通过这种有价值资源的互惠交换完成社会交换过程的。

5.6.2 心理契约履行的中介效应分析

实证结果支持了假设 H2-1、H2-2 与 H2-3，即战略人力资源管理（SHRM）显著正向影响关系型心理契约履行与平衡型心理契约履行，显著负向影响交易型心理契约履行。假设 3 的 6 个子假设也都得到了支持，即关系型心理契约履行、平衡型心理契约履行与交易型心理契约履行分别在战略人力资源管理与角色内绩效、组织公民行为之间发挥跨层次中介作用。

（1）战略人力资源管理与心理契约履行的关系分析

本研究证实战略人力资源管理显著影响员工心理契约履行，具体地，战略人力资源管理显著正向影响员工关系型心理契约履行与平衡型心理契约履行，并负向影响员工交易型心理契约履行。根据信号理论（Spence，1973），员工无法掌握组织交换行动的完备信息，考虑到战略人力资源管理实践的信息易得性和成本性，所以员工将战略人力资源管理作为重要的组织交换行动信号，以此判定员工与组织间的社会交换关系——心理契约履行。正如郑雅琴等（2014）所提出的，心理契约履行本质上是员工对组织人力资源管理实践的认知过程。心理契约伴随着员工与组织的互动过程而产生，这一互动过程通常起始于招聘，然后受到包括绩效考核、报酬、培训和福利在内的一系列人力资源管理实践的影响（Rousseau & Greller，1994b）。在较高水平战略人力资源管理下，企业为员工提供超出岗位能力要求的广泛培训、内部晋升和发展机会，通过持续雇佣提供程度更深的职业安全，通过员工参与提高员工的决策权与有效沟通，关注团队绩效和长期绩效并将此作为员工报酬的依据，这些行动提高了员工与企业利益的一致性，因此员工更可能感知到关系型心理契约履行与平衡型心理契约履行，而减少交易型心理契约履行。本书这一结果佐证了以上观点，并与Katou 和 Budhwar（2012）、Chien 和 Lin（2013）、Bal 等（2013）、Li 和 Yu（2017）的实证研究结果保持一致。

（2）心理契约履行的中介作用分析

本研究证实心理契约履行在战略人力资源管理与员工绩效间发挥了部分中介作用。战略人力资源管理通过影响心理契约履行的判断，进一步对员工角色内绩效和组织公民行为产生影响。这一研究结果佐证了 Cropanzano 与 Mitchell 在社会交换理论下的中介观点：社会交换关系发挥了一个中介作用，组织做出的公平、有利的交易行动会产生交换关系，而交换关系能够进一步提升员工的高效工作行为和积极工作态度（Cropanzano & Mitchell，2005）。基于社会交换理论，战略人力资源管理、心理契约履行与员工绩效的关系，正是对员工与组织交换过程的描述：组织交换行动引发员工与组织交换关系，并进一步引发员工交换行动。

同时，这与 Li 和 Yu（2017）、Chien 和 Lin（2013）的部分研究结论一致：关于心理契约履行在战略人力资源管理与组织公民行为之间的中介作用，本研究与以往研究达成了一致结论；但是，关于心理契约履行在战略人力资源管理与角色内绩效之间的中介作用，本研究与以往研究略有差异。Chien 和 Lin（2013）研究发现：战略人力资源管理能提高关系型与平衡型心理契约履行，并降低交易型心理契约履行，但心理契约履行在战略人力资源管理与角色内绩效之间的中介作用没有得到支持。这可能与研究对象的特点有关。Chien 和 Lin（2013）认为其研究对象角色内绩效通过书面形式界定十分清晰，因此角色内绩效不属于心理契约所包含的感知责任的内容范畴，所以角色内绩效不受心理契约履行的影响。本研究以司龄超过 1 年的白领员工为调研对象，很多白领岗位的职责要求与任务分配并非严格确定，岗位职责灵活性很大，虽然大部分员工角色内绩效是明确而具体的，可以依据协商原则进行交换，但是仍有部分角色内绩效是灵活的、模糊的，无法通过协商原则给予明确，需要依靠互惠原则完成交换，所以角色内绩效的交换原则兼具互惠原则和协商原则。因此，角色内绩效也会受到心理契约履行的影响。

5.6.3 上下级关系与战略人力资源管理的跨层次交互作用分析

本研究的数据分析结果支持了假设 H4-1、H4-2 与 H4-3，即战略人力资源管理与上下级关系对关系型心理契约履行、平衡型心理契约履行及交易型心理契约履行具有跨层次交互作用。

首先，本研究发现上下级关系显著影响心理契约履行的感知，上下级关系质量越好，关系型心理契约履行与平衡型心理契约履行越高，而交易型心理契约履行越低。主管是重要的组织代理人，员工对组织情境的知觉很大程度上来自上级领导（Rousseau，1995），因此，员工与领导形成的上下级关系也会成为员工判断心理契约履行的重要信号。具体地，心理契约中共性的、明确的、正式的交易条款通常由人力资源经理等组织代理人传达给员工，而那些特质的、模糊的关系条款则通常由直接领导通过接触传达给员工（Guest，2004）。上下级关系质量较高时，员工能获得更多的资源分配、对主管更加信任、对契约持续时间有更为长远的期待，因此更容易形成关系型心理契约履行与平衡型心理契约履行，相反的交易型心理契约履行则降低。本研究假设检验结果证实了以上观点，与张楚筠（2012）、Shih 和 Lin（2012、2014）、Li 等（2014）的实证结论基本一致。

其次，本研究发现战略人力资源管理与上下级关系对三种类型心理契约履行的交互作用显著。根据归因理论（Heider，1958），上下级关系质量较好时，员工对主管及主管所代表的企业的信任度更强，对主管行为和企业行为更容易产生积极的归因评价，将企业战略人力资源管理带来的资源、信任、机会等好处归因于长期的、信任的互动交换过程，从而提高平衡型心理契约履行和关系型心理契约履行，并会降低交易型心理契约履行。企业战略人力资源管理水平越高，员工从中可获得的有价值资源越多，对企业信任度越高，越能够促进上下级关系的积极归因效应，从而增强上下级关系对心理契约履行的影响。本研究结果实证支持了这个观点。

5.6.4 传统性的跨层次调节作用分析

（1）心理契约履行与员工绩效的关系分析

数据结果支持了假设 H5-1-1 和 H5-1-2，即关系型心理契约履行与平衡型心理契约履行对角色内绩效具有显著正向影响，也支持了假设 H5-2-1、H5-2-2 和 H5-2-3，即关系型心理契约履行、平衡型心理契约履行及交易型心理契约履行对组织公民行为具有显著影响，但假设 H5-1-3 没有得到支持，即交易型心理契约履行对角色内绩效正向作用不成立。

首先，研究结果显示关系型心理契约履行与平衡型心理契约履行均能显著提高员工角色内绩效。这一结果与侯景亮（2011）、张宏（2014）、龙立荣等（2015）的结论一致。关系型心理契约履行与平衡型心理契约履行强调长期、开放的交换关系，这种交换关系给员工提供相互支持与信任的关系感知，员工认为企业会提供持续的资源支持和各种好处，自然也会基于情感和经济的互惠考虑而投入更多的精力和时间，提供高水平角色内绩效。但是与张义明（2012）、Chien 和 Lin（2013）的研究结论有出入，他们的研究结果显示，关系型心理契约履行、平衡型心理契约履行对角色内绩效的影响不显著。张义明（2012）并未对此做出详细解释。Chien 和 Lin（2013）认为其研究对象角色内绩效通过书面形式界定十分清晰，因此角色内绩效不属于心理契约所包含的感知责任的内容范畴，所以角色内绩效不受心理契约履行的影响。本研究以司龄超过 1 年的白领员工为调研对象，很多白领岗位的职责要求与任务分配并非严格确定，岗位职责灵活性很大，虽然角色内绩效受到组织正式报酬系统的认可，但是员工与管理者之间仍存在信息不对称。大部分角色内绩效是明确而具体的，可以依据协商原则进行交换，但是还有部分角色内绩效具有高度灵活性，无法通过协商原则给予明确，需要依靠互惠原则完成交换，所以角色内绩效的交换兼具互惠原则和协商原则。因此，角色内绩效也会受到心理契约履行的影响。

其次，数据结果并没有支持假设 H5-1-3，即交易型心理契约履行对员工角色内绩效的正向影响不成立，相反，研究结果显示，交易型心理契约履行会降低员工角色内绩效。这一结果并非第一次出现，黄家齐（2002）研究发现着眼于经济诱因的人力资源活动形成交易型心理契约，并与员工角色内绩效负相关；Chien 和 Lin（2013）研究中交易型心理契约与角色内绩效显著负相关；龙立荣等（2015）研究也认为当企业不能给员工提供与付出一致的经济回报时，交易型心理契约履行会打击员工积极性，因此角色内绩效不仅不会提高，反而会降低。

出现这一结果的可能原因有以下三个。第一，与本研究调研对象有关。唐翌（2004）提出当员工工作内容比较广泛，工作高度依赖隐性知识时，关系型心理契约履行（而非交易型心理契约履行）更能发挥积极作用。本研究以白领员工作为调研对象，其工作正体现了广泛、灵活、知识性等特征，对于他们而言，经济因素可能不是最主要的或唯一的组织责任期望，信任、情感关怀可能是更被重视的组织责任。因此，交易型心理契约与调研对象的工作特征、需求特征匹配欠佳，可能导致交易型心理契约履行不能提升角色内绩效。第二，员工角色内绩效虽然属于岗位职责范畴，但并非纯粹的经济性交换标的物，而是具有一定情感性和社会性的内涵，员工在进行角色内绩效表现的决策时，并非单纯考虑组织所给予的物质性报酬是否充足，真正的关键决定因素在于员工是否与组织建立了较高品质的雇佣关系（黄家齐，2002）。交易型心理契约仅能提供有限的物质回报，缺少情感与社会属性，因此并不能确保提高员工角色内绩效。第三，聚焦于短时间、明确绩效目标的交易型心理契约看似短、平、快地解决员工绩效问题，但是其作用发挥可能需要一些配合的手段。交易型心理契约内，员工与组织之间属于纯粹的经济交换关系，二者缺少情感联结，所以依赖信任与情感存在的社会交换无法有效发挥作用，而经济交换只有在进行顺畅时才能保证员工依据契约关系提供角色内绩效，相反，如果经济交换不能及时而精确地完成，员工感觉自己付出没有直接回报或回报不对等，则会导致交易型心理契约负向影响角色内绩效（龙立荣等，2015）。在战略人力资源管理背景下，企业为员工提供的回报包括深度培训、员工参与机会、灵活的晋升通道、安全的职业保障，这些回报并非直接的经济手段，而在绩效与报酬方面，战略人力资源管理虽然进行客观、量化的绩效考核并使考核结果影响员工报酬，但是绩效考核更多关注长期绩效和团队绩效，而企业绩效也会影响员工报酬，这可能影响了员工与组织之间的即时性经济交换，经济交换并不顺畅，因此导致交易型心理契约履行对角色内绩效产生了消极影响。

最后，研究结果显示，关系型心理契约履行与平衡型心理契约履行均能显著提高员工组织公民行为，同时交易型心理契约履行显著降低了员工组织公民行为。组织公民行为不属于岗位角色的要求范畴，是员工具有裁量权的自主行为（Organ, 1988），只有感受到包含尊重、承诺和支持的社会交换关系时，员工才会基于互惠原则选择将组织公民行为作为社会交换回报的手段（Chien & Lin, 2013）。Hui 等（2004b）、Chien 和 Lin（2013）、龙立荣等（2015）研究探讨了不同类型心理契约履行对组织公民行为的影响，本研究是对这个内容的进一步补充与丰富，检验结果与以往相关结论保持一致。

进一步地，数据分析结果显示，平衡型心理契约履行对组织公民行为的解释力（$\beta = 0.659$，$p < 0.001$；$\Delta R^2_{Level-1} = 0.331$，见表 5 - 28）大于关系型心理契约履行的解释力（$\beta = 0.396$，$p < 0.001$；$\Delta R^2_{Level-1} = 0.178$，

见表5-27),这说明与关系型心理契约履行相比,平衡型心理契约履行与组织公民行为的关系较强。这一结果与 Shih 和 Chen(2011)的结论一致,进一步证实了社会困境观点下心理契约履行对组织公民行为的影响。员工能否从组织公民行为中获得收益决定了社会困境的程度,困境程度会影响他们做出组织公民行为的决策,社会困境越高,组织公民行为越低(Shih & Chen,2011)。平衡型心理契约属于低水平困境,而关系型心理契约属于中等程度的社会困境。因此,平衡型心理契约履行对组织公民行为的影响应该强于关系型心理契约履行的影响。

(2) 传统性的调节作用分析

数据结果支持了假设 H6-1-1 和 H6-1-3,即传统性跨层次调节关系型心理契约履行与角色内绩效的关系,以及交易型心理契约履行与角色内绩效的关系,但是假设 H6-1-2 没有得到支持,传统性对平衡型心理契约履行与角色内绩效关系的跨层次调节作用不成立。同时,数据结果支持了假设 H6-2-1、H6-2-2 和 H6-2-3,即传统性对三种心理契约履行与组织公民行为关系的跨层次调节作用均成立。

首先,研究发现组织层次传统性对角色内绩效与组织公民行为不存在显著影响。传统性对员工平均的角色内绩效和组织公民行为不具备直接的预测作用。传统性更多的是作为情境因素,影响心理契约履行对员工绩效的预测作用。

其次,本研究发现组织层次传统性对心理契约履行与员工绩效关系的跨层次调节作用部分成立。心理契约履行与员工绩效的关系以互惠原则为前提,虽然互惠原则具有一定普适意义(Gouldner,1960;Tsui & Wang,2002),但传统性会影响员工对互惠的理解与接受程度(Farh et al.,2007;Liu et al.,2012)。当组织层次传统性较高时,由于文化的渗透作用,企业内大多数员工都属于高传统性个体,他们更为关注社会角色期望,并根据感知期望决定自身行为,较少关注诱因与贡献的平衡关系(Farh et al.,2007);还有少部分员工会由于受到群体压力或上司压力而被迫接受传统性文化。总之,传统性提高了互惠的民俗信念属性而降低了互惠的规范属性,因此减弱心理契约履行对员工绩效的影响。本研究进一步佐证了这一观点，并与 Farh 等（2007）、Chen 等（2008）、汪林与储小平（2008）、Liu 等（2012）、Li 和 Yu（2017）的研究结论类似。

需要注意的是，本研究中假设 H6-1-2 不成立，即传统性对平衡型心理契约履行与角色内绩效的跨层次调节作用不存在。可能的原因在于，平衡型心理契约既体现关系型心理契约的长期性及信任特征，也具备交易型心理契约所体现的绩效明确性特征，平衡型心理契约同时包含经济交换和社会交换。因此，无论传统性是高还是低，从内部意愿和外部控制的角度员工都将表现出高水平角色内绩效，这种作用不受传统性程度的影响。

最后，整体来看，传统性对于心理契约履行与组织公民行为的调节作用，大大超过传统性对于心理契约履行与角色内绩效关系的调节作用。数据分析显示，传统性对关系型心理契约履行与角色内绩效的调节效应解释了组间斜率项方差的 65.2%（见表 5-24，$\Delta R^2_{Level-2交互作用项}$ = 0.652），传统性对平衡型心理契约履行与角色内绩效的调节效应不显著，传统性对交易型心理契约履行与角色内绩效的调节效应解释了组间斜率项方差的 7.5%（见表 5-26，$\Delta R^2_{Level-2交互作用项}$ = 0.075）；相对地，传统性对关系型心理契约履行与组织公民行为的调节效应解释了组间斜率项方差的 86.7%（见表 5-27，$\Delta R^2_{Level-2交互作用项}$ = 0.867），传统性对平衡型心理契约履行与组织公民行为的调节效应解释了组间斜率项方差的 100%（见表 5-28，$\Delta R^2_{Level-2交互作用项}$ = 1.000），传统性对交易型心理契约履行与组织公民行为的调节效应解释了组间斜率项方差的 82.4%（见表 5-29，$\Delta R^2_{Level-2交互作用项}$ = 0.824）。出现这一结果的可能原因是，组织公民行为是员工自发性的个体行为，员工享有充分的选择权和裁量权，而角色内绩效则受到较为严格的组织规章制度的约束。这表示，在员工与组织的社会交换中，组织公民行为更大程度上归属于社会性资源，其交换过程更多遵循互惠原则；而角色内绩效较为明确，与经济回报有关，主要归属于经济性资源，其交换过程同时遵循互惠原则和协商原则，并以协商原则为主。由于传统性主要影响对互惠原则的理解与遵守程度，所以，在心理契约履行与角色内绩效关系中，传统性的调节作用较弱。

总体来看，本章完成了以下工作。

首先，描述了正式调研过程与样本特征。正式调研自 2016 年 3 月 1 日至 2016 年 10 月 30 日，最终得到的有效问卷为 51 份人力资源经理问卷与 1015 份员工问卷。样本分布没有呈现明显异常，适合于后续的数据分析与研究。

其次，对正式调研数据进行初步分析，包括信效度分析、偏差检验、聚合度检验。①信效度分析。信度方法，量表 Cronbach's α 系数在 0.798~0.913，均超过了 0.70 这一标准；效度方面，主要考虑内容效度和构念效度，同时通过 EFA 和 CFA 检验构念效度，结果显示效度理想，适于后续研究。②偏差检验。数据结果显示，员工问卷中各构念与社会赞许性的相关系数全部小于 0.2，社会赞许性程度较低。本研究使用已测潜在变量测试法检验同源偏差程度，结果显示无方法潜变量竞比模型的拟合优度更为理想，说明同源偏差对结果没有显著影响。③本研究依据 Rwg、ICC（1）和 ICC（2）三个指标反映数据聚合度，结果显示可以聚合个体层次的传统性数据到组织层次，并用于后续的多层次分析。

再次，使用 SPSS 19.0 和 HLM 6.08 软件，通过相关分析、跨层次分析模型进行假设检验。包括核心变量相关分析、战略人力资源管理对员工绩效的主效应检验、心理契约履行的中介效应检验、上下级关系与战略人力资源管理的交互作用检验、传统性的跨层次调节作用检验。结果显示，本研究的假设大部分得到了支持。

最后，对假设检验的结果进行分析与讨论。将本研究结果与已有研究结果相对照，实现本研究与以往研究的有效对话，并借助社会交换理论、信号理论与社会困境观点进一步解释研究假设成立（或不成立）的原因。

第6章 研究结论与展望

本研究开篇便明确提出了欲探讨的三个关键问题：战略人力资源管理是否对员工绩效具有跨层次影响？这一影响的内在作用机理是什么？二者关系是否受到其他情境因素的权变影响？借由对现有文献的归纳整理及深度访谈，本研究发现战略人力资源管理对员工层次员工绩效的跨层次影响是明确的；基于社会交换理论识别了心理契约履行是二者之间的一个作用机制，在战略人力资源管理与员工绩效之间起到中介作用；同时发现上下级关系与战略人力资源管理对心理契约履行具有交互作用，而组织层次传统性可能跨层次调节心理契约履行与员工绩效的关系。进一步，本研究基于以上逻辑关系构建了理论框架，提出假设，并通过问卷调研与数据分析对假设进行检验和分析讨论。

本章是末章，将在上述研究基础之上对研究结论进行总结，揭示研究的理论贡献与管理启示，介绍研究中的创新与局限，并对未来研究进行展望。

6.1 研究结论

在社会交换理论的分析框架下，本研究提出了研究模型与研究假设，并通过来自51个企业的数据进行了实证检验。研究的主要结论如下。

6.1.1 战略人力资源管理对员工绩效存在显著的跨层次正向影响

本研究发现，战略人力资源管理对员工绩效的两个维度（角色内绩效和组织公民行为）均具有显著的跨层次正向影响。这说明，包含内部流动、深度培训、职业安全、员工参与、工作描述、激励回报、绩效评价与人员甄选的战略人力资源管理实践，不但能够提高员工平均的角色内绩效，而且能提升员工平均的组织公民行为。

6.1.2 心理契约履行在战略人力资源管理与员工绩效间起部分中介作用

本研究发现，在社会交换理论框架下，战略人力资源管理（SHRM）对员工绩效的积极作用有一部分是通过心理契约履行实现的，具体如下。

第一，战略人力资源管理对关系型心理契约履行具有显著的跨层次正向影响，同时，关系型心理契约履行对员工角色内绩效和组织公民行为也具有显著正向影响。关系型心理契约履行在 SHRM 与员工绩效各维度间发挥了部分中介作用。

第二，战略人力资源管理跨层次正向影响平衡型心理契约履行，并进一步提高员工角色内绩效和组织公民行为。平衡型心理契约履行在 SHRM 与员工绩效各维度间发挥了部分中介作用。

第三，战略人力资源管理跨层次负向影响交易型心理契约履行，交易型心理契约履行负向影响员工角色内绩效和组织公民行为。因此，交易型心理契约履行在战略人力资源管理与角色内绩效和组织公民行为间发挥了部分中介作用。

6.1.3 上下级关系与战略人力资源管理对心理契约履行存在跨层次交互作用

本研究发现，在社会交换理论、信号理论与归因理论的框架下，上下级关系对心理契约履行具有显著影响，并且上下级关系与战略人力资源管理的交互项显著影响心理契约履行，具体如下。

第一，上下级关系显著影响心理契约履行的感知，上下级关系质量越好，关系型心理契约履行与平衡型心理契约履行越高，而交易型心理契约履行越低。

第二，上下级关系与战略人力资源管理对关系型心理契约履行具有显著跨层次交互作用。

第三，上下级关系与战略人力资源管理对平衡型心理契约履行具有显著跨层次交互作用。

第四，上下级关系与战略人力资源管理对交易型心理契约履行具有显著跨层次交互作用。

6.1.4 传统性对心理契约履行与员工绩效关系起跨层次调节作用

本研究发现，在社会交换理论、社会困境观点与互惠原则的逻辑下，心理契约履行对员工绩效具有显著影响，并且传统性跨层次调节二者的关系，具体如下。

第一，心理契约履行显著影响员工角色内绩效和组织公民行为。关系型心理契约履行、平衡型心理契约履行对角色内绩效和组织公民行为均具有显著正向影响；交易型心理契约履行负向影响角色内绩效和组织公民行为。另外，平衡型心理契约履行对组织公民行为的影响大于关系型心理契约履行对组织公民行为的影响。

第二，传统性对员工绩效不存在显著影响。组织层次传统性对员工角色内绩效和组织公民行为没有直接影响。

第三，传统性跨层次调节了三种形式心理契约履行与组织公民行为的关系，组织层次传统性弱化了关系型心理契约履行、平衡型心理契约履行与交易性心理契约履行对组织公民行为的影响。

第四，传统性跨层次调节了关系型心理契约履行、交易型心理契约履行与角色内绩效的关系，即组织层次传统性弱化了关系型心理契约履行、交易型心理契约履行对角色内绩效的影响。

第五，传统性对平衡型心理契约履行与角色内绩效关系的调节作用不显著，即平衡型心理契约履行对角色内绩效的正向作用不受组织层次传统性的影响。

第六，传统性对于心理契约履行与组织公民行为关系的调节作用，大大超过传统性对于心理契约履行与角色内绩效关系的调节作用。

6.2 理论贡献

6.2.1 证实了战略人力资源管理对员工绩效的跨层次影响

战略人力资源管理（SHRM）对组织绩效的影响一直是 SHRM 领域的研究重点，二者的关系得到了多次验证，但其作用机理仍有待深入研究（Becker & Huselid, 2006; Wright & Mc Mahan, 2011; 寇跃、贾志永, 2013）。有学者指出，关注员工层次反应，识别战略人力资源管理对员工绩效的影响，是打开 SHRM 与组织绩效之间作用"黑箱"的关键链条（Purcell & Hutchinson, 2007），因此引发了以员工为中心的战略人力资源管理研究。Tabiu 和 Nura（2013）、Zhang 等（2014）、Newman 等（2016）、Pak 等（2017）、刘善仕等（2012）、仲理峰（2013）、苗仁涛等（2013）、颜爱民与陈丽（2016）等研究皆围绕这个问题进行，普遍证明战略人力资源管理对员工绩效具有显著正向影响。

然而现有研究仍不免存在缺憾：部分研究仅关注单一或零散的人力资源管理实践项目，例如 Scheel 等（2013）；或仅考察战略人力资源管理对组织公民行为的影响，例如 Sun 等（2007）、Zhang 等（2014）；或将角色内绩效与组织公民行为合为一个员工绩效因子，并不区分二者的作用差异，例如 Tabiu 和 Nura（2013）、张军伟与龙立荣（2016）；或仅在员工层次上检验员工感知的战略人力资源管理对员工绩效的影响，例如陈志霞与陈传红（2010）、Boon 等（2011）；或者将战略人力资源管理作为组织层次变量，但是统计方法上未实现跨层次分析，例如苗仁涛等（2013）。

本研究构建了组织层次战略人力资源管理与微观层次员工绩效的理论关联，将员工绩效划分为角色内绩效与组织公民行为两个维度，并实证检验战略人力资源管理对员工绩效不同维度的影响，研究结果显示，战略人力资源管理对员工角色内绩效和组织公民行为具有显著跨层次正向影响。因此，本研究进一步验证了战略人力资源管理对员工绩效的积极作用，丰富了实证证据。

6.2.2 拓展了战略人力资源管理对员工绩效影响的作用路径

近年来，借助社会交换理论解释战略人力资源管理与员工绩效关系的研究呈增多趋势，且大多以组织支持感反映组织与员工交换关系（Liao et al., 2009；苗仁涛等，2013）。然而，组织支持感是员工对组织付出的单方面感知，缺少源自互动的责任认知，并不能完整描述员工与组织的交换关系。同样以社会交换理论为核心的心理契约则能弥补这一缺憾，心理契约是员工对自身和组织在雇佣关系中相互责任的知觉系统（Rousseau, 1995），描述了员工与组织间的互惠交换关系（Robinson, 1996）。较为遗憾的是，关于心理契约履行在战略人力资源管理与员工绩效之间发挥中介作用的实证研究仍然较少（Bal et al., 2013），并且在仅有的几个研究中，或者战略人力资源管理的内涵不相同，或者未区分心理契约履行的不同形式，因此有必要针对心理契约履行的中介作用开展更多深入研究。

本研究以 Cropanzano 和 Mitchell（2005）的社会交换观点为依据，构建了战略人力资源管理、心理契约履行、员工绩效三者间的转化机制，即企业付出—员工与组织交换关系感知—员工回报的社会交换过程。首先将心理契约履行划分为三种类型：关系型心理契约履行、平衡型心理契约履行与交易型心理契约履行（Rousseau, 2000）。然后检验战略人力资源管理对不同类型心理契约履行的影响，研究发现战略人力资源管理跨层次正向影响关系型心理契约履行、平衡型心理契约履行，负向影响交易型心理契约履行。最后检验了心理契约履行在战略人力资源管理与员工绩效之间的中介作用，本研究证实，交易型心理契约履行、关系型心理契约履行和平衡型心理契约履行在 SHRM 与员工绩效不同维度之间发挥跨层次中介作用。可见，本研究借助社会交换理论验证了不同类型心理契约履行的中介作用，提高了社会交换理论对战略人力资源管理与员工绩效作用机制的解释力,也拓宽了战略人力资源管理对员工绩效的作用途径。

6.2.3 揭示了战略人力资源管理与上下级关系的交互作用

员工对组织的知觉很大程度上来自上级领导(Guest,2004)。心理契约中共性的、明确的、正式的交易条款通常由人力资源经理等组织代理人传达给员工,而那些特质的、模糊的关系条款则通常由直接领导通过接触传达给员工。由此,战略人力资源管理与上下级互动关系将共同对心理契约履行产生影响。但是以往研究(例如,张楚筠,2012;Shih & Lin, 2012;Li et al., 2014;Shih & Lin, 2014)主要关注上下级关系对心理契约履行的直接影响,极少研究上下级关系与战略人力资源管理对心理契约履行的交互作用,并且以往研究多使用领导 - 成员交换这一构念来衡量上下级互动关系(郭晓薇,2011)。

本研究采用上下级关系这一本土化构念衡量上下级互动关系,更符合中国情境。实证分析证实上下级关系与战略人力资源管理对心理契约履行的跨层次交互作用显著。这首先验证了本土化构念"上下级关系"的结果效应确实存在,也揭示了上下级关系与战略人力资源管理对心理契约履行的交互作用,有助于更完整地了解心理契约履行的形成机理,为相关领域补充了新的知识与实证经验。

6.2.4 探究了心理契约履行与员工绩效关系的权变条件

首先,本研究考察了不同形式心理契约履行对员工绩效不同维度(角色内绩效和组织公民行为)的作用。以往研究大多从交换关系是否发生的视角考察心理契约违背对员工绩效的作用,最近的研究开始从交换关系类型的视角分析心理契约的影响(龙立荣等,2015)。本研究结果显示,不同类型心理契约履行对角色内绩效与组织公民行为的影响方向不尽相同,并且平衡型心理契约履行与关系型心理契约履行对组织公民行为的影响程度也不一致。这说明不同类型心理契约履行对员工绩效的影响是具有差异的。因此，后续研究需要对心理契约履行的类型加以区别，以更准确地说明心理契约履行对员工绩效的影响。同时，本研究发现社会困境可以有效解释不同类型心理契约履行对组织公民行为的影响，目前该理论较少运用于企业管理领域，本研究拓宽了该理论的应用，给组织公民行为领域的研究带来一定启示。

其次，本研究实证结果显示，组织层次传统性对员工绩效并没有直接影响。这应该引起管理者的重视，有助于正确看待传统性文化价值观的影响作用。

最后，本研究考察了组织层次传统性对心理契约履行与员工绩效的跨层次调节作用。心理契约履行与员工绩效的关系是依据以互惠为核心的社会交换理论建立的，传统性影响员工对互惠的理解与接受程度 (Farh et al., 2007; Liu et al., 2012)，从而可以调节心理契约履行与员工绩效的关系。虽然偶有文献关注传统性对心理契约履行与员工绩效关系的调节作用，但主要将传统性作为个体层次变量。通过吸引－选择－损耗过程 (Schneider, 1987) 及组织社会化过程，组织内员工传统性会呈现共享性，由此形成组织层次传统性文化价值观，组织层次传统性的作用值得深入讨论。本研究结果显示，除了平衡型心理契约履行与角色内绩效关系不受传统性影响外，组织层次传统性减弱了不同类型心理契约履行对员工绩效不同维度（角色内绩效与组织公民行为）的影响。这拓宽了传统性的测量与研究角度，也有助于更全面地分析心理契约履行对员工绩效的影响，丰富心理契约、员工绩效与传统性等领域研究的知识与实证证据。

6.3 管理启示

本研究检验战略人力资源管理对员工绩效的跨层次影响，探讨二者之间的作用路径与情境因素，旨在为企业人力资源管理实践提供建设性建议与启示。

6.3.1 实施有效的人力资源管理实践

本研究结果显示，战略人力资源管理能够有效提高企业员工平均的角色内绩效和组织公民行为，这必将推进组织绩效的实现。因此，企业应该提高对人力资源管理的重视，采取有效的人力资源管理实践。具体来看，企业应该通过完善人员甄选流程、优化甄选手段以提高员工选拔效果，为员工提供广泛而持续的培训以提升员工胜任能力，建立清晰的职业生涯通道以提供给员工内部发展的机会，为绩效合格员工提供持续性雇佣以提高员工安全感，鼓励管理者与员工保持顺畅沟通以增加员工参与工作决策的机会，提供内容完整的岗位说明书并及时修订以帮助员工清楚地明晰自己的岗位职责，将个人绩效与团队绩效、短期绩效与长期绩效有机整合进行基于客观、量化的绩效评估，依据员工绩效考核结果以及组织绩效结果为员工提供具有竞争力的薪酬。这些人力资源实践活动相辅相成，作为一个完整的系统，共同保证了高水平的员工绩效。

6.3.2 积极引导与管理员工心理契约

本研究发现心理契约履行在战略人力资源管理与员工绩效间扮演中介角色，但是不同类型心理契约履行的作用方式不尽相同，因此企业可以从以下几个方面入手，积极引导和管理员工心理契约。

首先，提高平衡型心理契约履行和关系型心理契约履行，降低交易型契约履行。本研究结果显示，平衡型心理契约履行、关系型心理契约履行有助于提高员工角色内绩效和组织公民行为，而交易型心理契约履行则对员工绩效产生负向影响；此外，平衡型心理契约履行对组织公民行为的积极影响大于关系型心理契约履行对组织公民行为的影响。因此，企业应该着力提高平衡型心理契约履行、关系型心理契约履行，降低交易型心理契约履行。从概念内涵上看，心理契约类型的主要差别在于契约持续时间期限（短期 vs 开放的）、绩效与报酬相关程度（高度相关 vs 低相关或不相关）两个方面（Rousseau, 2000）。

关系型心理契约强调基于相互信任与忠诚的长期或开放性雇佣关系，员工报酬与绩效表现连接松散，根据成员资格与参与程度决定员工报酬。交易型心理契约强调短期责任、固定的或明确的绩效要求、有限的员工参与，主要关注经济交换，强调的是薪酬、福利等狭窄的财务义务，而不关注职业规划与发展、雇佣稳定等长期投资。平衡型心理契约强调动态、开放性关系，同时关注企业经济价值与员工职业发展。具体来看，企业可以从以下几个方面着手：①鼓励员工与企业建立长期的、开放的雇佣关系，通过提供持续雇佣或稳定雇佣，提高员工的职业安全性；②适度提高员工报酬与员工绩效表现的相关性，对员工绩效进行基于结果和客观的考核，并依据绩效考核结果发放薪酬与奖金；③努力实现员工利益和企业利益的统一，例如在绩效考核中更关注与企业目标有关的长期绩效与团队绩效，并将公司绩效与奖金发放挂钩；④提高员工参与，提升员工与组织之间的信任程度；⑤关注员工职业规划与发展，为员工提供有助于其自身发展的广泛培训，为员工提供内部流动与晋升的机会。

其次，充分沟通，引导合理的心理契约内容。心理契约是雇员对于自己与组织的互惠责任的信念，这些责任基于员工感知到的承诺，并不一定被组织代理人所认可（Morrison & Robinson，1997）。心理契约具有高度主观性和动态性，管理者应充分了解员工心理契约内容，对员工心理契约内容进行引导，纠正超出规范的不合理期望，凸显企业能力范畴内的诱因（李洪英、于桂兰，2016）。为避免员工不切实际的过高期望造成低水平的心理契约履行，管理者可以通过真实工作预览为员工客观呈现其工作条件、工作报酬和工作责任，慎重对待自己做出的承诺（李洪英、于桂兰，2017）。

最后，无论企业以何种方式做出的承诺，管理者都应该关注承诺实际履行情况，提高心理契约履行程度。当然，心理契约内容可能会由于各种原因而导致无法履行，这种情况下管理者应该及时与员工进行解释、讨论，减少员工因组织责任无法履行造成的情感伤害，减小消极影响（Robinson & Morrison，2000）。

6.3.3 鼓励管理者与下属建立积极的高质量关系

本研究结果显示，上下级关系与战略人力资源管理的交互作用对心理契约履行具有显著影响，上下级关系不但对心理契约履行具有直接影响，还会强化战略人力资源管理对心理契约履行的影响。这值得管理者提高重视，建立高质量上下级关系对于优化心理契约履行、促进员工绩效大有裨益。需要额外注意的是，考虑到上下级关系作用的两面性（Han & Altman, 2009；于桂兰、付博，2015），组织应该鼓励管理者以下属员工的能力、信任和忠诚为基础，建立普遍的高质量关系，并且按部就班、合理运用于管理决策，这样能够确保上下级关系有效发挥积极作用（李洪英、于桂兰，2016）。

6.3.4 酌情倡导传统性文化

本研究结果显示，虽然组织层次传统性对员工绩效的直接影响不显著，但是传统性在心理契约履行与员工绩效关系中发挥跨层次调节作用，传统性减弱了心理契约履行对员工绩效的影响。这应该引起管理者的重视，有助于正确看待传统性文化价值观的影响作用，并根据企业具体情况引导传统性文化。

首先，管理者应该意识到传统性本身并不会对员工绩效产生直接影响，传统性是一个情境因素，其作用发挥依赖于心理契约履行与员工绩效的关系。同时，企业管理者也应认识到战略人力资源管理、心理契约履行对员工绩效的积极作用受到传统性文化的影响，所以需要将传统性因素纳入人力资源管理与心理契约管理中。

其次，本研究发现组织层次传统性减弱了关系型心理契约履行、平衡型心理契约履行对员工绩效不同维度（角色内绩效和组织公民行为）的正向影响。因此，如果企业战略人力资源管理处于较高水平，企业员工大体上具有较高关系型心理契约履行和平衡型心理契约履行，为了不削弱心理契约履行对员工绩效的正向作用，此时企业应提倡低传统性文化，应该有意识地塑造低传统性价值观氛围，从理念、制度等多层面实施干预措施,例如提高员工与管理者平等自由对话的机会、建立员工合理化建议制度、确立员工意见反馈与申诉制度、强调管理者的服务与支持角色、塑造以员工为导向的企业文化等。

再次,本研究发现组织层次传统性减弱了交易型心理契约履行对角色内绩效和组织公民行为的负向影响。如果企业人力资源管理实践不尽如人意,或者由于其他原因,企业员工普遍呈现较高交易型心理契约履行,高传统性能够减弱心理契约履行对员工绩效的消极影响,在这种情况下,企业可以考虑适度提倡高传统性文化。

最后,提高员工层次传统性与组织层次传统性的匹配。当员工与组织的文化价值观高度匹配时,员工行为能够更多体现员工的个人意志而非被动选择,从而有助于提高工作投入、组织承诺、工作满意度和工作绩效,并降低工作焦虑和离职倾向(常亚平等,2010;朱青松等,2013;杨军明,2016)。具体地,企业应该结合人力资源管理实践对员工个体的传统性进行控制与管理:①相对于知识和能力,文化价值观较难以通过学习与培训改变,因此企业首先应该在招聘甄选阶段将传统性作为重要的评价指标,通过行为面试和心理测验测量应聘者的价值观特征;②将传统性文化特征与员工培训、职业生涯发展相融合,有助于引导员工个体的传统性文化特征;③通过留用与淘汰机制,将匹配组织层次传统性文化的员工保留下来,并提供适当的激励措施。

6.4 研究创新、研究局限及研究展望

6.4.1 研究创新

本研究借助社会交换理论分析战略人力资源管理、心理契约履行与员工绩效之间的作用机制,并讨论了上下级关系和传统性在社会交换过程中的权变作用。研究创新主要体现为以下三点。

第一,本研究考虑了心理契约履行的不同类型,对心理契约履行的作用进行了区辨性考察。以往研究大多从交换关系是否发生的视角考察心理契约的作用,缺少对不同类型心理契约履行的区辨性考察。

本研究中心理契约履行包括三种类型：关系型心理契约履行、平衡型心理契约履行与交易型心理契约履行（Rousseau，2000）。研究发现，战略人力资源管理对三种类型心理契约履行产生不同影响，并且三种类型心理契约履行对员工角色内绩效、组织公民行为的影响也不尽一致。这有助于更完整地理解心理契约的形成与作用机制。

第二，本研究将传统性作为组织层次变量，并探讨了传统性对心理契约履行与员工绩效的跨层次调节作用。虽然偶有文献关注传统性对心理契约履行与员工绩效的调节作用，但主要将传统性作为个体层次变量。传统性既可以作为个体层次变量，也可以作为组织层次变量（Farh et al.，2007）。通过吸引－选择－损耗过程（Schneider，1987）及组织社会化过程（Vianen，2010），同一企业内的员工会在价值观方面呈现趋同现象。企业内员工的传统性不是独立存在的，而是表现出企业内的共享性。在高传统性组织中，出于自愿或被动的原因，员工传统性水平通常也较高。这说明，组织层次传统性是一个典型的共享单位特性（陈晓萍等，2012）的组织层次构念。本研究拓宽了传统性的测量与研究角度，有助于更全面地分析心理契约履行对员工绩效的影响，也为企业层次的文化管理提供一定启示。

第三，本研究同时关注了组织内的两种重要交换关系——员工－领导交换关系（上下级关系）与员工－组织交换关系（心理契约履行），并考察了上下级关系与战略人力资源管理对心理契约履行的交互影响，研究结果显示，员工－领导交换关系（上下级关系）与组织交换行动（战略人力资源管理）对员工－组织交换关系（心理契约履行）具有交互作用。以往研究（例如，张楚筠，2012；Shih & Lin，2012；Li et al.，2014；Shih & Lin，2014）主要关注上下级关系对心理契约履行的直接影响，极少研究上下级关系与战略人力资源管理对心理契约履行的交互作用。本研究揭示了上下级关系与战略人力资源管理对心理契约履行的交互作用，有助于更完整地了解员工－组织交换关系的形成机理，在理论建构上具有一定创新。

6.4.2 研究局限

本研究在大量的文献阅读与深度访谈基础上，经由逻辑推演建构理论框架，提出了研究假设，通过问卷调查取得数据进行了实证检验与分析讨论。研究的每一个环节都尽量遵循研究规范。但是，受时间、空间、成本及研究者个人能力等因素的限制，仍存在一些局限和不足。

首先，研究设计方面。本研究选择横剖面研究，人力资源经理问卷与员工问卷同时发放，在同一时间内完成全部变量测量，这不足以准确地揭示战略人力资源管理、心理契约履行与员工绩效之间的因果机理。基于便利性考虑，员工角色内绩效和组织公民行为采用了员工自评方式填答问卷，同源偏差的事前控制不尽如人意。

其次，样本选择和问卷发放方面。本研究样本企业并非随机抽样的结果，而是利用便利抽样的方式，通过个人关系找到企业人力资源负责人或部门负责人。另外，由于研究者本身的成本与精力限制，同时也尊重企业保持正常工作秩序的需要，在大部分吉林省外企业的调研中，研究者未能到达工作现场进行填答说明与指导，研究者与人力资源负责人进行电话沟通详细解释问卷的内容与填写要求，并拜托他（她）向员工进行问卷解释与填答指导，因此无法彻底排除由此导致的填答误差。

最后，理论构建方面。①本研究采用 Rousseau 学派观点从员工角度定义心理契约，关注了心理契约中的组织责任，却没有将员工责任纳入研究框架。心理契约是员工对自己和组织间相互责任的信念系统（Rousseau，2000）。心理契约由员工与组织的互动而形成，员工与组织这两个主体不能独立存在，心理契约中员工责任和组织责任也必然是同时存在并相互依赖的。然而，本研究没有探讨心理契约员工责任履行与战略人力资源管理、员工绩效的关系。②本研究仅考虑了个体层次上下级关系的积极作用，未关注上下级关系可能产生的消极影响。特别是员工之间存在上下级关系差异，这种差异带来的影响值得关注。

6.4.3 研究展望

根据本研究所得出的研究结论以及存在的局限，现有理论框架内的如下几个问题仍值得进一步深入研究。

首先，战略人力资源管理的多样化构型。本研究使用 Sun 等（2007）发展的人力资源管理实践量表，战略人力资源管理包含深度培训、内部流动、职业安全、员工参与、工作描述、激励回报、绩效评价、人员甄选 8 个维度。本研究利用 8 个维度的均分表示战略人力资源管理水平，并未凸显某项人力资源管理职能。鉴于战略匹配与发展的需要，当前企业战略人力资源管理往往具有较为明确的职能重点和目标指向，由此导致了多样化的战略人力资源管理构念，例如，指向员工承诺的"高承诺人力资源管理"（High Commitment Human Resource Management）（Walton，1985），通过提供培训、工作丰富化等手段满足员工发展需要而提升员工技能与工作动机的"发展性人力资源管理系统"（Developmental Human Resource Configuration）（Kuvaas，2008），致力于满足员工降低工作负荷需要的"宽松人力资源管理"（Accommodative HRM）（Bal et al.，2013），能够使企业获得和发展多种技能的人力资本，并快速和有效配置这些资源的"灵活性人力资源管理系统"（Flexibility-oriented HRM System）（Wright & Snell，1997）等。这些构念与心理契约、员工绩效的作用关系不尽相同，值得未来研究进行更深入的探讨。

其次，战略人力资源管理对员工的负面影响问题。如文献综述所述，目前绝大部分研究认为战略人力资源管理提升组织绩效的同时，对员工绩效也具有正向影响。这个观点被实证研究广泛证明，本研究亦得出同样结论。然而，最近有研究指出战略人力资源管理可能对员工产生负面影响。Jensen 等（2013）以工作要求－控制模型为理论基础，研究发现高绩效人力资源系统会导致员工角色负荷超载（role overload）。van De Voorde 和 Beijer（2015）根据归因理论的研究则发现高绩效人力资源管理实践可能导致负面归因，降低员工幸福感和绩效。孙健敏和王宏蕾（2016）借助工作要求－资源模型、自我决定理论、归因理论和过犹不及效应,初步分析了高绩效人力资源管理系统对员工负面影响的作用机理,并提出了员工层次与组织层次的权变因素,但没有进行实证检验。可见,战略人力资源管理对员工负面影响的研究还处于探索阶段,实证证据很少,需要更多更深入的研究。本研究所使用的社会困境理论可以为这方面的研究提供一定启示。

再次,多视角的心理契约内涵拓展及契约内部结构联系。本研究将心理契约履行定位于员工对组织责任履行程度的判断,然而心理契约的内涵远比这广泛得多。Rousseau(2000)认为心理契约是员工对自身与组织间相互责任的信念系统,Guest(2004)则提出心理契约是雇佣关系双方(组织和员工个体)对互惠承诺和隐含责任的感知。另外,心理契约聚焦于个体的信念与理解,其本质是感知,双方所理解的心理契约未必是一致的(Robinson,1996)。总之,心理契约是一个复杂的系统,其两个角度(组织与员工)与双向责任(员工责任与组织责任)不能彻底割裂,心理契约的形成、履行、结果效应也应该考虑这个问题。未来研究可以尝试不断完善心理契约的内涵,将员工感知的员工责任履行以及组织角度的心理契约纳入理论框架,加强对心理契约内部结构之间联系的研究,可以进一步探讨的问题如:组织责任履行与员工责任履行是何种关系?员工责任履行是否在组织责任履行与员工绩效间发挥桥梁作用?抑或是员工责任履行与组织责任履行的交互效应对员工绩效产生哪些影响?员工角度的心理契约履行与组织角度的心理契约履行是否存在显著差异?这一差异对员工绩效产生何种影响?虽然 Lester 等(2000)、Katou 和 Budhwar(2012)、Liu 等(2012)对以上部分问题有所涉猎,但实证研究证据大大不足,需要后续研究给予更多关注与讨论。

最后,上下级关系的个体间差异化问题。Shih 和 Lin(2014)的研究显示上下级关系对心理契约履行具有积极预测作用,本研究也证实上下级关系不仅对心理契约履行具有直接作用,它与战略人力资源管理的交互效应还对心理契约履行具有显著影响。本研究在员工个体内部层次考察上下级关系的作用。然而 Henderson 等(2008)、Weng(2014)

与 Li 等（2014）、杨晓等（2015）、郎艺与王辉（2017）的研究提出，同一团队中员工与主管会形成不同质量的上下级关系，员工在与主管的互动及交换过程中会进行社会比较，员工会将其他同事作为参考来评估自己与主管之间的关系。这种相对关系能够比绝对关系更有效地解释员工的态度与行为。研究发现相对关系正向影响心理契约履行，那些认为自己与主管关系优于其他人的员工认为公司心理契约履行很高，相反那些认为自己与主管关系不及同事的员工，则认为公司没有很好地履行心理契约，并通过心理契约履行进一步影响员工角色内绩效、组织公民行为与创新行为（Henderson et al.，2008；Li et al.，2014）。郎艺与王辉（2017）研究证实领导－员工关系质量的差异影响员工对待同事的态度。可见，相对关系可能改变直接关系的结果效应。以后的研究可以关注两个问题：第一，员工以他人为参照进行比较，会形成员工个体感知的相对关系，相对关系对战略人力资源管理、心理契约履行与员工绩效的作用产生何种影响；第二，经过社会比较后，团队层面上形成了上下级关系差异，这是否会跨层次影响员工心理契约，或对员工绩效产生何种跨层次直接影响与间接影响。

  总体来看，本章完成了以下工作。首先，根据第 5 章的假设检验与讨论，确定了本研究的研究结论。其次，分析了本研究四个理论贡献：证实了战略人力资源管理对员工绩效的跨层次影响，拓展了战略人力资源管理与员工绩效关系的作用机理，揭示了战略人力资源管理与上下级关系的交互作用，探究了心理契约履行与员工绩效关系的权变条件。再次，提出了管理建议与启示，具体包括四个方面：实施有效的人力资源管理实践，积极引导与管理员工心理契约，鼓励管理者与下属建立积极的高质量关系和酌情倡导传统性文化。最后，阐述了本研究的三点创新，同时指出了本研究在研究设计方面、样本选择和问卷发放方面、理论构想方面存在局限，并对未来研究提出了一定建议。

参考文献

Adams, J. S. 1965. "Inequity in Social Exchange." In L. Berkowitz (eds.), *Advances in Experimental Social Psychology*. New York: Academic Press.

Aiken, L. S., & West, S. G. 1991. *Multiple Regression: Testing and Interactions*. Thousand Oaks, CA: Sage.

Appelbaum, E., Bailey, T., Berg, P., et al. 2000. *Manufacturing Advantage: Why High-performance Work Systems Pay Off*. Ithaca, NY: Cornell University Press.

Argyris, C. 1960. *Understanding Organizational Behavior*. Homewood, IL: Dorsey.

Arthur, J. B. 1994. "Effects of Human Resource Systems on Manufacturing Performance and Turnover." *Academy of Management Journal*, 37 (3): 670 – 687.

Arshad, R. 2016. "Psychological Contract Violation and Turnover Intention: Do Cultural Values Matter?." *Journal of Managerial Psychology*, 31 (1): 251 – 264.

Aryee, S., Chen, Z. X., Sun, L. Y., et al. 2007. "Antecedents and Outcomes of Abusive Supervision: Test of a Trickle-Down Model." *Journal of Applied Psychology*, 92 (1): 191 – 201.

Avey, J. B., Palanski, M. E., & Walumbwa, F. O. 2011. "When Leadership Goes Unnoticed: The Moderating Role of Follower Self-Esteem on the Relationship Between Ethical Leadership and Follower Behavior." *Journal of Business Ethics*, 98 (4): 573 – 582.

Ayanda, O. J., & Abdulkadir, D. S. 2011. "Strategic Human Resource Management and Organizational Performance in the Nigerian Manufacturing Sector: An Empirical Investigation." *International Journal of Business & Management*, 6 (9): 46 – 56.

Bal, P. M., Kooij, D. T. A. M., & Jong, S. B. D. 2013. "How Do Developmental and Accommodative HRM Enhance Employee Engagement and Commitment? The Role of Psychological Contract and SOC Strategies." *Journal of Management Studies*, 50 (4): 545 – 572.

Barksdaie, K., & Shore, L. M. 1997. "A Typological Approach to Examining Psychological Contracts." *Journal of Organizational Behavior*, 19, 731 – 744.

Barnard, C. 1938. *The Functions of the Executive*. Cambridge, MA: Harvard University Press.

Barney, J. B. 1986. "Organizational Culture: Can It Be a Source of Sustained Competitive Advantage?." *Academy of Management Review*, 11 (3): 656 – 665.

Baron, J. N., & Hannan, M. T. 2002. "Organizational Blueprints for Success in High-Tech Start-Ups: Lessons from the Stanford Project on Emerging Companies." *California Management Review*, 44 (1): 8 – 36.

Baron, R. M., & Kenny, D. A. 1986. "The Moderator-mediator Variable Distinction in Social Psychological Research: Conceptual, Strategic, and Statistical Considerations." *Journal of Personality and Social Psychology*, 51 (6): 1173 – 1182.

Bateman, T. S., Organ, D. W. 1983. "Job Satisfaction and the Good Soldier: The Relationship Between Affect and Employee "Citizenship"." *Academy of management Journal*, 26 (4): 584 – 595.

Batt, R. 2002. "Managing Customer Services: Human Resource Practices, Quit Rates, and Sales Growth." *Academy of Management Journal*, 45 (3): 587 – 597.

Becker, B. E., & Huselid, M. A. 1998. "High Performance Work Systems and Firm Performance: A Synthesis of Research and Managerial Applications." *Research in Personnel and Human Resources Management*, 16: 53 – 101.

Becker, B. E., & Huselid, M. A. 2006. "Strategic Human Resources Management: Where Do We Go From Here?." *Journal of Management*, 32 (1): 898 – 925.

Becker, B., & Gerhart, B. 1996. "The Impact of Human Resource Management on Organizational Performance: Progress and Prospects." *Academy of Management Journal*, 39 (4): 779 – 801.

Bellou, V. 2009. "Profiling the Desirable Psychological Contract for Different Groups of Employees: Evidence from Greece." *International Journal of Human Resource Management*, 20 (4): 810 – 830.

Bergeron, D. M. 2007. "The Potential Paradox of Organizational Citizenship Behavior: Good Citizens at What Cost?." *Academy of Management Review*, 32 (4): 1078 – 1095.

Bian, Y. 1997. "Bring Strong Ties Back In: Indirect Ties, Network Bridges, and Job Searches in China." *American Sociological Review*, 62 (3): 366 – 385.

Bies, R. J., Tripp, T. M. 1996. "Beyond Distrust: Getting Even and the Need for Revenge." In R. M. Kramer & T. Lyler (eds.), *Trust in Organizations*: 246 – 260. Thousand Oaks, CA: Sage.

Blau, P. M. 1964. *Exchange and Power in Social Life*.

Bolino, M. C. 1999. "Citizenship and Impression Management: Good Soldiers or Good Actors?." *Academy of Management Review*, 24 (1): 82 – 98.

Bolino, M. C., & Turnley, W. H. 2005. "The Personal Costs of Citizenship Behavior: The Relationship between Individual Initiative and Role Overload, Iob Stress, and Work-family Conflict." *Journal of Applied Psychology*, 90 (4): 740 – 748.

Boon, C., Hartog, D. N. D., Boselie, P., et al. 2011. "The Relationship Between Perceptions of HR Practices and Employee Outcomes: Examining the Role of Person-organisation and Person-job Fit." *International Journal of Human Resource Management*, 22 (1): 138 – 162.

Borman, W. C., & Motowidlo, S. J. 1993. "Expanding the Criterion Domain to Include Elements of Contextual Performance." In Schmitt, N., Borman, W. C. (eds.), *Personnel Selection in Organizations*. San Francisco: Jossey-Bass, 71 – 98.

Bowen, D. E., & Ostroff, C. 2004. "Understanding HRM-firm Performance Linkages: The Role of the 'Strength' of the HRM System." *Academy of Management Review*, 29 (2): 203 – 221.

Bozionelos, N., & Wang, L. 2007. "An Investigation on the Attitudes of Chinese Workers towards Individually-based Performance Related Reward System." *International Journal of Human Resource Management*, 18 (2): 284 – 302.

Brislin, R. W. 1980. "Translation and Content Analysis of Oral and Written Materials." In Triandis, H. C., Berry, J. W. (eds.), *Handbook of Cross-cultural Psychology: Methodology*. Boston: Allyn & Bacon, 2: 389 – 444.

Browne, M. W., & Cudeck, R. 1992. "Alternative Ways of Assessing Model Fit." *Sociological Methods and Research*, 21 (2): 230 – 258.

Chen, X. P., & Chen, C. C. 2004. "On the Intricacies of the Chinese Guanxi: A Process Model of Guanxi Development." *Asia Pacific Journal of Management*, 21 (3): 305 – 324.

Chen, C. C., Chen, Y. R., & Xin, K. 2004. "Guanxi Practices and Trust in Management: A Procedural Justice Perspective." *Organization Science*, 15 (2): 200 – 209.

Chen, X. P., Zhang, X., & Sego, D. 2004. "Beyond Organizational Commitment: The Effect of Loyalty to Supervisor and Perceived Social Norm on Employee Organizational Citizenship and Turnover." *International Association of Chinese Management Research Conference Proceedings*, Beijing.

Chen, S. J., Lin, P. F., Lu, C. M., et al. 2007. "The Moderation Effect of HR Strength on the Relationship between Employee Commitment and Job Performance." *Social Behavior & Personality An International Journal*, 35 (8): 1121 – 1138.

Chen, Z. X., Tsui, A. S., & Zhong, L. 2008. "Reactions to Psychological Contract Breach: A Dual Perspective." *Journal of Organizational Behavior*, 29 (5): 527 – 548.

Chen, Y., Ray, F., Yu, E., et al. 2009. "Supervisor-Subordinate Guanxi: Developing a Three-Dimensional Model and Scale." *Management & Organization Review*, 5 (3): 375 – 399.

Cheng, B. S., Farh, J., Chang, H., et al. 2002. "Guanxi, Zhongcheng, Competence and Managerial Behavior in Chinese Context." *Journal of Chinese Psychology*, 44 (2): 151 – 166.

Cheung, M. F. Y., Wu, W. P., Chan, A. K. K., et al. 2009. "Supervisor-Subordinate Guanxi and Employee Work Outcomes: The Mediating Role of Job Satisfaction." *Journal of Business Ethics*, 88 (1): 77 – 89.

Cheung, M. F., Wu, W. P. 2012. "Participatory Management and Employee Work Outcomes: The Moderating Role of Supervisor-subordinate Guanxi." *Asia Pacific Journal of Human Resources*, 49 (3): 344 – 364.

Chien, M. S., & Lin, C. C. 2013. "Psychological Contract Framework on the Linkage between Developmental Human Resource Configuration and Role Behavior." *International Journal of Human Resource Management*, 24 (1): 1 – 14.

Chowhan, J. 2016. "Unpacking the Black Box: Understanding the Relationship between Strategy, HRM Practices, Innovation and Organizational Performance." *Human Resource Management Journal*, 26 (2): 112 – 133.

Cohen, A. 2012. "The Relationship between Individual Values and Psychological Contracts." *Journal of Managerial Psychology*, 27 (3): 283 – 301.

Colbert, B. A. 2004. "The Complex Resource-Based View: Implications for Theory and Practice in Strategic Human Resource Management." *Academy of Management Review*, 29 (3): 341 – 358.

Coleman, V. I., & Borman, W. C. 2012. "Investigating the Underlying Structure of the Citizenship Performance Domain." *Human Resource Management Review*, 10 (1): 25 – 44.

Combs, J., Liu, Y., Hall, A., et al. 2006. "How Much Do High-performance Work Practices Matter? A Meta-analysis of Their Effects on Organizational Performance." *Personnel Psychology*, 59 (3): 501 – 528.

Compton, R. L. 2009. "Towards an Integrated Model of Strategic Human Resource Management: An Australian Case Study." *Research & Practice in Human Resource Management*, 17 (2). 81 – 93.

Conway, N., & Briner, R. B. 2005. *Understanding Psychological Contracts at Work: A Critical Evaluation of Theory and Researc*. New York: Oxford University Press.

Coyle-Shapiro, J. A. M. 2002. "A Psychological Contract Perspective on Organizational Citizenship Behavior." *Journal of Organizational Behavior*, 23 (8): 927 – 946.

Coyle-Shapiro, J. C., & Kessler, I. 2000. "Consequences of the Psychological Contract for the Employment Relationship: A Large Scale Survey." *Journal of management studies*, 17: 903 – 930.

Coyle-Shapiro, J. A. M., & Kessler, I. 2002. "Reciprocity Through the Lens of the Psychological Contract: Employee and Employer Perspectives." *European Journal of Work and Organizational Psychology*, 11 (1): 69 – 86.

Coyle-Shapiro, J. A. M., & Conway, N. 2005. "Exchange Relationships:

Examining Psychological Contracts and Perceived Organizational Support." *Journal of Applied Psychology*, 90 (4): 774 – 781.

Cropanzano, R., & Mitchell, M. S. 2005. "Social Exchange Theory: An Interdisciplinary Review." *Journal of Management*, 31, 874 – 900.

Cuyper, N. D., Van der Heijden, B. I. J. M, & Witte, H. D. 2011. "Associations between Perceived Employability, Employee Well-being, and Its Contribution to Organizational Success: A Matter of Psychological Contracts?." *The International Journal of Human Resource Management*, 22 (7): 1486 – 1503.

Dabos, G. E., & Rousseau, D. M. 2004. "Mutuality and Reciprocity in the Psychological Contracts of Employees and Employers." *Journal of Applied Psychology*, 89 (1): 52 – 72.

Davidson, P. 2001. *The Changing Nature of the Psychological Contract in the IT Industry: 1997 – 2001.* Research Papers in Human Resource Management, Kingston University Business School.

Delaney, J. T., & Huselid, M. A. 1996. "The Impact of Human Resource Management Practices on Perceptions of Organizational Performance." *Academy of Management Journal*, 39 (4): 949 – 969.

Delery, J. E., & Doty, D. H. 1996. "Modes of Theorizing in Strategic Human Resource Management: Tests of Universalistic, Contingency, and Configurational Performance Predictions." *Academy of Management Journal*, 39 (4): 802 – 835.

Delery, J. E., & Roumpi, D. 2017. "Strategic Human Resource Management, Human Capital and Competitive Advantage: Is the Field Going in Circles?." *Human Resource Management Journal*, 27 (1): 1 – 21.

Delmotte, J., De Winne, S., & Sels, L. 2012. "Toward an Assessment of Perceived HRM System Strength: Scale Development and Validation." *International Journal of Human Resource Management*, 23 (7): 1481 – 1506.

Devanna, M. A., Fombrun, C., & Tichy, N. 1981. "Human Resources Management: A Strategic Perspective." *Organizational Dynamics*, 12: 51–67.

Dezoort, F. T., & Lord, A. T. 1994. "An Investigation of Obedience Pressure Effects on Auditors' Judgments." *Behavioral Research in Accounting*, 6 (1): 1–30.

Dick, P. 2006. "The Psychological Contract and the Transition from Full to Part-time Police Work." *Journal of Organizational Behavior*, 27 (1): 37–58.

Duckworth, A. L., & Kern, M. L. 2011. "A Meta-Analysis of the Convergent Validity of Self-Control Measures." *Journal of Research in Personality*, 45 (3): 259–268.

Eisenberger, R., Huntington, R., Hutchison, S., et al. 1986. "Perceived Organizational Support." *Journal of Applied Psychology*, 71 (3): 500–507.

Emerson, R. M. 1976. "Social Exchange Theory." *Annual Review of Sociology*, 2: 335–362.

Farh, J. L., & Cheng, B. S. 1997. "Modesty Bias in Self-rating in Taiwan: Impact of Item Wording, Modesty Value, and Self-esteem." *Chinese Journal of Psychology*, 39 (2): 103–118.

Farh, J. L., Earley, P. C., & Lin, S. C. 1997. "Impetus for Action: A Cultural Analysis of Justice and Organizational Citizenship Behavior in Chinese Society." *Administrative Science Quarterly*, 42 (3): 421–444.

Farh, J. L., Leong, F. T. L., & Law, K. S. 1998a. "Cross-Cultural Validity of Holland's Model in Hong Kong." *Journal of Vocational Behavior*, 52 (3): 425–440.

Farh, J. L., Tsui, A. S., Xin, K., et al. 1998b. "The Influence of Relational Demography and Guanxi: The Chinese Case." *Organization Sci-*

ence, 9 (4): 471 - 488.

Farh, J. L., Zhong, C. B., & Organ, D. W. 2004. "Organizational Citizenship Behavior in the People's Republic of China." *Organization Science*, 15 (2): 241 - 253.

Farh, J. L., Hackett, R. D., & Liang, J. 2007. "Individual-Level Cultural Values as Moderators of Perceived Organizational Support-Employee Outcome Relationships in China: Comparing the Effects of Power Distance and Traditionality." *Academy of Management Journal*, 50 (3): 715 - 729.

Festinger, L. 1957. *A Theory of Cognitive Dissonance*: Stanford. Computer Animation Conference.

Ferris, G. R., Arthur, M. M., Berkson, H. M., et al. 1998. "Toward a Social Context Theory of the Human Resource Management-organization Effectiveness Relationship." *Human Resource Management Review*, 8 (3): 235 - 264.

Foa, U. G., & Foa, E. B. 1980. "Resource Theory: Interpersonal Behavior as Exchange." In Gergen, K. J., Greenberg, M. S. & Willis, R. H. (eds.), *Social exchange: Advances in theory and research.* New York: Plenum.

Freese, C., Schalk, R. 2008. "How to Measure the Psychological Contract? A Critical Criteria-based Review of Measures." *Psychological Society of South Africa*, 38 (2): 269 - 286.

Frenkel, S. J., Li, M., & Restubog, S. L. D. 2012. "Management, Organizational Justice and Emotional Exhaustion among Chinese Migrant Workers: Evidence from Two Manufacturing Firms." *British Journal of Industrial Relations*, 50 (1): 121 - 147.

George, J. M. & Bettenhausen, K. 1990. "Understanding Prosaic Behavior, Sales Performance, and Turnover: A Group Level Analysis in a Service Context." *Journal of Applied Psychology*, 75: 698 - 709.

Gerhart, B., Wright, P. M., Mc Mahan, G. C., et al. 2010. "Measurement Error in Research on Human Resources and Firm Performance: How Much Error Is There and How Does It Influence Effect Size Estimates?." *Personnel Psychology*, 53 (4): 803 – 834.

Glick, W. H. 1985. "Conceptualizing and Measuring Organizational and Psychological Climate: Pitfalls in Multilevel Research." *Academy of Management Review*, 10 (3): 601 – 616.

Gouldner, A. W. 1960. "The Norm of Reciprocity: A Preliminary Statement." *American Sociological Review*, 25 (2): 161 – 178.

Graham, J. W. 1989. *Organizational Citizenship Behavior: Constructure Definition Operationalization, and Validation.* Unpublished working paper, Chicano: Loyola University.

Grimmer, M., & Oddy, M. 2007. "Violation of the Psychological Contract: The Mediating Effect of Relational Versus Transactional Beliefs." *Australian Journal of Management*, 32 (1): 153 – 174.

Guerrero, S., & Barraud-didier, V. 2004. "High-involvement Practices and Performance of French Firms." *International Journal of Human Resource Management*, 15 (8): 1408 – 1423.

Guest, D. E. 1989. "Personnel and HRM: Can You Tell Me the Difference?." *Personnel Management*, 21 (1).

Guest, D. E. 1998. "Is the Psychological Contract Worth Taking Seriously?." *Journal of Organizational Behavior*, 19: 649 – 664.

Guest, D. E., & Conway, N. 2002. "Communicating the Psychological Contract: An Employer Perspective." *Human Resource Management Journal*, 12 (2): 22 – 38.

Guest, D. E. 2004. "The Psychology of the Employment Relationship: An Analysis Based on the Psychological Contract." *Applied Psychology*, 53 (4): 541 – 555.

Guest, D. E., Oakley, P., Clinton, M., et al. 2006. "Free or Precarious? A Comparison of the Attitudes of Workers in Flexible and Traditional Employment Contracts." *Human Resource Management Review*, 16 (2): 107 – 124.

Guest, D. E. 2011. "Human Resource Management and Performance: Still Searching for Some Answers." *Human Resource Management Journal*, 21 (1): 3 – 13.

Gupta, V., Agarwal, U. A., & Khatri, N. 2016. "The Relationships between Perceived Organizational Support, Affective Commitment, Psychological Contract Breach, Organizational Citizenship Behavior, and Work Engagement." *Journal of Advanced Nursing*, 72 (11): 2806 – 2817.

Guthrie, D. 1998. "The Declining Significance of Guanxi in China's Economic Transition." *China Quarterly*, 154: 254 – 282.

Guzzo, R. A., & Berman, L. M. 1995. *At What Level of Generality Is Psychological Contract Fulfillment Best Measured?* Paper presented at the Academy of Management meetings, Vancouver, August.

Guzzo, R. A., & Noonan, K. A. 1994. "Human Resource Practices as Communications and the Psychological Contract." *Human Resource Management*, 33 (3): 447 – 462.

Han, Y., & Altman, Y. 2009. "Supervisor and Subordinate Guanxi: A Grounded Investigation in the People's Republic of China." *Journal of Business Ethics*, 88 (1): 91 – 104.

Harrington, J. R., & Lee, J. H. 2015. "What Drives Perceived Fairness of Performance Appraisal? Exploring the Effects of Psychological Contract Fulfillment on Employees' Perceived Fairness of Performance Appraisal in U. S. Federal Agencies." *Public Personnel Management*, 44 (2): 214 – 238.

Heffernan, M., & Dundon, T. 2016. "Cross-level Effects of High-performance Work Systems (HPWS) and Employee Well-being: the Mediating Effect of Organizational Justice." *Human Resource Management Journal*,

26 (2): 211 – 231.

Heider, F. 1958. *The Psychology of Interpersonal Relations.* New York: Wiley.

Henderson, D. J., Wayne, S. J., Shore, L. M., et al. 2008. "Leader-member Exchange, Differentiation, and Psychological Contract Fulfillment: A Multilevel Examination." *Journal of Applied Psychology*, 93 (6): 1208 – 1219.

Herriot, P., Manning, W. E. G., & Kidd, J. M. 1997. "The Content of the Psychological Contract." *British Journal of Management*, 8 (2): 151 – 162.

Hitt, M. A., & Mathieu, J. E. 2007. "Building Theoretical and Empirical Bridges Across Level: Multilevel Research in Management." *Academy of Management Journal*, 50 (6): 1385 – 1399.

Ho, V. T. 2005. "Social Influence on Evaluations of Psychological Contract Fulfillment." *Academy of Management Review*, 30 (1): 113 – 128.

Ho, V. T., & Levesque, L. L. 2005. "With a Little Help from My Friends (and Substitutes): Social Referents and Influence in Psychological Contract Fulfillment." *Organization Science*, 16 (3): 275 – 289.

Hom, P. W., Tsui, A. S., Wu, J. B., et al. 2009. "Explaining Employment Relationships With Social Exchange and Job Embeddedness." *Journal of Applied Psychology*, 94 (2): 277 – 297.

Hu, L. T., & Bentler, P. M. 1998. "Fit Indices in Covariance Structure Modeling: Sensitivity to Underparametrized Model Misspesification." *Psychological Methods*, 3 (4): 424 – 453.

Hu, L. T., & Bentler, P. M. 1999. "Cutoff Criteria for Fit Indexes in Covariance Structure Anaysis: Conventional Criteria Versus New Alternatives." *Structural Equation Modeling-a Multidisciplinary Journal*, 6 (1): 1 – 55.

Hui, C., Graen, G. 1997. "Guanxi and Professional Leadership in Contemporary Sino-American Joint Ventures in Mainland China." *Leadership Quarterly*, 8 (4): 451 – 465.

Hui, C., Lee, C., & Rousseau, D. M. 2004a. "Psychological Contract and Organizational Citizenship Behavior in China: Investigating Generalizability and Instrumentality." *Journal of Applied Psychology*, 89 (2): 311 – 321.

Hui, C., Lee, C., & Rousseau, D. M. 2004b. "Employment Relationships in China: Do Workers Relate to the Organization or to People?." *Organization Science*, 15 (2): 232 – 240.

Hur, Y. H., Berg, P. T. V. D., & Wilderom, C. P. M. 2011. "Transformational Leadership As a Mediator between Emotional Intelligence and Team Outcomes." *Leadership Quarterly*, 22 (4): 591 – 603.

Huselid, M. A. 1995. "The Impact of Human Resource Management Practices on Turnover, Productivity." *Academy of Management Journal*, 38 (3): 635 – 672.

Huselid, M. A., & Becker, B. E. 2000. Comment on "Measurement Error in Research on Human Resources and Firm Performance: How Much Error Is There and How Does It Influence Effect Size Estimates?" By Gerhart, Wright, Mcmahan and Snell. *Personnel Psychology*, 53 (4): 835 – 854.

James, L. R. 1982. "Aggregation Bias in Estimates Perceptual Agreement." *Journal of Applied Psychology*, 67 (2): 219 – 229.

James, L. R., Demaree, R. J., & Wolf, G. 1993. "Rwg: An Assessment of Within-group Interrater Agreement." *Journal of Applied Psychology*, 78 (2): 306 – 309.

Janssen, O., Yperen, N. W. V. 2004. "Employees' Goal Orientations, the Quality of Leader-Member Exchange, and the Outcomes of Job Performance and Job Satisfaction." *Academy of Management Journal*, 47: 368 – 384.

Jehn, K. A., & Shah, P. P. 1997. "Interpersonal Relationships and Task Performance: An Examination of Mediating Processes in Friendship and Acquaintance Groups." *Journal of Personality & Social Psychology*, 72 (4): 775 – 790.

Jensen, J. M., Patel, P. C., & Messersmith, J. G. 2013. "High-performance Work Systems and Job Control: Consequences for Anxiety, Role Overload, and Turnover Intentions." *Journal of Management*, 39 (6): 1699 – 1724.

John, J. S. 2005. "The Role of Personal Values in the Charismatic Leadership of Corporate Managers: A Model and Preliminary Field Study." *The Leadership Quarterly*, 89 (16): 221 – 244.

Joireman, J., Kamdar, D., Daniels, D., & Duell, B. 2006. "Good Citizens to the End? It Depends: Empathy and Concern with Future Consequences Moderate the Impact of a Short-term Time Horizon on Organizational Citizenship Behavior." *Journal of Applied Psychology*, 91 (6): 1307 – 1320.

Joseph, D. L., & Newman, D. A. 2010. "Emotional Intelligence: An Integrative Meta-analysis and Cascading Model." *Journal of Applied Psychology*, 95 (1): 54 – 78.

Juma, N., Lee, J. Y. 2012. "The Moderating Effects of Traditionality-modernity on the Effects of Internal Labor Market Beliefs on Employee Affective Commitment and Eheir Turnover Intention." *International Journal of Human Resource Management*, 23 (11): 2315 – 2332.

Kaiser, H. F. 1974. "A Computational Starting Point for Rao's Canonical Factor Analysis: Implications for Computerized Procedures." *Educational & Psychological Measurement*, 34 (3): 691 – 692.

Karambayya, R. 1990. *Contextual Predictors of Organizational Citizenship Behavior*. Academy of Management Best Papers Proceedings.

Kark, R., Shamir, B., & Chen, G. 2003. "The Two Faces of Transformational Leadership: Empowerment and Dependency." *Journal of Applied Psychology*, 88 (2): 246 – 255.

Katou, A. A., & Budhwar, P. S. 2012. "The Link between HR Practices, Psychological Contract Fulfillment, and Organizational Performance: The Case of the Greek Service Sector." *Thunderbird International Business Review*, 54 (6): 793 – 809.

Katz, D., & Kahn, R. L. 1978. *The Social Psychology of Organizations*. New York: Wiley.

Kehoe, R. R., & Wright, P. M. 2013. "The Impact of High Performance HR Practices on Employees' Attitudes and Behaviors." *Journal of Management*, 36 (2): 366 – 391.

Kickul, J., & Lester, S. W. 2001. "Broken Promises: Equity Sensitivity as a Moderator between Psychological Contract Breach and Employee Attitudes and Behavior." *Journal of business and psychology*, 16: 191 – 217.

Kiong, T. C., & Kee, Y. P. 1998. "Guanxi Bases, Xinyong and Chinese Business Networks." *British Journal of Sociology*, 49: 75 – 97.

Klein, K. J., & Kozlowski, S. W. J. 2000. "From Micro to Meso: Critical Steps in Conceptualizing and Conducting Multilevel Research." *Organizational Research Methods*, 3 (3): 211 – 236.

Klein, K. J., Kozlowski, S. W. J., & Zedeck, S. 2000. *Multilevel Theory, Research, and Methods in Organizations: Foundations, Extensions, and New Directions*. Jossey-Bass.

Kotter, J. P. 1973. "The Psychological Contract: Managing the Joining-Up Process." *California Management Review*, 15 (3): 91 – 99.

Kuvaas, B. 2008. "An Exploration of How the Employee-Organization Relationship Affects the Linkage Between Perception of Developmental Human Resource Practices and Employee Outcomes." *Journal of Management Studies*, 45 (1): 1 – 25.

Lambert, L. S., Edwards, J. R., & Cable, D. M. 2003. "Breach and Fulfillment of the Psychological Contract: A Comparison of Traditional and Expanded Views." *Personnel Psychology*, 56 (4): 895 – 934.

Law, K. S., Wong, C. S., Wang, D. X., et al. 2000. "Effect of Supervisor-subordinate Guanxi on Supervisory Decisions in China: An Empirical Investigation." *International Journal of Human Resource Management*, 11 (4): 751 – 765.

Lepak, D. P., Takeuchi, R., & Snell, S. A. 2003. "Employment Flexibility and Firm Performance: Examining the Interaction Effects of Employment Mode, Environmental Dynamism, and Technological Intensity." *Journal of Management*, 29 (5): 681 – 703.

Lerner, M. J. 1980. *The Belief in a Just World.* Springer US.

Lester, S. W., Turnley, W. H., & Bloodgood, J. M. 2000. "Supervisor and Subordinate Views of Psychological Contract Fulfillment: The Impact of Perceptual Differences on Employee Work Attitudes and Behaviors." *Academy of Management Proceedings & Membership Directory*, (1): C1 – C6.

Lester, S. W., Kickul, J. R., & Bergmann, T. J. 2007. "Managing Employee Perceptions of the Psychological Contract Over Time: The Role of Employer Social Accounts and Contract Fulfillment." *Journal of Organizational Behavior*, 28 (2): 191 – 208.

Levinson, H. P., Munden, K. J., Mandl, H. J., et al. 1962. *Man, Management and Mental Health.* Cambridge: Harvard University Press.

Li, H., Feng, Z. Y., Liu, C. L., et al. 2014. "The Impact of Relative Leader-member Exchange on Employees' Work Behaviors as Mediated by Psychological Contract Fulfillment." *Social Behavior & Personality An International Journal*, 42 (1): 79 – 88.

Li, H., Yu, G. 2017. "A Multilevel Examination of High-Performance Work Systems and Organizational Citizenship Behavior: A Social Exchange Theory Perspective. " *Eurasia Journal of Mathematics, Science & Technology Education*, 13 (8): 5821 – 5835.

Liang, J. 1998. "The Cliquish Culture in Business Organizations: A Hypothesis about Organizational Culture. " *Economic Science*, (5): 12 – 17.

Liao, H. , Toya, K. , Lepak, D. P. , et al. 2009. "Do They See Eye to Eye? Management and Employee Perspectives of High-performance Work Systems and Influence Processes on Service Quality. " *Journal of Applied Psychology*, 94 (2): 371.

Liu, J. , Hui, C. , Lee, C. , et al. 2012. "Fulfilling Obligations: Why Chinese Employees Stay. " *International Journal of Human Resource Management*, 23 (1): 35 – 51.

Liu, X. Y. , Wang, J. 2013. "Abusive Supervision and Organizational Citizenship Behavior: Is Supervisor-subordinate Guanxi a Mediator?. " *International Journal of Human Resource Management*, 24 (7): 1471 – 1489.

Lu, Y. , Shen, Y. , & Zhao, L. 2015. "Linking Psychological Contract Breach and Employee Outcomes in China: Does Leader-Member Exchange Make a Difference?. " *Chinese Economy*, 48 (4): 297 – 308.

Lub, X. D. , Bal, P. M. , Blomme, R. J. , et al. 2015. "One Job, One Deal... or Not: Do Generations Respond Differently to Psychological Contract Fulfillment?. " *International Journal of Human Resource Management*, 27 (6): 1 – 28.

Luo, J. D. 2011. "Guanxi Revisited: An Exploratory Study of Familiar Ties in a Chinese Workplace. " *Management & Organization Review*, 7 (2): 329 – 351.

Maas, C. J. M. , & Hox, J. J. 2005. "Sufficient Sample Sizes for Multilevel Modeling. " *Methodology European Journal of Research Methods for the Behavioral & Social Sciences*, 1 (3): 86 – 92.

Mac Duffie, J. P. 1995. "Human Resource Bundles and Manufacturing Performance: Organizational Logic and Flexible Production Systems in the World Auto Industry." *Industrial & Labor Relations Review*, 48 (2): 197 – 221.

Maia, L. G., & Bastos, A. 2015. "Organizational Commitment, Psychological Contract Fulfillment and Job Performance: A Longitudinal Quanti-qualitative Study." *Brazilian Administration Review*, 12 (3): 250 – 267.

Malhotra, D., & Murnighan, J. K. 2002. "The Effects of Contracts on Interpersonal Trust." *Administrative Science Quarterly*, 47 (3): 534 – 559.

Martín-Alcázar, F., Romero-Fernández, P. M., & Sánchez-Gardey, G. 2005. "Strategic Human Resource Management: Integrating the Universalistic, Contingent, Configurational and Contextual Perspectives." *International Journal of Human Resource Management*, 16 (5): 633 – 659.

Mauno, S., Kinnunen, U., & Ruokolainen, M. 2006. "Exploring Work and Organization-based Resources as Moderators between Work-Family Conflict, Well-being, and Job Attitudes." *Work & Stress*, 20 (3): 210 – 233.

Mayer, R. C., & Gavin, M. B. 2005. "Trust in Management and Performance: Who Minds the shop While the Employees Watch the Boss?." *Academy of Management Journal*, 48 (5): 874 – 888.

McDermott, A. M., Heffernan, M., & Beynon, M. J. 2013. "When the Nature of Employment Matters in the Employment Relationship: A Cluster Analysis of Psychological Contracts and Organizational Commitment in the Non-profit Sector." *The International Journal of Human Resource Management*, 24 (7): 1490 – 1518.

Miles, R. E., & Snow, C. C. 1978. *Organizational Strategy, Structure, and Process*. New York: Mc Graw-Hill.

Miles, R. E., & Snow, C. C. 1984. "Designing Strategic Human Resources

Systems." *Organizational Dynamics*, 13 (1): 36 – 52.

Millward, L. J., & Hopkins, L. J. 1998. "Psychological Contracts, Organizational and Job Commitment." *Journal of Applied Social Psychology*, 28 (16): 1530 – 1556.

Molm, L. D., Peterson, G., & Takahashi, N. 1999. "Power in Negotiated and Reciprocal Exchange." *American Sociological Review*, 64 (6): 876 – 890.

Molm, L. D., Takahashi, N., & Peterson, G. 2000. "Risk and Trust in Social Exchange: An Experimental Test of a Classical Proposition." *American Journal of Sociology*, 105 (5): 1396 – 1427.

Montes, S. D., & Zweig, D. 2009. "Do Promises Matter? An Exploration of the Role of Promises in Psychological Contract Breach." *Journal of Applied Psychology*, 94 (5): 1243 – 1260.

Morrison, E. W., & Robinson, S. L. 1997. "When Employees Feel Betrayed: A Model of How Psychological Contract Violation Develops." *Academy of Management Review*, 22 (1): 226 – 256.

Newman, A., Miao, Q., Hofman, P. S., et al. 2016. "The Impact of Socially Responsible Human Resource Management on Employees' Organizational Citizenship Behaviour: The Mediating Role of Organizational Identification." *International Journal of Human Resource Management*, 27 (4): 440 – 455.

Nelson, L., & Tonks, G. 2007. "Violations of the Psychological Contract: Experiences of a Group of Casual Workers." *Research & Practice in Human Resource Management*, 15 (1): 22 – 36.

Ng, T. W. H., Feldman, D. C., & Lam, S. S. K. 2010. "Psychological Contract Breaches, Organizational Commitment, and Innovation-Related Behaviors: A Latent Growth Modeling Approach." *Journal of Applied Psychology*, 95: 744 – 751.

Oppel, E. M., Winter, V., & Schreyögg, J. 2016. "Examining the Relationship between Strategic HRM and Hospital Employees' Work Attitudes: An Analysis Across Occupational Groups in Public and Private Hospitals." *International Journal of Human Resource Management*, (11): 1-21.

Organ, D. W. 1988. *Organizational Citizenship Behavior: The Good Soldier Syndrome*. England: Lexington Books.

Organ, D. W. 1997. "Organizational Citizenship Behavior: Its Construct Clean up Time." *Human Performance*, 10 (2): 85-97.

Paauwe, J. 2009. "HRM and Performance: Achievements, Methodological Issues and Prospects." *Journal of Management Studies*, 46 (1): 129-142.

Pant, J. J., & Vijaya, V. 2015. "Management of Gen Y Employees Through Psychological Contract-An Exploratory Study in IT/ITES Companies." *Journal of Management*, 16 (1): 25-40.

Pak, J., Chung, G. H., & Chang, H. 2017. "Do High Performance Work Systems Improve Individual Outcomes? Differential Effects of HR Practices." *Academy of Management Proceeding*, (1): 13351.

Payne, S. C., Culbertson, S. S., Lopez, Y. P., et al. 2014. "Contract Breach as a Trigger for Adjustment to the Psychological Contract During the First Year of Employment." *Journal of Occupational & Organizational Psychology*, 88 (1): 41-60.

Pfeffer, J. 1994. *Competitive Advantage Through People*. Harvard Business School Press, Boston, MA, SAGE.

Pillutla, M. M., Farh, J. L., Lee, C., et al. 2007. "An Investigation of Traditionality as a Moderator of Reward Allocation." *Group & Organization Management*, 32 (2): 233-253.

Podsakoff, P. M., Mackenzie, S. B., Moorman, R. H., et al. 1990. "Transformational Leader Behaviors and Their Effects on Followers' Trust in Leader, Satisfaction, and Organizational Citizenship Behaviors." *Leadership Quarterly, 1 (2): 107 – 142.

Podsakoff, P. M., Mackenzie, S. B., Paine, J. B., et al. 2000. "Organizational Citizenship Behaviors: A Critical Review of the Theoretical and Empirical Literature and Suggestions for Future Research." *Journal of Management*, 26 (3): 513 – 563.

Podsakoff, P. M., Mackenzie, S. B., Lee, J. Y., et al. 2003. "Common Method Biases in Behavioral Research: A Critical Review of the Literature and Recommended Remedies." *Journal of Applied Psychology*, 88 (5): 879 – 903.

Posthuma, R. A., Campion, M. C., Masimova, M., et al. 2013. "A High-Performance Work Practices Taxonomy Integrating the Literature and Directing Future Research." *Journal of Management*, 39 (5): 1184 – 1220.

Prashant, B., Restubog, S. L. D., & Tang, R. L. 2008. "When Employees Strike Back: Investigating Mediating Mechanisms Between Psychological Contract Breach and Workplace Deviance." *Journal of Applied Psychology*, 93 (5): 1104 – 17.

Purcell, J., & Hutchinson, S. 2007. "Front-line Managers as Agents in the HRM-performance Causal Chain: Theory, Analysis and Evidence." *Human Resource Management Journal*, 17 (1): 3 – 20.

Ramasamy, B., Goh, K. W., & Yeung, M. C. H. 2006. "Is Guanxi (Relationship) a Bridge to Knowledge Transfer?." *Journal of Business Research*, 59 (1): 130 – 139.

Rayton, B. A., & Yalabik, Z. Y. 2014. "Work Engagement, Psychological Contract Breach and Job Satisfaction." *International Journal of Human Resource Management*, 25 (17): 2382 – 2400.

Rioux, S. M., & Penner, L. A. 2001. "The Causes of Organizational Citizenship Behavior: A Motivational Analysis." *Journal of Applied Psychology*, 86 (6): 1306 – 1314.

Robinson, S. L., & Rousseau, D. M. 1994. "Violating the Psychological Contract: Not the Exception But the Norm." *Journal of Organizational Behavior*, 15 (3): 245 - 259.

Robinson, S. L., Kraatz, M. S., & Rousseau, D. M. 1994. "Changing Obligations and the Psychological Contract: A Longitudinal Study." *Academy of Management Journal*, 37 (1): 137 - 152.

Robinson, S. L., & Morrison, E. W. 1995. *Developing a Standardized Measure of the Psychological Contract.* Paper Presented at the Academy of Management, Vancouver.

Robinson, S. L. 1996. "Trust and Breach of the Psychological Contract." *Administrative Science Quarterly*, 41 (4): 574 - 599.

Robinson, S. L., & Morrison, E. W. 2000. "The Development of Psychological Contract Breach and Violation: A Longitudinal Study." *Journal of Organizational Behavior*, 21 (5): 525 - 546.

Rode, J. C., Mooney, C. H., Arthaud-Day, M. L., et al. 2007. "Emotional Intelligence and Individual Performance: Evidence of Direct and Moderated Effects." *Journal of Organizational Behavior*, 28 (4): 399 - 421.

Rotundo, M., & Sackett, P. R. 2002. "The Relative Importance of Task, Citizenship, and Counterproductive Performance to Global Ratings of Job Performance: A Policy-capturing Approach." *Journal of Applied Psychology*, 87 (1): 66 - 80.

Rousseau, D. M. 1989. "Psychological and Implied Contraction Organizations." *Employee Responsibilities and Rights Journal*, 2 (2): 121 - 139.

Rousseau, D. M. 1990. "New Hire Perceptions of Their Own and Their Employer's Obligations: A Study of Psychological Contracts." *Journal of Organizational Behavior*, 11: 389 - 400.

Rousseau, D. M., Robinson, S. L., & Krantz, M. S. 1992. *Renegotiating the Psychological Contract.* Paper presented at the Society for Industrial/

Organizational Psychology meetings, Montreal.

Rousseau, D. M., & Greller, M. M. 1994a. "Guest Editors' Overview: Psychological Contracts and Human Resource Practices." *Human Resource Management*, 33 (3): 383-384.

Rousseau, D. M., & Greller, M. M. 1994b. "Human Resource Practices: Administrative Contract Makers." *Human Resource Management*, 33 (3): 385-401.

Rousseau, D. M. 1995. *Psychological Contract in Organizations: Understanding Written and Unwritten Agreements*. Thousand Oaks, CA: Sage.

Rousseau, D. M., & Tijoriwala, S. A. 1996. *Perceived Legitimacy and Unilateral Contract Changes: It Takes a Good Reason to Change a Psychological Contract*. Symposium at the SIOP Meetings, San Diago, April.

Rousseau, D. M., & Tijoriwala, S. A. 1998. "Assessing Psychological Contracts: Issues, Alternatives and Measures." *Journal of Organizational Behavior*, 19 (S1): 679-695.

Rousseau, D. M. 2000. *Psychological Contract Inventory: Technical Report*. Technical Report, Heinz School of Public Policy and Graduate School of Industrial Administration Carnegie Mellon University.

Sahlins, M. 1972. *Stone Age Economics*. New York: Aldine.

Scheel, T. E., Rigotti, T., & Mohr, G. 2013. "HR Practices and Their Impact on the Psychological Contracts of Temporary and Permanent Workers." *International Journal of Human Resource Management*, 24 (2): 285-307.

Schein, E. H. 1965. *Organizational Psychology*. Englewood Cliffs, NJ: Prentice-Hall.

Schneider, B. 1987. "The People Make the Place." *Personnel Psychology*, 40 (3): 437-453.

Scholarios, D., Van der Heijden, B. I. J. M., Van der Schoot, E., et al. 2008. "Employability and the Psychological Contract in European

ICT Sector SMEs." *International Journal of Human Resource Management*, 19 (6): 1035 – 1055.

Schuler, R. S., & Jackson, S. E. 1987. "Linking Competitive Strategies with Human Resource Practices." *The Academy of Management Executive*, 1 (3): 207 – 219.

Sels, L., Janssens, M., & Brande, I. V. D. 2004. "Assessing the Nature of Psychological Contracts: A Validation of Six Dimensions." *Journal of Organizational Behavior*, 25: 461 – 488.

Shih, C. T., & Chen, S. J. 2011. "The Social Dilemma Perspective on Psychological Contract Fulfilment and Organizational Citizenship Behaviour." *Management & Organization Review*, 7 (1): 125 – 151.

Shih, C. T., & Lin, C. C. T. 2012. "A Model of Leader-member Exchange, Psychological Contract Fulfillment and Organizational Citizenship Behaviors: Resources Allocation and Social Capital Perspectives." *Journal of Management*, 29 (1): 1 – 16.

Shih, C. T., & Lin, C. C. T. 2014. "From Good Friends to Good Soldiers: A Psychological Contract Perspective." *Asia Pacific Journal of Management*, 31 (1): 309 – 326.

Shore, L. M., & Barksdale, K. 1998. "Examining Degree of Balance and Level of Obligation in the Employment Relationship: A Social Exchange Approach." *Journal of Organizational Behavior*, 19 (1): 731 – 744.

Shore, L. M., & Coyle-Shapiro, J. A. 2003. "New Developments in the Employee-organization Relationship." *Journal of Organizational Behavior*, 24 (5): 443 – 450.

Shore, M. F., & Tetrick, L. E. 1994. "The Psychological Contract as an Explanatory Framework in the Employment Relationship." In Cooper, C. L., & Rousseau, D. M. (eds.), *Trends in Organizational Behavior*, London: Wiley, 1: 91 – 109.

Smith, C. A., Organ, D. W., & Near, J. P. 1983. "Organizational Citizenship Behavior: Its Nature and Antecedents." *Journal of Applied Psychology*, 68 (4): 653 – 663.

Spence, M. 1973. "Job Market Signaling." *Quarterly Journal of Economics*, 87 (3): 355 – 374.

Spreitzer, G. M., Perttula, K. H., & Xin, K. 2005. "Traditionality Matters: An Examination of the Effectiveness of Transformational Leadership in the United States and Taiwan." *Journal of Organizational Behavior*, 26 (3): 205 – 227.

Stirling, C., Kilpatrick, S., & Orpin, P. 2011. "A Psychological Contract Perspective to the Link between Non-profit Organizations' Management Practices and Volunteer Sustainability." *Human Resource Development International*, 14 (3): 321 – 336.

Su, Z. X., Wright, P. M., & Ulrich, M. D. 2015. "Going Beyond the SHRM Paradigm: Examining Four Approaches to Governing Employees." *Journal of Management*, 44 (4): 1598 – 1619.

Suazo, M. M., Martínez, P. G., & Sandoval, R. 2009. "Creating Psychological and Legal Contracts through Human Resource Practices: A Signaling Theory Perspective." *Human Resource Management Review*, 19 (2): 154 – 166.

Suazo, M. M., Martínez, P. G., & Sandoval, R. 2011. "Creating Psychological and Legal Contracts Through HRM Practices: A Strength of Signals Perspective." *Employee Responsibilities & Rights Journal*, 23 (3): 187 – 204.

Subramony, M. 2009. "A Meta-analytic Investigation of the Relationship between HRM Bundles and Firm Performance." *Human Resource Management*, 48 (5): 745 – 768.

Sun, L. Y., Aryee, S., & Law, K. S. 2007. "High-Performance Human Resource Practices, Citizenship Behavior and Organizational Performance: A Relational Perspective." *Academy of Management Journal*,

50 (3): 558 - 577.

Sun, L. Y., & Pan, W. 2008. "HR Practices Perceptions, Emotional Exhaustion, and Work Outcomes: A Conservation of Resources Theory in the Chinese Context." *Human Resource Development Quarterly*, 19 (1): 55 - 74.

Tabiu, A., & Nura, A. A. 2013. "Assessing the Effects of Human Resource Management (HRM) Practices on Employee Job Performance: A Study of Usmanu Danfodiyo Uviversity Sokoto." *Journal of Business Studies Quarterly*, 2 (5): 247 - 259.

Takeuchi, R., Chen, G., & Lepak, D. P. 2009. "Through the Looking Glass of a Social System: Cross-level Effects of High-performance Work Systems on Employees' Attitudes." *Personnel Psychology*, 62 (1): 1 - 29.

Tench, R., Jones, B., & Sun, W. 2014. "Mediator Analysis in the Management of Innovation in Indian Knowledge Workers: The Role of Perceived Supervisor Support, Psychological Contract, Reward and Recognition and Turnover Intention." *International Journal of Human Resource Management*, 25 (10): 1395 - 1416.

Thomas, D. C., Kevin, A., & Ravlin, E. C. 2003. "Cultural Variation and the Psychological Contract." *Journal of Organizational Behavior*, 24 (5): 451 - 471.

Truss, C., & Gratton, L. 1994. "Strategic Human Resource Management: A Conceptual Approach." *International Journal of Human Resource Management*, 5 (3): 663 - 686.

Tsui, A. S., Pearce, J. L., Porter, L. W., et al. 1997. "Alternative Approaches to the Employee-Organization Relationship: Does Investment in Employees Pay Off?." *Academy of Management Journal*, 40 (5): 1089 - 1121.

Tsui, A., Wang, D. 2002. "Employment Relationships from the Employer's

Perspective: Current Research and Future Directions." In *International Review of Industrial and Organizational Psychology* 2002, Volume 17. John Wiley & Sons Ltd. , 77 – 114.

Turnley, W. H., Bolino, M. C., Lester, S. W., et al. 2003. "The Impact of Psychological Contract Fulfillment on the Performance of In-role and Organizational Citizenship Behaviors." *Journal of Management*, 29 (2): 187 – 206.

Turnley, W. H., & Feldman, D. C. 1999. "The Impact of Psychological Contract Violations on Exit, Voice, Loyalty, and Neglect." *Human Relations*, 52 (7): 895 – 922.

Turnley, W. H., & Feldman, D. C. 2000. "A Discrepancy Model of Psychological Contract Violations." *Human Resource Management Review*, 9 (3): 367 – 386.

Turnley, W. H., & Feldman, D. C. 2000. "Re-examining the Effects of Psychological Contract Violations: Unmet Expectations and Job Dissatisfaction as Mediators." *Journal of Organizational Behavior*, 21 (1): 25 – 42.

Ulrich, D., & Lake, D. 1991. "Organizational Capability: Creating Competitive Advantage." *Executive*, 5 (1): 77 – 92.

Van der Leeden, R. & Busing, F. M. T. A. 1994. *First Iteration versus IGLS/RIGLS Estimates in Two-level Models: A Monte Carlo Study with ML3*. Department of Psychometrica and Research Methodology, Leiden University, 03.

van De Voorde, K., & Beijer, S. 2015. "The Role of Employee HR Attributions in the Relationship between High-performance Work Systems and Employee Outcomes." *Human Resource Management Journal*, 25 (1): 62 – 78.

Van Dyne, L., Cummings, L. L., & Parks, J. M. 1995. "Extra Role Behaviors: In Pursuit of Construct and Definitional Clarity (a Bridge Over

Muddied Waters)." In Cummings, L. L. & Staw, B. M. (eds.), *Research in Organizational Behavior*, Greenwich, CT: JAI, 17: 215 – 285.

Van Dyne, L., Graham, J. W., & Dienesch, R. M. 1994. "Organizational Citizenship Behavior. Construct Redefinition, Measurement, and Validation." *Academy of Management Journal*, 37 (4): 765 – 802.

Van Dyne, L., Vandewalle, D., Kostova, T., et al. 2000. "Collectivism, Propensity to Trust and Self-esteem as Predictors of Organizational Citizenship in a Non-work Setting." *Journal of Organizational Behavior*, 21 (1): 3 – 23.

Verburg, R. M., Den Hartog, D. N., & Koopman, P. L. 2007. "Configurations of Human Resource Management Practices: A Model and Test of Internal Fit." *International Journal of Human Resource Management*, 18 (2): 184 – 208.

Vianen, A. E. M. V. 2010. "Person-organization Fit: The Match between Newcomers' and Recruiters' Preferences for Organizational Cultures." *Personnel Psychology*, 53 (1): 113 – 149.

Vigoda, E. 2000. "Internal Politics in Public Administration Systems: An Empirical Examination of Its Relationship with Job Congruence, Organizational Citizenship Behavior, and In-role Performance." *Public Personnel Management*, 29 (2): 185 – 210.

Vroom, V. H. 1994. "Work and Motivation." *Industrial Organization Theory & Practice*, 35 (2): 2 – 33.

Wade-benzoni, K. A., Rousseau, D. M., & Li, M. 2006. "Managing Relationships across Generations of Academics: Psychological Contracts in Faculty-Doctoral Student Collaborations." *International Journal of Conflict Management*, 17 (1): 4 – 33.

Walder, A. G. 1986. "*Communist Neo-Traditionalism: Work and Authority in Chinese Industry.*" Berkeley: University of California Press.

Walton, R. 1985. "From Control to Commitment in the Workplace." *Harvid Business Review*, 63 (2): 77 - 84.

Wei, F., & Si, S. 2013. "Psychological Contract Breach, Negative Reciprocity, and Abusive Supervision: The Mediated Effect of Organizational Identification." *Management & Organization Review*, 9 (3): 541 - 561.

Wei, L. Q., Liu, J., Chen, Y. Y., et al. 2010. "Political Skill, Supervisor Subordinate Guanxi and Career Prospects in Chinese Firms." *Journal of Management Studies*, 47 (3): 437 - 454.

Weng, L. C. 2014. "Improving Employee Job Performance Through Ethical Leadership and 'Guanxi': The Moderation Effects of Supervisor-subordinate Guanxi Differentiation." *Asia Pacific Management Review*, 19 (3): 321 - 342 + vi.

Westwood, R., Chan, A., & Linstead, S. 2004. "Theorizing Chinese Employment Relations Comparatively: Exchange, Reciprocity and the Moral Economy." *Asia Pacific Journal of Management*, 21 (3): 365 - 389.

Williams, L. J., & Anderson, S. E. 1991. "Job Satisfaction and Organizational Commitment as Predictors of Organizational Citizenship and In-role Behaviors." *Journal of Management*, 17 (3): 601 - 617.

Wong, C. S., Wong, Y. T., Hui, C., et al. 2001. "The Significant Role of Chinese Employees' Organizational Commitment: Implications for Managing Employees in Chinese Societies." *Journal of World Business*, 36 (3): 326 - 340.

Wong, Y. T., Ngo, H. Y., & Wong, C. S. 2003. "Antecedents and Outcomes of Employees Trust in Chinese Joint Ventures." *Asia Pacific Journal of Management*, 20 (4): 481 - 499.

Woodruffe, C. 1993. "What Is Meant by a Competency?." *Leadership & Organization Development Journal*, 14 (1): 29 - 36.

Wright, P. M., & Snell, S. A. 1991. "Toward an Integrative View of Strategic Human Resource Management." *Human Resource Management Review*, 1 (3): 203 – 225.

Wright, P. M., & Mc Mahan, G. C. 1992. "Theoretical Perspectives for Strategic Human Resource Management." *Journal of Management*, 18 (2): 295 – 320.

Wright, P. M., Mc Mahan, G. C., & McWilliams, A. 1994. "Human Resources and Sustained Competitive Advantage: A Resource-based Perspective." *International Journal of Human Resource Management*, 5 (2): 301 – 326.

Wright, P. M., & Snell, S. A. 1997. "Toward a Unifying Framework for Exploring Fit and Flexibility in Strategic Human Resource Management." *Academy of Management Review*, 23 (4): 756 – 772.

Wright, P. M., & Boswell, W. R. 2002. "Desegregating HRM: A Review and Synthesis of Micro and Macro Human Resource Management Research." *Journal of Management*, 28 (3): 247 – 276.

Wright, P. M., & Mc Mahan, G. C. 2011. "Exploring Human Capital: Putting 'Human' Back into Strategic Human Resource Management." *Human Resource Management Journal*, 21 (2): 93 – 104.

Xiao, Z., & Björkman, I. 2006. "High Commitment Work Systems in Chinese Organizations: A Preliminary Measure." *Management & Organization Review*, 2 (3): 403 – 422.

Xin, K. R., & Pearce, J. L. 1996. "Guanxi: Connections as Substitutes for Formal Institutional Support." *Academy of Management Journal*, 39 (6): 1641 – 1658.

Xu, X., Aron, A., Brown, L., et al. 2011. "Reward and Motivation Systems: A Brain Mapping Study of Early-stage Intense Romantic Love in Chinese Participants." *Human Brain Mapping*, 32 (2): 249 – 257.

Yang, K. S. 2003. "Methodological and Theoretical Issues on Psychological Traditionality and Modernity Research in an Asian Society: In Response to Kwang-Kuo Hwang and Beyond." *Asian Journal of Social Psychology*, 6 (3): 263 – 285.

Yang, J., Peng, T. K., & Mossholder, K. W. 2004. "Procedural Justice Climate and Group Power Distance Orientation: A Case of Cross-level Effects." *Academy of Management Proceedings*, (1): E1 – E6.

Youndt, M. A., Snell, S. A., Dean, J. W., et al. 1996. "Human Resource Management, Manufacturing Strategy, and Firm Performance." *Academy of Management Journal*, 39 (4): 836 – 866.

Zhang, X., Zheng, X., & Wang, L. 2003. "Comparative Research on Individual Modernity of Adolescents between Town and Countryside in China." *Asian Journal of Social Psychology*, 6 (1): 61 – 73.

Zhang, J., & Zheng, W. 2009. "How Does Satisfaction Translate into Performance? An Examination of Commitment and Cultural Values." *Human Resource Development Quarterly*, 20 (3): 331 – 351.

Zhang, M., Fan, D. D., & Zhu, C. J. 2014. "HPWS, Corporate Social Performance and Employee Outcomes: Exploring the Missing Links." *Journal of Business Ethics*, 120 (3): 423 – 435.

Zhang, L., Lam, C. F., & Deng, Y. 2016. "Leader-member Exchange and Guanxi Are Not the Same: Differential Impact of Dyadic Relationships on Fit Perceptions, Helping Behavior, and Turnover Intention." *International Journal of Human Resource Management*, (1): 1 – 26.

Zhao, H., Wayne, S. J., Glibkowski, B. C., et al. 2007. "The Impact of Psychological Contract Breach on Work-related Outcomes: A Meta-analysis." *Personnel Psychology*, 60 (3): 647 – 680.

常亚平、郑宇、朱东红等，2010，《企业员工文化匹配、组织承诺和工作绩效的关系研究》，《管理学报》第7卷第3期。

陈忠卫、魏丽红、王晶晶等，2009，《高管团队心理契约与组织绩效关系的实证研究——基于企业相对规模的比较》，《山西财经大学学报》第2期。

陈加州、凌文辁、方俐洛，2003，《企业员工心理契约的结构维度》，《心理学报》第 35 卷第 3 期。

陈家田，2014，《上市家族企业 CEO 薪酬激励实证研究——基于双重委托代理视角》，《管理评论》第 26 卷第 11 期。

陈明，2013，《不当督导对强制性公民行为影响机制及权变因素研究》，博士学位论文，吉林大学。

陈晓萍、徐淑英、樊景立，2012，《组织与管理研究的实证方法》，北京大学出版社。

陈万思、刘伟静、沈瑾，2016，《参与式管理对新生代员工绩效的直接与间接影响》，《中国人力资源开发》第 19 期。

陈志霞、陈传红，2010，《组织支持感及支持性人力资源管理对员工工作绩效的影响》，《数理统计与管理》第 4 期。

邓志华、陈维政、黄丽等，2012，《服务型领导与家长式领导对员工态度和行为影响的比较研究》，《经济与管理研究》第 7 期。

樊耘、纪晓鹏、邵芳，2011，《雇佣契约对心理契约破坏影响的实证研究》，《管理科学》第 24 卷第 6 期。

关涛、秦一琼、陶悦，2015，《裁员幸存者心理契约变化路径：不确定性规避的视角》，《管理科学》第 28 卷第 6 期。

郭心毅、谢家智，2016，《心理契约违背对员工行为态度的影响：公平敏感性的调节效应》，《现代管理科学》第 3 期。

郭晓薇，2004，《企业员工组织公民行为影响因素的研究》，博士学位论文，华东师范大学。

郭晓薇，2011，《中国情境中的上下级关系构念研究述评——兼论领导-成员交换理论的本土贴切性》，《南开管理评论》第 14 卷第 2 期。

郭晓薇、李成彦，2015，《中国人的上下级关系：整合构念的建立与初步检验》，《管理学报》第 12 卷第 2 期。

韩翼、廖建桥、龙立荣，2007，《雇员工作绩效结构模型构建与实证研究》，《管理科学学报》第 5 期。

郝永敬、俞会新，2012，《心理契约兑现程度对员工工作绩效的影响》，《企业经济》第 11 期。

侯景亮，2011，《心理契约对目标绩效的影响研究：以工作满意和努力为中介变量》，《管理评论》第 23 卷第 8 期。

黄光国，2004，《面子——中国人的权力游戏》，中国人民大学出版社。

黄家齐，2002，《人力资源管理活动认知与员工态度、绩效之关联性差异分析——心理契约与社会交换观点》，《管理评论》（台湾版）第 21 卷第 4 期。

黄蝶君、李娟、李桦，2017，《辱虐管理对乡镇公务员工作场所偏差行为的影响机制——心理契约违背的中介作用》，《软科学》第 31 卷第 3 期。

姜定宇，2005，《华人部属与主管关系、主管忠诚及其后续结果：一项两阶段研究》，博士学位论文，台湾大学。

姜泽许，2015，《高绩效人力资源实践对员工离职倾向的影响研究》，博士学位论文，北京科技大学。

杰里·W. 吉雷、安·梅楚尼奇，2005，《组织学习、绩效与变革：战略人力资源开发导论》，中国人民大学出版社。

寇跃、贾志永，2013，《战略人力资源管理"黑箱"机理研究溯源、现状述评与未来展望》，《外国经济与管理》第 35 卷第 7 期。

郎艺、王辉，2017，《基于同事视角的领导－部属交换研究》，《管理学报》第 1 期。

李超平、孟慧、时勘，2006，《变革型领导对组织公民行为的影响》，《心理科学》第 29 卷第 1 期。

李洪英、于桂兰，《基于 SSG 组织关系调节的心理契约履行与员工绩效》，《统计与决策》第 23 期。

李洪英、于桂兰，2017，《心理契约履行与员工离职倾向的关系》，《社会科学家》第 2 期。

李敏、周恋，2015，《基于工会直选调节作用的劳动关系氛围、心理契约破裂感知和工会承诺的关系研究》，《管理学报》第 12 卷第 3 期。

李燕萍、涂乙冬，2012，《组织公民行为的价值取向研究》，《管理世界》第5期。

李燚、魏峰，2011，《高绩效人力资源实践有助于组织认同？——一个被中介的调节作用模型》，《管理世界》第2期。

李原、郭德俊，2006，《员工心理契约的结构及其内部关系研究》，《社会学研究》第5期。

李原、孙健敏，2006，《雇用关系中的心理契约：从组织与员工双重视角下考察契约中"组织责任"的认知差异》，《管理世界》第11期。

李云、李锡元，2015，《上下级"关系"影响中层管理者职业成长的作用机理——组织结构与组织人际氛围的调节作用》，《管理评论》第27卷第6期。

吕部，2011，《心理契约对组织绩效影响的实证研究》，《山西财经大学学报》第3期。

梁建、王重鸣，2001，《中国背景下的人际关系及其对组织绩效的影响》，《心理科学进展》第9卷第2期。

林澜，2012，《反应式回报与前瞻式回报：心理契约对组织公民行为的影响机制》，《经济管理》第6期。

林淑姬、樊景立、吴静吉等，1994，《薪酬公平、程序公平与组织承诺、组织公民行为关系之研究》，《管理评论》第13卷第2期。

林文莺、侯杰泰，1995，《结构方程分析：模式之等同及修正》，《教育学报》（香港）第23期。

刘凤军、李敬强、杨丽丹，2017，《企业社会责任、道德认同与员工组织公民行为关系研究》，《中国软科学》第6期。

刘善仕、周巧笑、晁罡，2005，《高绩效工作系统与组织绩效：中国连锁行业的实证研究》，《中国管理科学》第13卷第1期。

刘善仕、刘学，2008，《中国企业的最佳人力资源实践》，《科技管理研究》第28卷第5期。

刘善仕、周巧笑、黄同圳等，2018，《企业战略、人力资源管理系统与企业绩效的关系研究》，《中国管理科学》第16卷第3期。

刘善仕、彭娟、段丽娜，2012，《人力资源实践、组织吸引力与工作绩效的关系研究》，《科学学与科学技术管理》第 33 卷第 6 期。

刘善仕、冯镜铭、王红椿等，2016，《基于合作型人力资源实践的员工网络嵌入与角色外行为的关系研究》，《管理学报》第 13 卷第 11 期。

刘小禹、刘军、于广涛，2008，《初始信念、组织诱引对员工心理契约变化的影响》，《心理学报》第 40 卷第 1 期。

刘彧彧、黄小科、丁国林等，2011，《基于上下级关系的沟通开放性对组织承诺的影响研究》，《管理学报》第 8 卷第 3 期。

龙立荣、易谋、张勇，2015，《交易型与关系型心理契约对员工任务绩效和关系绩效的影响——绩效薪酬和上级支持感的调节作用》，《预测》第 1 期。

卢纹岱，2002，《SPSS for Windows 统计分析》（第 2 版），电子工业出版社。

罗胜强、姜嬿，2014，《管理学问卷调查研究方法》，重庆大学出版社。

苗仁涛、周文霞、李天柱，2013，《高绩效工作系统与员工态度：一个社会交换视角》，《管理科学》第 5 期。

彭娟，2013，《基于构型理论的人力资源系统与组织绩效的关系研究》，华南理工大学。

彭娟、张光磊、刘善仕，2015，《人力资源管理系统与组织结构匹配影响组织绩效的实证研究》，《华东经济管理》第 6 期。

彭台光、高月慈、林钲棽，2006，《管理研究中的共同方法变异：问题本质、影响、测试和补救》，《管理学报》（台湾版）第 1 期。

任湘郴、杨立邦、任腾，2017，《企业社会责任对员工工作绩效的跨层次作用研究——基于组织认同感的中介作用》，《湖南社会科学》第 4 期。

史玥、孙林岩、王敏，2011，《工作特征、职业倦怠与工作绩效的关系研究》，《人类工效学》第 17 期。

孙健敏、王宏蕾，2016，《高绩效工作系统负面影响的潜在机制》，《心理科学进展》第 24 卷第 7 期。

孙瑜，2015，《战略人力资源管理对工作绩效影响的跨层次研究》，吉林大学，2015。

唐贵瑶、魏立群、贾建锋，2013，《人力资源管理强度研究述评与展望》，《外国经济与管理》第35卷第4期。

唐翌，2004，《层级、态度和心理契约——基于一个中国企业的实证研究》，《南开管理评论》第7卷第6期。

田立法，2017，《最佳人力资源管理实践、组织氛围强势与企业绩效关系研究》，《管理工程学报》第31卷第2期。

屠兴勇、张琪、王泽英等，2017，《信任氛围、内部人身份认知与员工角色内绩效：中介的调节效应》，《心理学报》第49卷第1期。

汪林、储小平，2008，《心理契约违背与员工的工作表现：中国人传统性的调节作用》，《软科学》第22卷第12期。

汪林、储小平、倪婧，2009，《领导-部属交换、内部人身份认知与组织公民行为——基于本土家族企业视角的经验研究》，《管理世界》第1期。

王朝晖，2016，《战略人力资源管理与组织双元的关系研究述评》，《外国经济与管理》第3期。

王辉、李晓轩、罗胜强，2003，《任务绩效与情境绩效二因素绩效模型的验证》，《中国管理科学》第11卷第4期。

王庆燕、石金涛，2007，《新员工心理契约短期动态变化的实证研究》，《心理科学》第30卷第2期。

王士红、孔繁斌，2015，《心理契约违背对国家审计人员EVLN行为的影响——基于组织支持感的调节作用研究》，《南京社会科学》第3期。

王震、孙健敏，2011，《人力资源管理实践、组织支持感与员工承诺和认同——一项跨层次研究》，《经济管理》第4期。

韦慧民、龙立荣，2008，《领导信任影响下属任务绩效的双路径模型研究》，《商业经济与管理》第9期。

魏峰、李燚、卢长宝等，2015，《心理契约破裂、管理欺凌与反生产行为关系研究》,《管理科学学报》第 3 期。

温福星、邱皓政,2009,《组织研究中的多层次调节式中介效果:以组织创新气氛、组织承诺与工作满意的实证研究为例》,《管理学报》第 2 期。

温福星,2009,《阶层线性模型的原理与应用》,中国轻工业出版社。

吴建祖、肖书锋,2016,《组织双元性的组织前因和绩效后果:一个元分析》,《预测》第 35 卷第 4 期。

吴明隆,2009,《结构方程模型:AMOS 的操作与应用》,重庆大学出版社。

吴明隆,2010,《问卷统计分析实务》,重庆大学出版社。

吴隆增、刘军、刘刚,2009,《辱虐管理与员工表现:传统性与信任的作用》,《心理学报》第 41 卷第 6 期。

吴隆增、刘军、许浚,2010,《职场排斥与员工组织公民行为:组织认同与集体主义倾向的作用》,《南开管理评论》第 3 期。

吴齐殷,1996,《社会赞许度与民意测验中的民意》,《科学月刊》第 320 期。

吴志明、武欣,2006,《知识团队中变革型领导对组织公民行为的影响》,《科学学研究》第 24 期。

肖翔,2006,《人力资源管理实践对组织吸引和组织公民行为的影响》,浙江大学。

熊红星、张璟、叶宝娟等,2012,《共同方法变异的影响及其统计控制途径的模型分析》,《心理科学进展》第 20 卷第 5 期。

徐振亭、罗瑾琏,2016,《自我牺牲型领导对员工创造力的影响——创造力支持氛围的跨层次效应》,《科学学与科学技术管理》第 11 期。

徐鹏、白贵玉、陈志军,2016,《知识型员工参与激励与创新绩效关系研究——组织公民行为的非线性中介作用》,《科学学与科学技术管理》第 37 卷第 5 期。

颜爱民、裴聪,2013,《辱虐管理对工作绩效的影响及自我效能感的中介作用》,《管理学报》第 2 期。

颜爱民、陈丽,2016,《高绩效工作系统对员工行为的影响——以心理授权为中介》,《中南大学学报》(社会科学版)第22卷第3期。

颜爱民、胡仁泽、徐婷,2016,《新生代员工感知的高绩效工作系统与工作幸福感关系研究》,《管理学报》第13卷第4期。

杨国枢、余安邦、叶明华,1989,《中国人的个人传统性与现代性:概念与测量》,载杨国枢、黄光国主编《中国人的心理与行为》,台北:桂冠图书公司。

杨国枢,2004,《中国人的心理与行为:本土化研究》,中国人民大学出版社。

杨军明,2016,《文化产业企业员工工作效能影响因素的实证研究:人-组织价值观匹配的作用》,《特区经济》第4期。

杨浩、刘佳伟,2015,《最佳人力资源管理实践与企业绩效的关系研究》,《科研管理》第1期。

杨晓、师萍、谭乐,2015,《领导—成员交换社会比较、内部人身份认知与工作绩效:领导—成员交换关系差异的作用》,《南开管理评论》第18卷第4期。

杨中芳,1999,《人际关系与人际情感的构念化》,《本土心理学研究》。

叶明华、杨国枢,1998,《中国人的家族主义:概念分析与实证研究》,《中研院民族学研究所集刊》。

于桂兰、陈明、于楠,2013,《心理契约与组织公民行为的关系——元分析回顾及样本选择与测量方法的调节作用》,《吉林大学社会科学学报》第53卷第2期。

于桂兰、付博,2015,《上下级关系对组织政治知觉与员工离职倾向影响的被中介的调节效应分析》,《管理学报》第12卷第6期。

于桂兰、付博,2016,《上下级关系实践对员工工作绩效影响的跨层分析》,《社会科学战线》第4期。

于桂兰、姚军梅、张蓝戈,2017,《家长式领导、员工信任及工作绩效的关系研究》,《东北师大学报》(哲学社会科学版)第2期。

余琛,2007,《心理契约履行和组织公民行为之间的关系研究》,《心理科学》第 30 卷第 2 期。

于维娜、樊耘、张婕等，2015，《宽恕视角下辱虐管理对工作绩效的影响——下属传统性和上下级关系的作用》，《南开管理评论》第 6 期。

张楚筠、孙遇春，2010，《人力资源管理和心理契约关系研究综述》，《同济大学学报》（社会科学版）第 21 卷第 5 期。

张楚筠，2012，《心理契约履行对领导部属关系和工作满意度、离职倾向的中介——基于 556 名小微型科技企业员工的实证研究》，《现代管理科学》第 4 期。

张宏，2014，《雇主品牌对工作产出的影响机制研究》，吉林大学。

张义明，2012，《企业雇佣关系协调实践对雇佣质量影响研究》，南开大学。

张辉华，2014，《个体情绪智力与任务绩效：社会网络的视角》，《心理学报》第 11 期。

张立峰、武星，2015，《人力资源管理强度量表的信度和效度研究》，《商业时代》第 23 期。

张璇、龙立荣、夏冉，2017，《心理契约破裂与破坏性建言行为：自我损耗的视角》，《管理科学》第 30 卷第 3 期。

张军伟、龙立荣，2016，《高绩效工作系统一定能提高绩效吗？——一个跨层次多特征的调节模型》，《经济管理》第 10 期。

张士菊、廖建桥，2010，《管理理念对心理契约破裂的影响：国有企业和民营企业的比较》，《商业经济与管理》第 1 卷第 2 期。

张辉、牛振邦，2013，《特质乐观和状态乐观对一线服务员工服务绩效的影响——基于"角色压力－倦怠－工作结果"框架》，《南开管理评论》第 16 卷第 1 期。

张徽燕、李端凤、姚秦，2012，《中国情境下高绩效工作系统与企业绩效关系的元分析》，《南开管理评论》第 15 卷第 3 期。

张永军、廖建桥、赵君，2010，《员工组织公民行为的动机研究》，《中国人力资源开发》第 9 期。

张永军、张鹏程、赵君，2017，《家长式领导对员工亲组织非伦理行为的影响：基于传统性的调节效应》，《南开管理评论》第 20 卷第 2 期。

张正堂，2006，《人力资源管理活动与企业绩效的关系：HRM 效能中介效应的实证研究》，《经济科学》第 28 卷第 2 期。

郑雅琴、贾良定、尤树洋，2014，《灵活性人力资源管理系统与心理契约满足——员工个体学习目标导向和适应性的调节作用》，《经济管理》第 36 卷第 1 期。

赵富强、罗奎、张光磊等，2016，《基于资源保存理论的工作家庭冲突对工作绩效的影响研究》，《中国人力资源开发》第 21 期。

仲理峰，2013，《高绩效人力资源实践对员工工作绩效的影响》，《管理学报》第 10 卷第 7 期。

周浩、龙立荣，2004，《共同方法偏差的统计检验与控制方法》，《心理科学进展》第 12 卷第 6 期。

周浩，2011，《心理资本对任务绩效、关系绩效的影响效应研究》，《中国科技论坛》第 7 期。

朱学红、谭清华，2011，《心理契约测量的研究进展》，《预测》第 30 卷第 6 期。

朱青松、胡小东、夏艳芳，2013，《员工与组织匹配视角的企业价值观塑造模式》，《软科学》第 27 卷第 2 期。

祝道松、林家五，2005，《企业研究方法》，清华大学出版社。

附　录

附录1　探索性研究的访谈提纲

一　访谈引导语

敬爱的朋友：

您好！首先非常感谢您能在百忙之中接受我的访问。

我是吉林财经大学的一名教师，目前正在做一项关于人力资源管理的学术研究。本研究主要面对企业员工，十分荣幸邀请到您做进一步了解。这次访谈大概60分钟。

访谈开始前，向您郑重保证：这次访谈仅用于学术研究，您所提供的资料会绝对保密，如果将来在研究报告中需要引用您提到的信息，绝对会将人名、单位名称等所有个人信息隐去，绝对不会涉及您的个人隐私。访谈过程中，您有权随时退出，不必承担任何责任。

二　访谈主要内容与问题

（一）导入问题

请问您在这家企业工作多长时间了？

请简要介绍您个人的工作经历。

（二）核心问题

1. 根据您的了解，贵公司人力资源管理包括哪些实践项目？
2. 我们对员工绩效的理解是"角色内绩效是指被正式报酬系统所

认可的行为，属于岗位说明书所描述的要求范畴；组织公民行为是指未被组织正式报酬系统明确或直接地承认，但整体而言有益于组织运作绩效的各种员工自发性个体行为"。根据您的理解，您认为什么是员工绩效？

3. 您认为，贵公司开展的人力资源管理实践是否对员工绩效产生影响？产生何种影响？如何影响？

4. 我们对心理契约的理解是"员工对雇佣关系中雇员与雇主互惠责任或承诺的感知"。请问从您的角度和体验，您与贵公司之间是否存在心理契约？如果存在，请描述心理契约的内容与状态（结合三种类型的划分）。

5. 请结合您的工作经历，介绍一些心理契约履行的具体事件（背景、目标或任务、过程与行动、结果）。

6. 您认为，企业人力资源管理对心理契约履行有什么影响？

7. 您认为，在企业统一人力资源管理政策与实践之下，员工感知心理契约履行程度一致吗？不一致的原因可能是什么？

8. 您认为，心理契约履行会带来什么样的后果？对员工和企业有什么影响？（最好给出2个具体事例）

9. 您认为，在感受到同等心理契约履行时，什么样的人较容易有更好的工作表现？

（三）基本信息

最后，请问您一些基本信息。也请您放心这些资料都会保密。

1. 请您介绍一下所在公司基本情况（企业性质、行业、规模、地区）。

2. 请您介绍一下您个人基本情况（性别、婚姻状况、受教育程度、职业、岗位级别、工作年限、本单位工作年限）。

三　访谈结束语

本次访谈的问题到此结束，您还有什么要补充的吗？

再次感谢您的协助！谢谢！祝您工作顺利，幸福健康！

附录2 预调研问卷

亲爱的朋友：

您好！感谢您帮助填写本问卷！

本问卷匿名填写，不会涉及您的个人隐私，资料绝对保密，只有研究者本人能接触到问卷。调查结果仅用于学术研究，并且本问卷只作为所有问卷中的一部分进行整体的统计分析，每份问卷不会单独使用。

答案没有对错之分，请您按照实际情况放心填写，只需花费您10分钟，您的意见对本研究十分重要。如果在填写问卷时有任何疑问，请联系：×××（135××××7816）。

吉林财经大学

【第一部分】企业人力资源管理情况

本部分旨在了解您所在企业人力资源管理措施的真实情况。请根据您对贵企业人力资源管理措施的真实感受，在后面符合程度对应的数字栏中画"√"（1=非常不符合，2=不符合，3=比较不符合，4=比较符合，5=符合，6=非常符合）。

描述	选项					
1. 公司为员工提供了全面的培训	1	2	3	4	5	6
2. 管理人员经常邀请员工参与决策的制定	1	2	3	4	5	6
3. 员工的工作职责有清晰的描述	1	2	3	4	5	6
4. 员工业绩通常使用客观的、量化的结果来衡量	1	2	3	4	5	6
5. 员工奖金的发放数额与公司效益紧密相关	1	2	3	4	5	6
6. 公司付出很大的努力去选择正确的人	1	2	3	4	5	6
7. 只要员工愿意，员工就可以留在公司工作	1	2	3	4	5	6

续表

描述	选项					
8. 员工在公司内基本没有晋升的机会	1	2	3	4	5	6
9. 员工通常每隔一段时期就接受一次培训	1	2	3	4	5	6
10. 在工作中，员工拥有一定的决定权	1	2	3	4	5	6
11. 必要时公司会及时修订员工的岗位职责说明书	1	2	3	4	5	6
12. 员工绩效考核以客观的、量化的结果为基础	1	2	3	4	5	6
13. 公司根据员工的绩效考核结果为其支付报酬	1	2	3	4	5	6
14. 招聘时，公司很看重员工的长期潜力	1	2	3	4	5	6
15. 公司向员工提供稳定的工作保障	1	2	3	4	5	6
16. 员工在这个公司工作没有什么发展前途	1	2	3	4	5	6
17. 员工在公司内有清晰的职业发展路径	1	2	3	4	5	6
18. 公司内员工晋升以资历为基础	1	2	3	4	5	6
19. 员工有机会提出合理化建议	1	2	3	4	5	6
20. 员工的岗位职责说明书包括了需要员工承担的所有职责	1	2	3	4	5	6
21. 员工绩效考核更强调长期绩效和团队绩效。	1	2	3	4	5	6
22. 公司十分重视员工选拔过程	1	2	3	4	5	6
23. 公司在人员甄选中付出了大量的努力	1	2	3	4	5	6
24. 公司为员工提供正式的培训项目来为他们在公司内部的晋升创造条件	1	2	3	4	5	6
25. 员工在晋升中，公司可以有不止一个适合的职位来安排	1	2	3	4	5	6
26. 管理人员与员工保持良好的沟通	1	2	3	4	5	6
27. 公司有正式的培训项目来教授新员工工作中需要的技能	1	2	3	4	5	6

【第二部分】个人态度与行为

请仔细阅读下面语句，根据您的真实感受，选择最符合的项（1 = 非常不同意，2 = 不同意，3 = 比较不同意，4 = 比较同意，5 = 同意，6 = 非常同意）。

编号	描述	选项					
1	我履行了岗位职责	1	2	3	4	5	6
2	我总是做好绩效考核范围内的那些工作	1	2	3	4	5	6
3	我保质保量地完成了该做的工作	1	2	3	4	5	6
4	即使不给额外报酬，我也愿意加班	1	2	3	4	5	6
5	我的工作达到了绩效考核标准	1	2	3	4	5	6
6	我经常还没到上班时间就已经在单位开始工作了	1	2	3	4	5	6
7	我没能做好本职工作	1	2	3	4	5	6
8	我总是圆满地完成被分配的工作任务	1	2	3	4	5	6
9	我会帮助新来的同事适应新工作环境	1	2	3	4	5	6
10	在假期或下班后，我会打电话给我的直线上司或者会拜访他	1	2	3	4	5	6
11	在某些特殊的时候，如我的直线上司的生日，我一定会拜访他/她，并送礼物给他/她	1	2	3	4	5	6
12	当存在观点冲突的时候，我一定会支持我直线上司的观点	1	2	3	4	5	6
13	我总是主动地与直线上司分享我的观点、问题、需要和感受	1	2	3	4	5	6
14	我主动提出对企业发展有利的合理化建议	1	2	3	4	5	6
15	如果有需要，我会主动加班把工作做完	1	2	3	4	5	6
16	当同事忙不过来时，我会主动提供帮助	1	2	3	4	5	6
17	即使干好干坏一个样，我依然会认真工作	1	2	3	4	5	6
18	我的直线上司会邀请我到他/她家吃午餐或晚餐	1	2	3	4	5	6
19	如果同事在工作上遇到问题，我很乐意提供帮助	1	2	3	4	5	6
20	我忽略了本来应该完成的一部分工作	1	2	3	4	5	6
21	我关心并且能较好地理解我的直线上司的家庭和工作状况	1	2	3	4	5	6
22	我积极地提供改善工作程序或工作进程的建议	1	2	3	4	5	6
23	当人们发生争论时，他们应该请最有资历的前辈来判断对错	1	2	3	4	5	6
24	孩子应该尊重那些他们父母所尊重的人	1	2	3	4	5	6
25	避免错误的最好方法就是遵从有资历的前辈们的指示	1	2	3	4	5	6

续表

编号	描述	选项					
26	在结婚前,女性应当服从父亲,结婚后,应当服从丈夫	1	2	3	4	5	6
27	管理者就像一家之主,员工应当服从其决策	1	2	3	4	5	6

【第三部分】 企业承诺履行情况

工作过程中,贵企业应该对您做过一些承诺。做出承诺的方式可能是书面的、口头的、暗示的、组织文化和制度规定的、组织惯例的等。根据您的真实感受,您认为下列项目中,公司对当初承诺的履行情况如何?在后面符合程度对应的数字栏中画"√"(1 = 完全没有履行,2 = 很少承诺得到履行,3 = 有一些承诺得到履行,4 = 相当程度得到履行,5 = 很大程度得到履行,6 = 完全履行)。

编号	描述	选项					
1	提供令我满意的工资和福利待遇	1	2	3	4	5	6
2	回应我们员工的意见和福利	1	2	3	4	5	6
3	在做决定时会考虑我个人的意愿	1	2	3	4	5	6
4	关心我们员工的长期福祉	1	2	3	4	5	6
5	培训我的技能以增加我对企业的价值	1	2	3	4	5	6
6	给我晋升的机会	1	2	3	4	5	6
7	给我设定有难度和挑战性的绩效目标	1	2	3	4	5	6
8	帮助我学习在公司以外同样适用的技能	1	2	3	4	5	6
9	帮助我适应不断提高的同业标准	1	2	3	4	5	6
10	支持我达到最高水平的绩效	1	2	3	4	5	6
11	支持我达到不断提高的目标	1	2	3	4	5	6
12	分配给我的工作能够提高我在外受聘的机会	1	2	3	4	5	6
13	为我提供公司以外的潜在工作机会	1	2	3	4	5	6
14	为我提供在公司内部发展的机会	1	2	3	4	5	6
15	让我与外界接触,从而为我创造就业机会	1	2	3	4	5	6

续表

编号	描述	选项					
16	提高我在公司内部的曝光率和知名度	1	2	3	4	5	6
17	提高我在公司外的曝光率	1	2	3	4	5	6
18	让我在公司内晋升	1	2	3	4	5	6
19	跟我签订短期的劳动合同	1	2	3	4	5	6
20	不保证继续我与公司的雇佣关系	1	2	3	4	5	6
21	我与企业雇佣关系的时间是特定的或有限的	1	2	3	4	5	6
22	只要求我完成劳动合同规定的工作职责	1	2	3	4	5	6
23	仅根据我完成的特定工作职责而支付报酬	1	2	3	4	5	6
24	不保证在未来继续雇用我	1	2	3	4	5	6
25	为我提供稳定的雇佣合同	1	2	3	4	5	6
26	为我的家庭提供稳定的福利	1	2	3	4	5	6
27	关心我的个人福利	1	2	3	4	5	6
28	为了我们员工的利益,能够牺牲公司短期利益	1	2	3	4	5	6

【第四部分】基本信息

麻烦您在符合自己情况的答案下打"√"。

性别	□男　　□女	婚姻状况	□未婚　　□已婚		
出生年份	□1990年及以后　　□1980~1989年　　□1970~1979年 □1960~1969年　　□1959年及以前				
受教育程度	□高中及以下(含职高)　　□大专　　□本科 □硕士　　□博士(含)以上				
本单位工作年限	□1(含)~3年　　□3(含)~5年 □5(含)~10年　　□10(含)~20年　　□20年(含)以上				
企业性质	□国有企业　　□民营企业　　□外资企业　　□合资企业				
劳动关系类型	□正式员工　　□非正式员工(劳务派遣等)				
岗位职级	□一般员工　　□基层管理者　　□中层管理者　　□高层管理者				

问卷到此结束,再次感谢您的协助!谢谢!

附录3 正式调研问卷（人力资源经理问卷）

企业人力资源管理实践调查问卷

尊敬的人力资源经理：

您好！感谢帮助填写本问卷！这是一份纯学术性问卷，主题是企业人力资源管理研究。

本问卷匿名填写，不会涉及您的个人隐私，只有研究者本人能接触到问卷，资料绝对保密。调查结果仅用于学术研究，并且本问卷只作为所有问卷中的一部分进行整体的统计分析，每份问卷不会单独使用。答案没有对错之分，请您按照实际情况放心填写。

只需花费您8分钟，您的意见对本研究有莫大帮助。如果在填写问卷时有任何疑问，请联系：×××。电话：135×××7816。如您对本调查的研究结果感兴趣，请留下您的 e-mail。

吉林财经大学

【第一部分】基本问题

本部分旨在了解您所在企业人力资源管理措施的真实情况。请您仔细阅读下面的每一语句，根据您对贵企业人力资源管理措施的真实感受，在后面符合程度对应的数字栏中画"√"（1 = 非常不符合，2 = 不符合，3 = 比较不符合，4 = 比较符合，5 = 符合，6 = 非常符合）。若您收到的是电子版问卷，请将您的选择标为红色或蓝色。

描述	选项					
1. 公司为员工提供了全面的培训	1	2	3	4	5	6
2. 管理人员经常邀请员工参与决策的制定	1	2	3	4	5	6
3. 员工的工作职责有清晰的描述	1	2	3	4	5	6
4. 员工业绩通常使用客观的、量化的结果来衡量	1	2	3	4	5	6

续表

描述	选项					
5. 员工奖金的发放数额与公司效益紧密相关	1	2	3	4	5	6
6. 公司付出很大的努力去选择正确的人	1	2	3	4	5	6
7. 只要员工愿意，员工就可以留在公司工作	1	2	3	4	5	6
8. 员工在公司内基本没有晋升的机会	1	2	3	4	5	6
9. 员工通常每隔一段时期就接受一次培训	1	2	3	4	5	6
10. 在工作中，员工拥有一定的决定权	1	2	3	4	5	6
11. 必要时公司会及时修订员工的岗位职责说明书	1	2	3	4	5	6
12. 员工绩效考核以客观的、量化的结果为基础	1	2	3	4	5	6
13. 公司根据员工的绩效考核结果为其支付报酬	1	2	3	4	5	6
14. 招聘时，公司很看重员工的长期潜力	1	2	3	4	5	6
15. 公司向员工提供稳定的工作保障	1	2	3	4	5	6
16. 员工在这个公司工作没有什么发展前途	1	2	3	4	5	6
17. 员工在公司内有清晰的职业发展路径	1	2	3	4	5	6
18. 公司有正式的培训项目来教授新员工工作中需要的技能	1	2	3	4	5	6
19. 员工有机会提出合理化建议	1	2	3	4	5	6
20. 员工的岗位职责说明书包括了需要员工承担的所有职责	1	2	3	4	5	6
21. 员工绩效考核更强调长期绩效和团队绩效。	1	2	3	4	5	6
22. 公司十分重视员工选拔过程	1	2	3	4	5	6
23. 公司在人员甄选中付出了大量的努力	1	2	3	4	5	6
24. 公司为员工提供正式的培训项目来为他们在公司内部的晋升创造条件	1	2	3	4	5	6
25. 员工在晋升中，公司可以有不止一个适合的职位来安排	1	2	3	4	5	6
26. 管理人员与员工保持良好的沟通	1	2	3	4	5	6

【第二部分】基本资料

在个人信息中，麻烦您在符合您情况的答案下打"√"；在公司信息中，麻烦您在符合贵公司情况的答案下打"√"或填写完整。

（一）个人信息

1. 性　　别：□男　　　　□女
2. 婚姻状况：□已婚　　　□未婚
3. 出生年份：□1990 年及以后　　□1980～1989 年
   □1970～1979 年　　□1960～1969 年
   □1959 年及以前
4. 受教育程度：□高中及以下（含职高）　　□大专
   □本科　　□硕士及以上
5. 总工作年限：□1～3 年　□3（含）～5 年　□5（含）～10 年
   □10（含）～20 年　□20 年（含）以上

（二）公司信息

1. 公司名称：_____
2. 公司所在省、市（自治区）：_____
3. 公司员工总数：_____人
4. 公司所有制类型：□国有企业　　□民营企业
   □外资企业　　□合资企业
5. 公司成立年限：□5 年以下　□5～10 年
   □11～20 年　□20 年以上

附录 4　正式调研问卷（员工问卷）

亲爱的朋友：

您好！感谢帮助填写本问卷！这是一份纯学术性问卷，主题是企业人力资源管理研究。

本问卷匿名填写，不会涉及您的个人隐私，资料绝对保密，只有研究者本人能接触到问卷。调查结果仅用于学术研究，并且本问卷只作为所有问卷中的一部分进行整体的统计分析，每份问卷不会单独使用。

答案没有对错之分，请您按照实际情况放心填写，只需花费您 8 分钟，您的意见对本研究十分重要。如果在填写问卷时有任何疑问，请联系：×××（135×××7816）。

吉林财经大学

【第一部分】基本问题

请仔细阅读下面语句，根据您的真实感受，在后面符合程度对应的数字栏中画"√"（1＝非常不同意，2＝不同意，3＝比较不同意，4＝比较同意，5＝同意，6＝非常同意）。若您收到的是电子版问卷，请将您的选择标为红色或蓝色。

编号	描述	选项					
1	我总是圆满地完成被分配的工作任务	1	2	3	4	5	6
2	在结婚前，女性应当服从父亲，结婚后，应当服从丈夫	1	2	3	4	5	6
3	我保质保量地完成了该做的工作	1	2	3	4	5	6
4	即使不给额外报酬，我也愿意加班	1	2	3	4	5	6
5	在假期或下班后，我会打电话给我的直线上司或者会拜访他	1	2	3	4	5	6
6	我经常还没到上班时间就已经在单位开始工作了	1	2	3	4	5	6
7	我没能做好本职工作	1	2	3	4	5	6
8	孩子应该尊重那些他们父母所尊重的人	1	2	3	4	5	6
9	我会帮助新来的同事适应新工作环境	1	2	3	4	5	6
10	我从来不想伤害别人	1	2	3	4	5	6
11	在某些特殊的时候，如我的直线上司的生日，我一定会拜访他/她，并送礼物给他/她	1	2	3	4	5	6
12	当存在观点冲突的时候，我一定会支持我直线上司的观点	1	2	3	4	5	6
13	我习惯以牙还牙，而非宽恕他人	1	2	3	4	5	6
14	我的工作达到了绩效考核标准	1	2	3	4	5	6
15	如果有需要，我会主动加班把工作做完	1	2	3	4	5	6
16	我总是愿意承认自己所犯的错误	1	2	3	4	5	6
17	我总是做好绩效考核范围内的那些工作	1	2	3	4	5	6

续表

编号	描述	选项					
18	我的直线上司会邀请我到他/她家吃午餐或晚餐	1	2	3	4	5	6
19	即使干好干坏一个样,我依然会认真工作	1	2	3	4	5	6
20	我总是主动地与直线上司分享我的观点、问题、需要和感受	1	2	3	4	5	6
21	我关心并且能较好地理解我的直线上司的家庭和工作状况。	1	2	3	4	5	6
22	我积极地提供改善工作程序或工作进程的建议	1	2	3	4	5	6
23	当人们发生争论时,他们应该请最有资历的前辈来判断对错	1	2	3	4	5	6
24	当同事忙不过来时,我会主动提供帮助	1	2	3	4	5	6
25	避免错误的最好方法就是遵从有资历的前辈们的指示	1	2	3	4	5	6
26	我主动提出对企业发展有利的合理化建议	1	2	3	4	5	6
27	国家就像一家之主,员工应当服从其决策	1	2	3	4	5	6
28	和任何人谈话时,我都是一个很好的听众	1	2	3	4	5	6
29	如果同事在工作上遇到问题,我很乐意提供帮助	1	2	3	4	5	6
30	我曾经装病以逃避某些事情	1	2	3	4	5	6
31	我会勇于承认我所不知道的事情	1	2	3	4	5	6
32	我履行了岗位职责	1	2	3	4	5	6
33	只要有机会,我就会占别人便宜	1	2	3	4	5	6

【第二部分】承诺履行评价

在工作过程中,贵企业应该对您做过一些承诺。做出承诺的方式可能是书面的、口头的、暗示的、组织文化和制度规定的、组织惯例的等。根据您的真实感受,您认为下列项目中,公司对当初承诺的履行情况如何?在后面符合程度对应的数字栏中画"√"(1=完全没有履行,2=很少承诺得到履行,3=有一些承诺得到履行,4=相当程度得到履行,5=很大程度得到履行,6=完全履行)。

编号	描述	选项					
1	提供令我满意的工资和福利待遇	1	2	3	4	5	6
2	回应我们员工的意见和福利	1	2	3	4	5	6
3	在做决定时会考虑我个人的意愿	1	2	3	4	5	6
4	关心我们员工的长期福祉	1	2	3	4	5	6
5	培训我的技能以增加我对企业的价值	1	2	3	4	5	6
6	给我晋升的机会	1	2	3	4	5	6
7	给我设定有难度和挑战性的绩效目标	1	2	3	4	5	6
8	帮助我学习在公司以外同样适用的技能	1	2	3	4	5	6
9	帮助我适应不断提高的同业标准	1	2	3	4	5	6
10	支持我达到最高水平的绩效	1	2	3	4	5	6
11	支持我达到不断提高的目标	1	2	3	4	5	6
12	分配给我的工作能够增加我在外受聘的机会	1	2	3	4	5	6
13	为我提供公司以外的潜在工作机会	1	2	3	4	5	6
14	为我提供在公司内部发展的机会	1	2	3	4	5	6
15	让我与外界接触,从而为我创造就业机会	1	2	3	4	5	6
16	提高我在公司内部的曝光率和知名度	1	2	3	4	5	6
17	提高我在公司外的曝光率	1	2	3	4	5	6
18	让我在公司内晋升	1	2	3	4	5	6
19	跟我签订短期的劳动合同	1	2	3	4	5	6
20	不保证继续我与公司的雇佣关系	1	2	3	4	5	6
21	我与企业雇佣关系的时间是特定的或有限的	1	2	3	4	5	6
22	只要求我完成劳动合同规定的工作职责	1	2	3	4	5	6
23	仅根据我完成的特定工作职责而支付报酬	1	2	3	4	5	6
24	不保证在未来继续雇用我	1	2	3	4	5	6
25	为我提供稳定的雇佣合同	1	2	3	4	5	6
26	为我的家庭提供稳定的福利	1	2	3	4	5	6
27	关心我的个人福利	1	2	3	4	5	6
28	为了我们员工的利益,能够牺牲公司短期利益	1	2	3	4	5	6

【第三部分】基本信息

麻烦您在符合自己情况的答案下打"√"。

性　　别	□男　　　□女		婚姻状况	□未婚　　□已婚
出生年份	□1990年及以后　　□1980～1989年　　□1970～1979年 □1960～1969年　　□1959年及以前			
受教育程度	□高中及以下（含职高）　　□大专　　□本科　　□研究生			
本单位工作年限	□未满1年　　　　□1～3年　　　　□3（含）～5年 □5（含）～10年　□10（含）～20年　□20年（含）以上			
劳动关系类型	□正式员工　　□非正式员工（劳务派遣等）			
岗位职级	□一般员工　　□基层管理者　　□中层管理者　　□高层管理者			

　　问卷到此结束，最后再麻烦您检查一下是否有漏答的问题，以免形成无效问卷。

　　再次感谢您的协助！谢谢！

图书在版编目(CIP)数据

战略人力资源管理与员工绩效 / 李洪英著. -- 北京：社会科学文献出版社，2018.12
 ISBN 978 - 7 - 5201 - 3829 - 1

Ⅰ.①战… Ⅱ.①李… Ⅲ.①企业管理 - 人力资源管理 - 影响 - 企业绩效 - 研究 Ⅳ.①F272

中国版本图书馆 CIP 数据核字（2018）第 257253 号

战略人力资源管理与员工绩效

著　　者 / 李洪英

出 版 人 / 谢寿光
项目统筹 / 王楠楠
责任编辑 / 王楠楠　张真真

出　　版 / 社会科学文献出版社·经济与管理分社 (010) 59367226
　　　　　 地址：北京市北三环中路甲 29 号院华龙大厦　邮编：100029
　　　　　 网址：www.ssap.com.cn

发　　行 / 市场营销中心 (010) 59367081　59367083
印　　装 / 天津千鹤文化传播有限公司

规　　格 / 开　本：787mm × 1092mm　1/16
　　　　　 印　张：18.5　字　数：266 千字
版　　次 / 2018 年 12 月第 1 版　2018 年 12 月第 1 次印刷
书　　号 / ISBN 978 - 7 - 5201 - 3829 - 1
定　　价 / 79.00 元

本书如有印装质量问题，请与读者服务中心（010 - 59367028）联系

　版权所有　翻印必究